Christus im Leiden

Kruzifixe
Passionsdarstellungen aus 800 Jahren

Württembergisches Landesmuseum Stuttgart

Christus im Leiden

Kruzifixe
Passionsdarstellungen aus 800 Jahren

Süddeutsche Verlagsgesellschaft Ulm

Konzeption: Heribert Meurer und Hans Westhoff
Redaktion: Carla Fandrey
Wissenschaftliche Katalogtexte: Heribert Meurer (Kat. Nr. 1–18); Claus Zoege von Manteuffel (Kat. Nr. 19–34); Hans-Ulrich Roller (Kat. Nr. 35–50)

Technologische Untersuchungen, Restaurierungen und zugehörige Katalogtexte: Hans Westhoff (verantwortlicher Werkstattleiter) und Matthias Brune, Walter Dobberke, Barbara Haussmann, Markus Heberle, Ursula Klempt, Monika List, Erich Renz, Alexandra von Schwerin; Astrid Bühlmann, Ueli Fritz, Kilian Mutter (Schule für Gestaltung, Bern)
Markus Heberle, freier Restaurator, und Karin Raible, Landesdenkmalamt Baden-Württemberg, führten einzelne Restaurierungen durch und verfaßten die zugehörigen Berichte.

Mikroskopische Holzbestimmungen: Heide Härlin, Georg Schnepper, Ursula Tenge-Rietberg

Naturwissenschaftliche Untersuchungen: Heide Härlin und Prof. Dr. Ernst-Ludwig Richter, Institut für Technologie der Malerei, Staatliche Akademie der bildenden Künste Stuttgart

Dendrochronologische Untersuchungen: Priv. Doz. Dr. Bernd Becker, Institut für Botanik der Universität Stuttgart-Hohenheim

Katalogfotos: Peter E. Frankenstein, Jörg Jordan und Württembergisches Landesmuseum Stuttgart

Graphik: Christoph Milde

Barbara Haussmann und Alexandra von Schwerin waren bei Ausstellungsgestaltung und -aufbau maßgeblich beteiligt.

Herausgeber: Württembergisches Landesmuseum Stuttgart

Verlag und Druck: Süddeutsche Verlagsgesellschaft Ulm
ISBN 3-88 294-085-9

Inhalt

Vorwort

Claus Zoege von Manteuffel
Direktor

Das Württembergische Landesmuseum ist ein historisches Museum, es ist das Museum der württembergischen Geschichte. Ein Museum sammelt und zeigt Sachzeugnisse und da die Dinge, die die Menschen hinterlassen, Gegenstände der Kultur – bis hin zum täglichen Leben – sind, ist das, was ein historisches Museum zeigt, im wesentlichen Kulturgeschichte. Die intensivsten Zeugen der Kulturgeschichte sind die Dinge, die selbst reden, die ihr Wesen dem Betrachter auch noch nach Jahrhunderten mitteilen, die Kunstwerke. So kommt es, daß auch in einem historischen Museum, obgleich es sich in seiner Zielsetzung deutlich vom Kunstmuseum unterscheidet, die Kunst eine zentrale Stellung hat.

Der größte und bedeutendste geschlossene Komplex von Kunstwerken im Württembergischen Landesmuseum ist seine Skulpturensammlung vom Mittelalter bis zur Neuzeit. Sie enthält zum weitaus überwiegenden Teil sakrale Bildwerke, da Skulpturen vornehmlich im kirchlichen Bereich gebraucht wurden. Im Zentrum dieses Bestandes stehen die Werke, die verbildlichen, was Mittelpunkt des christlichen Glaubens ist, das Leiden und den Opfertod Christi.

So lag es nahe, diesem Thema einmal eine eigene Ausstellung zu widmen. Es ergab sich zudem, daß die Sammlungen in den letzten Jahren durch viele Neuerwerbungen gerade aus dieser Thematik bereichert wurden und daß einige besonders wichtige Kunstwerke aus diesem Bestand durch gründliche Restaurierung neu erschlossen werden konnten. So ergriffen Wissenschaftler und Restauratoren gemeinsam die Gelegenheit, Neues zu zeigen und zugleich dieses zentrale Thema – Passion und Kreuzigung Christi – in seinen verschiedenen bildhaften Ausprägungen durch die Jahrhunderte vorzustellen.

Aus dem Inhalt ergab sich das Interesse und die Beteiligung der Kirche an der Ausstellung. Wir freuen uns über die Beiträge zum Katalog von kirchlicher Seite und wir danken besonders der Diözese Rottenburg-Stuttgart für ihre finanzielle Unterstützung, die zusammen mit zahlreichen Spenden aus der Wirtschaft und von privater Seite die Durchführung der Ausstellung trotz unzureichender Eigenmittel des Museums ermöglichte.

Einblick in die Geschichte wird unter anderem durch Verständnis geschichtlicher Kunst vermittelt. Dazu gehört, den unterschiedlichen Charakter des Kunstwerks in verschiedenen Zeiten kennenzulernen und – soweit das möglich ist – den unterschiedlichen Schaffensprozeß der Künstler. Ein Bildhauer der Gegenwart oder der Renaissance geht seine Aufgabe ganz anders an als einer des Mittelalters. Davon erfährt man einiges durch Ermittlung der handwerklichen Verfahren der Künstler, die sich am heutigen Bestand der Werke ablesen lassen und die deshalb im Katalog der Ausstellung dargelegt werden.

Unterschiedlich ist aber auch das Wesen der Kunstwerke in den verschiedenen geschichtlichen Epochen. Der heutige Betrachter vermutet in einem religiösen Bildwerk meist die bildliche Darstellung eines religiösen Ereignisses, etwa der Kreuzigung Christi, als historischer Vorgang. Für den Menschen des Mittelalters und bis weit in die Barockzeit hinein war das Bildwerk indessen vielmehr die Vergegenwärtigung einer Heilstatsache. Im Kruzifix zum Beispiel wurde dem Gläubigen der für ihn gestorbene Christus leibhaftig gegenübergestellt, so daß ihm Gnade und Erlösung im Bilde gleichsam greifbar wurden.

Die große zeitliche Spannweite der Ausstellung und die Einbeziehung von Zeugnissen der Volksfrömmigkeit jüngerer Zeit mag den Besucher einiges erfahren und manches ahnen lassen, was sakrale Kunst gewesen ist und was sich für die Menschen und mit den Menschen durch die Jahrhunderte gewandelt hat.

Grußwort

Gelitten wird heute meist im Verborgenen. Leid, Schmerz und Schwäche könnten den Fitnessfetischismus empfindlich stören. Der Tod wird verdrängt, nicht nur in der psychologischen Bedeutung des Wortes, daß die Unerbittlichkeit des Todes keinen Einfluß hat auf die bewußte Lebensgestaltung der Menschen; der Tod wird auch verdrängt aus der alltäglichen Lebenswelt und abgeschoben in unsere Kliniken; dort sterben heute die Menschen.

Warum dann aber diese Ausstellung? Eine Ausstellung, die das Leiden und Sterben gerade nicht tabuisiert, sondern darstellt, ausstellt und in diesen Darstellungen öffentlich zugänglich macht? Die Bilder dieser Ausstellung zeigen die Passion Jesu, den »Mann voller Schmerzen« (Jes. 53, 3), seinen Weg zum Kreuz. Und wir Christen glauben diesen Leidensweg als einen Weg des Heiles. Wir erkennen darin die geheimnisvolle Liebe Gottes, der »seinen einzigen Sohn hingab, damit jeder, der an ihn glaubt, nicht zugrunde geht, sondern das ewige Leben hat« (Joh. 3, 16).

Menschen in nunmehr zwei Jahrtausenden haben im Leiden Jesu sich selbst entdeckt und im Blick auf ihn Kraft und Trost erfahren. Wieviele haben die Passionsdarstellungen, besonders auch die Pietà, hingeführt zu einer Begegnung mit dem leidenden Christus und darin zur Bewältigung eigenen Leidens verholfen! Alfred Delp, von den Nationalsozialisten erhängt, notierte im Gefängnis: »Dem Glaubenden geschieht die Väterlichkeit, das Erbarmen, die bergende Kraft Gottes in tausend stillen Weisen, mitten in all diesen Überfällen und Aussichtslosigkeiten und Preisgegebenheiten.« Und Dietrich Bonhoeffer schreibt in Todeshaft: »Gott läßt sich aus der Welt herausdrängen ans Kreuz, Gott ist ohnmächtig und schwach in der Welt . . . und nur so ist er bei uns und hilft uns.«

Möge diese Ausstellung vielen zu einer neuen heilenden Sicht auf das eigene Leiden verhelfen und erst recht zu einem Ein-Blick in das Leiden unseres Erlösers.

Rottenburg am Neckar, 10. Mai 1985

(Dr. Georg Moser)
Bischof
Diözese Rottenburg-Stuttgart

Für Ratschläge, Vermittlung und Hinweise danken wir:

Pfarrer Josef Anselm Graf Adelmann von Adelmannsfelden, Stuttgart
Dr. Peter Anstett, Karlsruhe
Prof. Karl Werner Bachmann, Stuttgart
Msgr. Anton Bauer, Stuttgart
Bernhard Dengler, Pforzheim
Robert Didier, Brüssel
Dr. Saskia Esser, Stuttgart
Dr. Nina Gockerell, München
Dr. Edgar Harvolk, München
Andreas Kelling, München
Dr. Friedrich Kobler, München
Gudrun König, M. A., Tübingen
Christopher Landmann, Stuttgart
Dr. Rolf Lauer, Köln
Dr. Carl Gregor Herzog zu Mecklenburg, Rottenburg
Fritz Odenwald, Pforzheim
Helmut F. Reichwald, Stuttgart
Dr. Ulrich Schiessl, Bern
Domkapitular Msgr. Josef Schupp, Rottenburg
Pfarrer Roland Schweizer, Stuttgart
Dr. Peter Steiner, Freising
Landrat Dr. Wilfrid Steuer, Biberach
Alois Stockner, Perach
Oberfinanzdirektion Karlsruhe
Staatl. Hochbauamt Pforzheim
Oberfinanzdirektion Stuttgart

Für die finanzielle Unterstützung der Ausstellung danken wir:

Herrn Rudolf Beutter
Herrn Klaus Binder
Herrn Eugen Eisenmann
Herrn Werner Kaiser
Herrn Fritz Odenwald
Herrn Fritz Ungerer
Badenwerk AG, Karlsruhe
Industrie- und Handelskammer, Pforzheim
Landesbausparkasse Württemberg, Stuttgart

Ganz besonders danken wir allen denjenigen, die mit ihren Leihgaben die Ausstellung abrunden halfen. Unser Dank gebührt ferner den Mitarbeitern im Württembergischen Landesmuseum, die zum Gelingen der Ausstellung mit Einsatz und Hilfsbereitschaft beitrugen.

Der vorliegende Katalog entstand in reibungsloser und erfreulicher Zusammenarbeit mit der Süddeutschen Verlagsgesellschaft Ulm.

Christus im Leiden: Ärger – Torheit – Kraft

Josef Anselm Adelmann v. A.

Die Formulierung des Titels folgt dem Pauluswort, daß die Predigt vom Gekreuzigten den Juden ein »empörendes Ärgernis« und den Heiden eine »Torheit«, den Gerufenen aber »Christus, Gottes Kraft und Gottes Weisheit« sei (1. Kor. 1, 18 und 23). »Ärger« (scandalon) und »Torheit« werden nun nicht nur rein negativ gesehen als zuwenig Glaube einerseits und zuviel Weisheit anderseits. Es wird versucht, Ärgernisse aufzudecken als bestehend, zu entlarven als eingebildet, zu erkennen als Durchgang.
Auszüge aus dem Markus-Evangelium werden beim Gang entlang der Exponate zitiert. Die Übersetzung von Fridolin Stier wurde bevorzugt.
Das Ziel ist, sich für Gottes Kraft mit Hilfe der Bildwerke und dieser Überlegungen zu öffnen.

Einzug in Jerusalem

»Und die voranzogen und die folgten schrien: Hosanna! Gepriesen der da kommt im Namen des Herrn! Gepriesen, daß da kommt, das Königtum unseres Vaters David! Hosanna in den Höhen! Dann zog er in Jerusalem ins Heiligtum ein.« (Mark. 11, 9–11)

Das Ärgernis im Jahre 30 oder 32
Die Jahreszahl bleibt ungewiß. Die Situation im Kreis der Jünger aber ist nun geklärt! Das Volk huldigt dem Messias. Petrus hat es bereits ausgesprochen: »Du bist der Messias!« (Mark. 8, 29). Das »Hosanna«, die Preisung, wird auch beim Hohenpriester, den Ältesten und den Schriftgelehrten angekommen sein. Ein »empörendes Ärgernis« (1. Kor. 1, 18)! Der Hohepriester wird im Verhör es sich noch einmal von dem Gefangenen bestätigen lassen: »Bist du der Messias, der Sohn des Gepriesenen? Jesus aber sprach: Ich bin es . . .« (Mark. 14, 61–62) »Lästerung!« – » Des Todes ist er schuldig!« (14, 64)

Das Ärgernis im Juli 1099
Kreuzfahrer erobern die Stadt und ziehen als Nachfolger Jesu ins Heilige Zion. Dabei rasten sie wie die Besessenen . . . alle Mohammedaner ermordet . . . die Juden in ihrer Synagoge verbrannt.

Das Ärgernis im Oktober 1898
Nicht auf dem Esel reitet Wilhelm II. Auf einem Schimmel und mit goldener Pickelhaube! Am Jaffa-Tor hat er eigens 20 Meter der alten Stadtmauer schleifen lassen. Demütiger König? Sanftmütig auf einem Esel? (Sach. 9, 9)

Das Ärgernis heute?
Nicht blutige Rache (1099), nicht dumme Arroganz (1898), eher: Verschlossene Tore – Desinteressierte.

Wenn auch nicht in der Ausstellung, so doch im Landesmuseum: Christus auf dem Palmesel aus Veringendorf, um 1400 (Walzer 1958, Tf. 19 f.); und aus Ulm um 1490 (Baum 1917, Nr. 167).

Abendmahl

»Während sie aßen, nahm er ein Brot, sprach die Preisung, brach und gab es ihnen, und sprach: Nehmt das ist mein Leib. Und er nahm einen Becher, sprach den Dank und gab ihnen, und es tranken daraus alle.« (Mark. 14, 22–23)

Das Ärgernis damals?
Daß der Verräter mit am Tisch saß. Und »Torheit«, daß er von Jesus zugelassen wurde.

Das Ärgernis heute?
Daß nicht alle Glaubenden miteinander an einem Tisch sitzen. Das scandalon der zerstörten Tischgemeinschaft.

Meßfeier mit Erscheinung von Kruzifix (Kat. Nr. 48), volkskundliche Passionsdarstellung 19./20. Jahrhundert:
Das Abendmahl in der Flasche. Man ging zu jener Zeit selten zur Hl. Kommunion. Erinnerung an die erste Hl. Kommunion? Vielleicht. Surrogat? Wahrscheinlich. Abendmahlsersatz? Das wäre Flitterzeug.

Ölberg

»Und als sie den Hymnus gesungen, zogen sie zum Ölberg hinaus. So kamen sie zu einem Landgut, des Namens Gethsemani. Da sagt er zu seinen Jüngern: Setzt euch hier, bis ich gebetet habe. Aber Petrus, Jakobus, Johannes nimmt er mit sich, da fing er an, zu erschaudern und zu beben, und sagt zu ihnen: Zu Tod betrübt ist meine Seele, bleibt hier und wachet.« (Mark. 14, 32–34)

Zu Christus am Ölberg, Alabaster, um 1450
(Kat. Nr. 11):
Ist Mitleid ein Ärgernis?
»Den Aussagen des Neuen Testaments entsprechend sollte es uns . . . mehr auf die Deutung des Ärgernisses und der Torheit des Kreuzestodes ankommen als auf Weckung des Mitgefühls« (Schneider 21). Dies gilt sicher für die Predigt vom Leidenden und Gekreuzigten. Ärgerlich wäre tatsächlich auch eine Neigung zum Leid um des Leides willen. Von anderer Art und von ganz anderem Ausgang ist das Einfühlen in die Angst des Herrn am Ölberg im Gebet des Heinrich Seuse, Dominikaner aus Konstanz, Berater der mystisch begabten Nonnen des Südwestens, selbst ein Großer unter des Mystikern, der etwa um 1330 spricht:
» . . . von grundlosen angsten dins hertzen – von der gegenwurtigen marter – die din zarter lip – von kuniglichem geschlecht geborn – liden welt – von der allerbösesten mentschen – mit bluetigen abrinnende sweisstropfen wurd begossen – sich an die unordenthaften angst und trurekeit und widerwertigkeit – von dir werde gesterket – und in dir wäre froede – steklich (beständig) werde erfreuet« (Bihlmeyer).
Wenn Trauer heilsam sein kann und Weinen befreiend, könnten die Kirchen das Ihre tun (Reue, Buße, Bild, Spiel), damit etwas sehr Ärgerliches nicht noch mehr grassiert: die Unfähigkeit zu trauern (Mitscherlich).

»Ölberg-Christus«. Gliederpuppe aus Holz
(Kat. Nr. 36)
Religiöse Spiele = Torheit?
Den Kirchenvätern schien es so, vielleicht aus Ärger über mimische Anti-Christ-Spiele? Doch liturgische Spiele entstanden in großer Breite und vor allem im Südwesten des Reiches (Kindermann I, 226), von denen zudem gesagt wird, sie hätten Taufpate gestanden für das profane Theater (10. Jahrh. Muri, St. Gallen). Martin Luther geht zugunsten der Kinder gnädig um mit solcherlei Spielen (Kohler S. 48 ff.). In der Schweiz spart man nicht mit Spott. Die kirchliche Aufklärung schließlich, vertreten durch die Bischöfe von Konstanz, Augsburg, Salzburg, unterstützt von Edikten Kaiser Josef II., verbietet hierzuland nicht nur das Palmeselführen, die Vorstellung von Christi Himmelfahrt und das Herabkommen des Heiligen Geistes an Pfingsten, sondern eben auch die Passions»komödien«, womit nicht einmal das Ölbergspiel gemeint sein wird, bei dem dieser »Ölberg-Christus« verwendet wurde. Eine Absage an barocke, wohl auch gegenreformatorische, Sinnesfreudigkeit, von denen die Ölberg-Spiel-Gruppe auf dem Dachboden des ehemaligen Klosters Schöntal (Mitte 18. Jahrh.) verstaubtes Zeugnis gibt!

Nachdem Psychologen und Pädagogen den Wert des Spiels zur Vermittlung von Werten und Realitäten betonen und Mimik und Tanz bereits im Kirchenraum eine »Bühne« gefunden haben, wird man dem religiösen Spiel, bei manchem Vorbehalt, den kirchlichen Raum wieder öffnen.
Von ganz anderer künstlerischer Qualität und für die Geschichte der Frömmigkeit weniger ergiebig: Christus am Ölberg, Halbfigur-Relief, um 1600 (Kat. Nr. 20).

Verhör – Verurteilung – Geißelung

»Pilatus fragte ihn: Bist du der König der Juden? Er antwortete ihm: Das sagst du!«
»Da brachten die Hohenpriester gegen ihn viele Anklage. Pilatus fragte ihn abermals: Entgegnest du? Sieh doch, welche Anklagen sie gegen dich vorbringen. Doch Jesus entgegnete nichts mehr, so daß Pilatus verwundert war.«
»Das Volk aber schrie: Kreuzige ihn.«
»Pilatus ließ Jesus geißeln und übergab ihn zur Kreuzigung.« (Mark. 15, 2–5, 15)

Geißel-Christus um 1350 (Kat. Nr. 7)
Geißel-Christus 1697 (Kat. Nr. 26)
Geißel-Christus um 1640 (Kat. Nr. 23)
Geißel-Christus Mitte 18. Jahrh. (Kat. Nr. 31)
Kruzifix blutig zerfetzt (Kat. Nr. 38)

Viermal die Schmach – einmal die bleibende Qual Übermaß des Leidens! Schmach für jenen, den Pilatus »König« nennt. So hat er sich selbst nicht genannt. »Menschensohn« nannte er sich. Nun schweigt er. Die Sprache der Bilder ist Schweigen. Bild und Evangelium sind hier einander ganz nah, beredte Zeugen einer Schmach und Qual. 1. Akt der Kreuzigung. Am Kreuz trägt er die Wunden.

Übermaß der Darstellung?
»Die römische Geißelung wurde auf barbarische Weise vollzogen. Der Delinquent wurde entkleidet, an einen Pfahl oder an eine Säule gebunden, manchmal auch einfach zu Boden geworfen und von mehreren Folterknechten solange geschlagen, bis diese ermüdeten und das Fleisch des Delinquenten in blutigen Fetzen herabhing. In den Provinzen wurde das Geschäft von den Soldaten besorgt. Freien gegenüber kamen die Ruten zur Anwendung; bei Sklaven aber pflegte man Geißeln und Peitschen zu benützen, deren Lederriemen oft mit einem Stachel oder mit mehreren kettenartig aufgereihten Knochenstücken bzw. Bleiklumpen versehen waren. Die Geißelung vor der Kreuzigung ist vielfach belegt« (Pesch, Kommentar 2, 466 f.).

Das Ärgernis 1985? Folterung in 90 Staaten
Die Schmach? Hat Peter Handke, nach einem Vortrag befragt, was er denn von Jesus hielte, wirklich gesagt: »Jesus? Trotz seines etwas großsprecherischen Wesens war er wohl sonst ganz harmlos.« ? (Spaemann 107)

Dornenkrönung

»Nun führten ihn die Soldaten in das Innere der Halle, das heißt das Prätorium. Da rufen sie die ganze Kohorte zusammen, ziehen ihm einen Purpurmantel an und setzen ihm einen Dornenkranz auf, den sie flochten. Dann fingen sie an, ihm zu huldigen: Heil dir, König der Juden! Und sie schlugen ihm mit einem Rohrstock aufs Haupt, spien ihn an, beugten die Knie und warfen sich vor ihm nieder. Nachdem sie ihn verhöhnt hatten, zogen sie ihm den Purpurmantel aus und zogen ihm seine Kleider an. Dann führten sie ihn hinaus, um ihn zu kreuzigen«. (Mark. 15, 17–20)

Im ältesten schwäbischen Schnitzaltar:
Dornenkrönung um 1330 (Kat. Nr. 4).
Offenbar hatte sich die Soldateska aufreizen lassen durch den Titulus »Jesus von Nazareth König der Juden«. Dabei gingen sie weit über die gemeinen Possenspiele hinaus, die man mit armen Schluckern oder hochgestellten Verurteilten trieb. (Pesch, Kommentar 2,470)

Das Ärgernis: Spott und Schläge.
Dieser »Christ-König« thront auf einem Schemel, seine Krone aus einem eilends geflochtenen Akanthus(?)unkraut, sein Szepter ein Stecken, sein Königsmantel purpurn, Huldigung, Niederknien und Spukken. Nur so aus Spaß an Spott und Schlagen.

Das Ärgernis 1985
Was hat sich geändert? Bei Soldaten nicht wenig. Bei Geheimpolizei nicht viel. Im öffentlichen Umgang?

Zeugen

»Als der Hauptmann, der ihm gegenüber dabei stand, ihn so den Geist aushauchen sah, sprach er: Wahrhaftig, dieser Mensch war ein Gottessohn. Da waren auch Frauen von Ferne zuschauend, die ihm gefolgt waren, unter ihnen Maria von Magdala und Maria, des jüngeren Jakobus und des Joses Mutter, und Salome, die ihm gefolgt waren, und noch viele andere, die ihm nach Jerusalem heraufgekommen waren.« (Mark. 15, 39–41)

Das Ärgernis des Bildes
Zu allen Bildern dieser Ausstellung

Künstler bezeugen mit Bildern, was sie sehen, erleben, fürchten, sich selbst. Können Bilder Zeugen sein für den Gottessohn? Der Ärger mit den Bildern, vornehmlich mit dem Gottesbild, sitzt tief.

Alter Bund
»Du sollst dir kein Gottesbild machen und keine Darstellung von irgend etwas am Himmel oben, auf der Erde unten oder im Wasser unter der Erde . . . Du sollst dich nicht vor anderen Göttern niederwerfen . . .« (Ex. 20, 4–5 und in allen Schichten des Alten Testamentes). Um Gotteswillen Verzicht auf Gottesbilder (Lexikon für Theologie und Kirche, 2. Bd.)! Nebenertrag: Durch Unterscheidung in der Bilderfrage von den »Völkern« erhält das jüdische Volk das Bewußtsein seiner Eigenart.

Byzantinischer Bilderstreit
Man beruft sich zwar formell auf das Bilderverbot, aber die aktuellen Motive bleiben weithin unklar, da nach dem Sieg der Bilderverehrer die Schriftstücke der Bilderfeinde ebenso vernichtet wurden wie zuvor die Bilder durch die andere Partei (726–787). Doch weiterschwelend, nicht zuletzt im Reich der Karolinger. Noch 794 bestimmte eine Synode in Frankfurt, daß Bilder nur im Bereich der religiösen Unterweisung statthaft seien.

Reformation
So unbeirrt Zwingli das Bilderverbot des Alten in den Neuen Bund verlängerte und sich heftig gegen Bilder wendet, so ist auch er nicht ganz ohne pädagogische Weisheit: Er meint, daß man »den blöden schwachen ußwendige bild ston« lassen möge. Immerhin beschließt der Rat von Zürich am 15. Juni 1525: »daß man die Götzen und bilder mit zuechten hinweg thun sölle, damit dem wort Gottes statt geben werde« (Zwinglis Werke Bd. 3, S. 906, Anm.). Die Auseinandersetzung mit den Bildern entzündet sich an der

Begegnung mit dem Wort. Der unvergleich höhere Wert wird postuliert: »Aus einem einzigen Wort könnte sie (von der betörten Christenheit ist die Rede) mehr lernen als aus tausend hölzernen und steinernen Kreuzen« (ebd. S. 168). Doch räumt er der Kreuzesdarstellung einen Vorrang ein: »Und diewal das crucifix unseres herrn kein gottheit bedeut besonder allein die mentschheit (!) und das liden Christi . . . sölle solich crucifix Christi allenthalb, in den kilchen und an den strassen, in den bildstöcken und wo das ist bliben . . .« (ebd. S. 116), ansonsten Strafe! Er läßt auch den Gemeinden freie Hand, was ihn nicht hindert, unmißverständlich zu sagen: »fürbit, heilgen, fegfür, bildern, tempelzier, meßbestellen . . . sind in dem wort Gottes nit (be)gründ(e)t« (ebd. S. 651). Daß sie belehrend sein könnten »ist ouch letz« (ebd. S. 656).

Bei Calvin

kommt hinzu die Sorge um die Freiheit. Gefahr der Ablenkung! Die Bilder dienten mehr dem Äußeren als dem Inneren und belehrend sei selbst die biblia pauperum keineswegs: »Im besten Fall sagen sie nichts« (Marta Grau). Karl Barth meinte, daß »die Geschichte eines Christusbildes nur eine peinliche Geschichte sein kann« (RGG 3, 1, 1275). Und die Chagallfenster in Zürich? Christusbilder? Bilder jüdisch-christlicher Heilsgeschichte?

Martin Luther

Er ärgerte sich nie so heftig wie über Zeremonien und Spiele. Im Gegensatz zu Zwingli rechnete er die Bilder zu den Adiaphora und ließ ihnen damit den Spielraum der Neutralität. Er läßt sie aus seelsorgerlicher Klugheit da und dort zu. Er verteidigt sie gegen »Wut auf Bilder« (Eva Kohler). Was Zwingli und Calvin bewegte, ließ ihn nicht unberührt, doch scheint eine weitere Sorge ihn zu kritischer Haltung bewogen zu haben. Jedenfalls sagt dies Campenhausen: »Für Luther ist der ganze Kampf um die ›Vergeistigung‹ der religiösen Vorstellungswelt und des kirchlichen Gottesdienstes als solcher ohne tieferes Interesse. Ihm sind die Bilder nur insoweit gefährlich, als ihre Stiftung und Pflege als verdienstliches Werk erscheint und den Menschen somit statt zum Glauben vielmehr zur Selbstrechtfertigung verführt. Dieser Gesichtspunkt ist völlig neu und liegt zu allen bisherigen Diskussionen sozusagen quer« (Campenhausen S. 125).
In einer Stadt, die zur Schatztruhe wurde für illustrierte Luther-Bibeln, sollte man hinzufügen, daß Luther einen »Dienst der Bilder« kennt und Bilder sorgsam einsetzt. Dieses etwas dürftige Verständnis des Bildes war das seiner Zeit und auch das zurückhaltende, katholische Verständnis im Konzil von Trient. Martin Luther hätte wohl diese Ausstellung ohne sich zu ärgern durchwandert, um alsbald die Kanzel der Stiftskirche oder der Eberhardskirche (so man ihn ließe) zu besteigen, verwundert daß unter all diesem Bildwerk wenig Illustratives, kaum Kunst im Dienst des Wortes oder der Theologie zu sehen sei. Doch diese Kreuze predigen. Die Aussteller hätten keinen Ärger mit Martin Luther. Oder doch?

Kreuzweg – Kreuzigung

»Dann führten sie ihn hinaus, um ihn zu kreuzigen. Da nötigten sie einen Vorübergehenden, Simon von Kyrene, wie er eben vom Lande kommt, den Vater des Alexander und Rufus, daß er ihm das Kreuz abnehme. So bringen sie ihn zur Stätte Golgotha, das heißt übersetzt Schädelstätte. Dann kreuzigten sie ihn.«
»Um die neunte Stunde rief Jesus mit lauter Stimme: Eloi, Eloi, lama sabachtani, das heißt übersetzt: Mein Gott, mein Gott, warum hast du mich verlassen!«
»Einen lauten Schrei ausstoßend hauchte Jesus den

Geist aus. Da spliß der Vorhang des Tempels entzwei, von oben bis unten.« (Mark. 15, 20–24, 37–38)

Das Ärgernis des Kreuzes

»Denn von Gott verflucht ist ein Aufgehängter« (Dtn. 21, 23). Markus kennt den Tod am Kreuz nicht nur als Ärgernis und Schande, wie viele Juden, denen der Gekreuzigte ein »empörendes Ärgernis« gab (1. Kor. 1, 18). Markus sieht »die Schrift erfüllt«, nämlich das Wort Jesu am Ölberg »Die Stunde ist gekommen! Nun wird der Menschensohn in die Hände der Sünder überliefert. Steht auf! Gehen wir!« (Mark. 14, 41 f.) Er weiß von dem freiwilligen Gang Jesu zum Kreuz, von Jesus, der das »Muß« seines Auftrags akzeptiert. Es bleibt das Kreuz ein Ärgernis, so daß sich die frühe Kirche erst spät dazu entschloß, der Öffentlichkeit das Bild vom Kreuz vorzustellen.

Das Ärgernis der vielen Kreuze

27 Kreuze in dieser Ausstellung. Der Gekreuzigte aber ist ein Einziger. Es fällt schwer, intensiv, ja andächtig, »auf den Knien« sagt Claudel, vor den vielen Kreuzen zu stehen.

Das Ärgernis der Gekreuzigten

Karl Heinz Deschner, gefragt, wie er zu Jesu stehe: »Jesus von Nazareth? Gewiß kein Gott. Vielleicht ein Mensch. In der Bibel ein Mal, in der Geschichte der Kirche aber unaufhörlich gekreuzigt« (Spaemann 47). Viele litten an der Kirche und leiden, aber starben sie durch die Kirchenleute? Ich denke schon.

Abnahme der Leiche

»Josef von Arimathäa, ein angesehener Ratsherr, der selbst auch des Königtums Gottes harrte, wagte es, ging zu Pilatus hinein und bat um den Leib Jesu. Pilatus wunderte sich, ob er denn schon tot sei, rief den Hauptmann herbei und fragte ihn, ob er schon länger gestorben sei. Und als er es vom Hauptmann erfuhr, schenkte er Josef die Leiche.« (Mark. 15, 43–47)

Ärgerlicher Torso

Die Bildwerke dieser Ausstellung sind in vieler Hinsicht Bruchstücke, Überbleibsel, nicht nur Veteranen, sondern auch Verwundete. »Krüppel – Leichen«? Die Restauratoren waren darauf bedacht, Fehlendes nicht zu ergänzen, was sie zu Fälschern gemacht hätte. Unverständige Besucher mögen es als ärgerlich empfinden, wenn dort die Nase und hier die Arme fehlen. Die Passion Jesu ist notwendig Torso. So weitläufig die Passionsberichte sein mögen, sie können und wollen nicht Allem nachgehen und Alles notieren. Vollständige Protokolle sind Sache unbegabter Historiker, minutiöse Analysen der Psychologen Vorliebe, allumfassende Passionsdarstellungen selten tief bewegende Kunst, unmöglich der Person und der Sache wegen! Es fehlt den Exponaten ihr angestammter Raum, ihr schützendes und fassendes Gehäuse der Altäre, die volkstümlichen Beispiele wurden von der Kommode der bürgerlich-bäuerlichen Stube fortgenommen, sie hängen hier nicht mehr in der Diagonale des wichtigsten Raumes, der »Herrgottswinkel« ist aufgeklappt. So sind sie Torsen nicht nur im materiellen Sinn. Dem Kreuzschlepper fehle das Kreuz!

Gravierender ist wohl, daß in der Ausstellung es an einer Frömmigkeit mangelt, die dem Kreuzschlepper in der Stiftskirche einmal entgegengebracht wurde.

Es ist schon ästhetisch peinlich, daß der Altarschrein für die Kreuzigung aus Zwiefalten verlorenging. Das Kunstwerk wurde vollends zum Torso, weil dem Altarbild die Liturgie auf dem Altar entzogen ist. So dankbar man Museen sein wird, die Kunst bewahrt: Ganz auf sich gestellt sind diese Bilder Ärgernis, das

schmerzlich empfunden werden mag, aber auch hilfreich werden kann.
Mißtrauisch nämlich wurden Menschen unserer Zeit gegenüber allem Vollständigen und Perfekten. Sie hören nicht auf Theologen, die alles wissen; sperren sich gegen einen Staat, der alles sozialisiert; belächeln Animateure, die den Urlaubsgast minutiös verplanen; lehnen Kirchen ab, die die Gesetze häufen; ärgern sich über Künstler, die schlechte Fotographen sind; staunen hilfslos über enzyklopädische Denkversuche; schätzen inzwischen nach den Ausstellungen ganzer Epochen (Staufer, Parler) den Gang durch die Ausstellung mit kleinem Thema, der bescheidenen Zahl der Exponate, wobei diese Ausstellung sich wohl ein zu großes Thema wählte, aber überschaubar blieb; schon in der Aufgabenstellung notwendig und erfreulicherweise aber ein Torso. Man sagt, das Kunstwerk als Torso rege an zu fragen, lasse der Phantasie Spielraum, respektiere das Mysterium. Diese Bilder sind bereits vom Thema her »Geheimnisträger«. Bekanntestes Beispiel für die Ergiebigkeit des Torsos in der alten Kunst: Die Pietà Rondanini von Michelangelo. Plakativstes Beispiel in der modernen Passionsmalerei: Das unvollendete Doppelkreuz von Herbert Falken (Wieland Schmied S. 70). Das vielleicht erschütterndste Beispiel in diesem Raum: Der Gekreuzigte aus Dettenhausen (Kat. Nr. 2).

Tod – Leben

»Einen lauten Schrei ausstoßend hauchte Jesus seinen Geist aus«. Josef von Arimatäa »bestattet ihn«. »Und als sie (die Frauen) in die Gruft gingen, sahen sie zur Rechten einen Jüngling sitzen, ein weißes Gewand umgetan – da erschauderten sie. Er aber sagte zu ihnen: Schaudert nicht. Jesus sucht ihr, den Nazarener, den gekreuzigten – auferweckt ward er!« (Mark. 15, 37–46; 16, 5f.)

Nochmals alle »Kruzifixe«, aber auch
die »Beweinungen« (Kat. Nr. 10, 33) und
die »Vesperbilder« (Kat. Nr. 22, 28, 34),
der »tote Christus« (Kat. Nr. 32, 47),
die »Grablegung« (Kat. Nr. 4),
der »Grabchristus« (Kat. Nr. 17).

Ärger mit Tod und Auferstehung

Der »Gekreuzigte Gott« (Moltmann) war den Juden ein empörendes Ärgernis und den Heiden eine Torheit (1. Kor. 1, 18). Viele Christen wollten den Tod Jesu, des »Gottessohnes«, verharmlosen und sprachen von einem »Scheinleib«. Noch Zwingli erkannte nur den Tod der »Menschheit« Jesu. Zur Zeit kursieren Phantastereien, wonach Christus nicht am Kreuz gestorben wäre. Scheintod! Die Auferstehung ist nicht nur von jeher dem Glauben Schwelle. Dem Auferstehungs*bild* fehlt eine Szene. Der Auferstandene wird zwar historisch bezeugt durch mancherlei Begegnungen (Maria Magdalena, Emmaus, Jünger am See), die Auferstehung selbst ist eine Wirklichkeit, die nicht direkt in den Evangelien dokumentiert wird, sondern im Spiegel des Engels, der Jünger in Emmaus.
Diese Ausstellung zeigt, einem engeren Passionsbegriff folgend, kein österliches Bild. Der Schmerzensmann (Kat. Nr. 14) könnte dem Andächtigen das Leiden des weiterlebenden Jesus von Nazareth anzeigen.

Triumph und Passion. Zur Entwicklung des Kruzifixes

Heribert Meurer

Der Opfertod Christi am Kreuz steht im Mittelpunkt des christlichen Glaubens, weil er die Erlösung der Menschheit bedeutet. Daran erinnert in den meisten Kirchen zumindest ein Kreuz, oft jedoch ein Kruzifix. Um so erstaunlicher ist es, daß die Kreuzigung Christi und der Gekreuzigte allein erst verhältnismäßig spät in der Kunst dargestellt wurden, während andere biblische Geschehnisse, darunter die Wunder Christi, viel früher verbildlicht wurden. Der Grund lag wohl in der Schwierigkeit, den Tod zugleich als Sieg über den Tod erscheinen zu lassen, wofür es in der heidnischen Kunst keine Bildformel gab.

Die ersten eindeutigen Kreuzigungsbilder stammen aus dem 5. Jahrhundert; sie sind in Italien entstanden: Christus mit offenen Augen, also lebend, mit mehr oder weniger ausgestreckten Armen und nur spärlich mit einem Schurz bekleidet. Auf einem der Reliefs der Holztür von S. Sabina in Rom steht er zwischen den beiden Schächern. Ein Elfenbeinrelief in London zeigt ihn erhöht am Kreuz, zu seinen Füßen stehen klagend Johannes und Maria; der Soldat Longinus ist dabei, Jesu Seite mit einer Lanze zu öffnen. Da diese Szene nach Joh. 19, 33–34 den toten Christus voraussetzt, haben wir es hier nicht mit einer wörtlichen Bibelillustration zu tun. Vielmehr werden die Personen als leicht erkennbare Zeichen nebeneinander gereiht.

Die ostchristliche Kunst geht in der symbolhaften Darstellung der Kreuzigung seit dem 6. Jahrhundert noch einen Schritt weiter. Sie zeigt Christus bekleidet mit einer ärmellosen Tunika (Colobium), die mit Goldstreifen (Clavi) besetzt ist. Dieses Gewand hat auf Gemälden die kaiserliche Purpurfarbe, so daß es das Königtum Christi zum Ausdruck bringen soll. (Mit diesem Colobium kleidet ihn noch die Reichenauer Buchmalerei um 1000.) Auf zwei östlichen Beispielen können wir es in der Ausstellung sehen, Pilgerandenken aus Palästina der Zeit um 600 (Abb. 2 und 3), die wahrscheinlich auf monumentale Wandmalereien oder Mosaiken in Jerusalem zurückgehen. Ihre Reliefs bereichern das bisher bekannte Szenarium noch um die Personifikationen von Sonne und Mond, um die kosmologische Bedeutung des Geschehens anzudeuten. Schon in der profanen Kunst gehörten diese zu den Triumphalsymbolen des römischen Reiches und bekrönten das christliche Siegeszeichen, das unbesiegte Kreuz, auf den ältesten christlichen Sarkophagreliefs. Augustinus (354–430) erklärt die beiden Gestirne als Symbole des Alten und Neuen Testaments, Ephräm der Syrer (305–373) als Symbole der göttlichen und menschlichen Natur Christi; von anderen Auslegungen sei hier abgesehen. Zu Füßen des Kreuzes würfeln (beziehungsweise spielen Morra) zwei Soldaten um Jesu Gewand. Eine weitere Pilgerampulle (Abb. 1) zeigt das leere Kreuz, darüber zeichenhaft entrückt die Büste Christi. Hier wird nicht Bibel illustriert, sondern der Sieg über den Tod zum Ausdruck gebracht. Der Ostertriumph drängt in der frühchristlichen Kunst das Leiden Christi ganz in den Hintergrund.

Die frühchristlichen Darstellungen der Kreuzigung fußen auf den wesentlichen Motiven der Evangelienberichte. Erwähnt sind hier die beiden mitgekreuzigten Schächer; die oben am Kreuz befestigte Tafel mit Namen und Königstitel (INRI) – aus der sich später der obere Balken des ostkirchlichen Doppelkreuzes entwickelt –; die über Christi Gewand losenden Soldaten; der Lanzenstich und die Seitenwunde, aus der Blut und Wasser fließen; das Stillen des Durstes mit dem Essigschwamm; die unter dem Kreuz stehenden Frauen mit Johannes und der Christus erkennende Hauptmann. Die Sieben Worte Jesu am Kreuz werden erst später verbildlicht. Über diese Bibelstellen hinaus sind auch die apokryphen Pilatus-Akten (Nikodemus-Evangelium) für die Bildtradition wichtig geworden;

sie erwähnen Christi Dornenkrone bei der Kreuzigung, während die Evangelisten sie nur bei der Verspottung nennen. Auch die Umschriften der Pilgerampullen »Öl vom lebendigen Holz der heiligen Stätten« spielen auf das Nikodemus-Evangelium an: Der kranke Adam schickt seinen Sohn Seth zum Baum der Barmherzigkeit, vom entströmenden Öl zu holen, das ihn heilen soll – Erwartung und Hoffnung für die Pilger, die aus Jerusalem das Öl in den Ampullen mitnahmen.

Auf keine Schriftquelle läßt sich das Suppedaneum zurückführen, das am Kreuz befestigte Fußbrett, auf dem der Gekreuzigte bei frühchristlichen und späteren Darstellungen häufig steht, wie z. B. auf der einen Ampulle (Abb. 2). Merkwürdigerweise fehlen auch bei vielen späteren Kruzifixen die Nägel und Wundmale der Füße, wenn er auf dem Suppedaneum steht. Ist deshalb der in Psalm 99, 5 als Hoheitszeichen genannte Fußschemel des Herrn gemeint, um seine Erhöhung am Kreuz zu betonen?

Das auf Hügeln stehende leere Kreuz besitzt auf der Pilgerampulle (Abb. 1) Aststümpfe: eine Anspielung auf den paradiesischen Baum des Lebens, aus dem nach einer orientalischen Legende Jesu Kreuz geschlagen wurde. Die Typologie des Mittelalters, die Deutung des Alten Testaments als Vorbild des Neuen, findet in Fortführung der Paulus-Briefe hier bereits eine künstlerische Form. Schon im 4. Jahrhundert spielten die Heiligen Stätten in Palästina, die die Erinnerung an die Leidensgeschichte wachhielten, eine besondere Rolle bei der Entwicklung spezifischer Passions- und Osterliturgien und entsprechender Frömmigkeitsformen, z. B. der Kreuzverehrung.

In der Auseinandersetzung mit den Monophysiten entwickelte sich im ostkirchlichen Bereich ein neues Bild des Gekreuzigten. Diese hatten die zwei Naturen Christi als Gott und Mensch verneint und wollten nur seine Gottheit gelten lassen. Das Konzil von Chalcedon 451 verurteilte diese – besonders bei den syrischen und ägyptischen Christen verbreitete – Ansicht als Irrlehre. In der byzantinischen Kunst konnte gerade das Kreuzigungsbild diese Irrlehre bekämpfen: Indem das menschliche Leiden Christi und sein physischer Tod hervorgehoben wurden, betonte man die menschliche Natur Christi. Auf einer Ikone des 8. Jahrhunderts wird Christus erstmals mit geschlossenen Augen und mit der Dornenkrone dargestellt. Seit dem 9. Jahrhundert wird er mit Lendenschurz statt Colobium bekleidet, auch dies, um seine menschliche Leiblichkeit hervorzuheben.

In der westlichen Kunst lebte bis in die karolingische Zeit die frühchristliche Auffassung Christi als Überwinder des Todes fort. Unter den Karolingern sind viele monumentale Kruzifixe aus Edelmetall entstanden, die nur aus Beschreibungen bekannt, aber nicht erhalten sind. Karolingische Theologen, speziell Abt Paschasius Radbertus von Corbie, rücken nun stärker die Erlösung durch den Sühnetod am Kreuz in den Mittelpunkt. Seit Papst Gregor dem Großen (590 – 604) galt die Messe nicht nur als Erinnerung, sondern als reale Wiederholung des Opfertodes Christi. Nach Paschasius ist der in der Messe aus Brot und Wein verwandelte Leib Christi identisch mit dem historischen, am Kreuz gestorbenen Leib und das Sakrament die reale Wiederkehr seines Todes. Dies wird – wie schon in Byzanz – durch die Hervorhebung der Seitenwunde und das heraustretende Blut und Wasser betont. Wasser und Blut werden als Symbol des Taufsakraments und der Eucharistie gedeutet. Auf vielen karolingischen und ottonischen Kreuzigungsbildern wird das entströmende Blut von einer Personifikation der Ecclesia in einem Kelch aufgefangen – Ausdruck der Kirche als Empfängerin und Hüterin des Sakraments. Dieser sakramentale Bezug des Kruzifixes

Abb. 1 und 2
Zwei Pilgerampullen aus Blei-Zinn, Palästina um 600, Württembergisches Landesmuseum Stuttgart Inv. Nr. 1980-205 a, b

Abb. 3
Amulett-Anhänger, Blei-Zinn, Palästina um 600, Württembergisches Landesmuseum Stuttgart Inv. Nr. 1981-165

Abb. 4
Gerokreuz, Eichenholz, gefaßt, Köln 969–976, Köln, Dom

Auf der folgenden Doppelseite:

Abb. 5
Bronzekruzifix, Maasgebiet um 1100, Privatbesitz

Abb. 6
Bronzekruzifix aus dem Klarissenkloster in Meran, stilistisch mit der Bronzetür von S. Zeno in Verona zusammenhängend, um 1130. Aus der ursprünglichen Zackenkrone wurde in der Gotik durch Herausfeilen eine gewundene Taukrone. Privatbesitz

ermöglicht nun auch im Westen die Darstellung des toten Christus seit dem 9. Jahrhundert.
Der älteste erhaltene Monumentalkruzifix ist das Gerokreuz im Kölner Dom (Abb. 4) Nach der Chronik des Thietmar von Merseburg ließ ihn Erzbischof Gero (969–976) schaffen, der angeblich einen Riß im Kopf des lebensgroßen Holzkruzifixes durch Einfügen einer konsekrierten Hostie schloß. Der Leib hängt schwer an den herabgezogenen Armen und biegt unter der Last zur Seite aus, wobei die Knie einknicken. Vor dem Kreuzbalken bildet der Körper somit eine Kurve, die sich von dem auf die Schulter gesunkenen Haupt über den sich kugelig herauswölbenden Bauch zu den auf dem Suppedaneum nebeneinanderstehenden Füßen spannt. Die Augen sind geschlossen, die Mundwinkel schmerzlich nach unten verzogen. Der tote Christus hat hier seine erste monumentale Ausprägung erfahren.
In der rheinischen Plastik des 11. Jahrhunderts hat dieses Bild eine reiche Nachfolge gefunden, die überleitet zur romanischen Kunst. Hierher gehört auch der Kruzifix von Schloß Lichtenstein, wahrscheinlich eine süddeutsche Arbeit um 1050 (Kat. Nr. 1). Mit dem Gerokreuz verbindet ihn der Ausdruck des Leidens, das im Sterben schwer Herabsinken, die dadurch kurvige Gestalt und der »Kugelbauch«: realistische Einzelzüge, die den Vorgang des Todes herhorheben sollen. Allerdings waren seine Augen ursprünglich halb geschlossen und wurden im 12. Jahrhundert in weit geöffnete umgeändert. Daneben gibt es bei den Großkreuzen auch solche, die den Schmerz verhaltener oder gar nicht zum Ausdruck bringen, bei denen vielmehr eine hoheitsvolle Christusauffassung vorherrscht. Dies unterstreicht die Königskrone, die viele romanische Kruzifixe tragen (Abb. 5–7), und die groß geöffneten, weit blickenden Augen. Beide Typen, der triumphierende König und der leidende bzw. tote Heiland, gehen im 12. Jahrhundert nebeneinander her.
Um die Mitte des 12. Jahrhunderts wird ein neues Bild des Gekreuzigten eingeführt, das schwer zu deuten ist: der Dreinageltyp. Die Füße Christi, bisher stets nebeneinander auf dem Suppedaneum stehend oder ans Kreuz geheftet, werden nun übereinander mit einem Nagel am Kreuz befestigt (Kat. Nr. 5 und 6). Über die Zahl der Nägel und die Frage nach der historischen Korrektheit hat es bis zum Barock heftige Diskussionen gegeben. Soweit bekannt, scheint das älteste Beispiel das monumentale, 1147 von Abt Suger in St. Denis errichtete Goldschmiedekreuz gewesen zu sein, berühmt wegen des typologisch ausgeklügelten Programms seines emaillierten Sockels. Das 120 cm große bekrönte Corpus war an drei durch große Saphire markierten Stellen an das Kreuz genagelt. Auch der älteste deutsche Dreinagelkruzifix in München-Forstenried (um 1200) trägt eine Krone. Drei (statt vier) Nägel, typisch für den gotischen Kruzifix, haben ursprünglich also nichts mit dem leidenden Christus zu tun und müssen eine andere Erklärung finden. Es fällt auf, daß bei der Darstellung der Leidenswerkzeuge (Arma Christi) in dieser Zeit auch drei statt vier Nägel erscheinen. Möglicherweise hat die reduzierte Anzahl der Nägel mit dem durch die Kreuzzüge verstärkten Kontakt mit dem Heiligen Land und mit den von dort mitgebrachten Nagel-Reliquien zu tun. Nach Caesarius von Heisterbach (um 1180–nach 1240) bedeuten die drei Nägel die Märtyrertugenden Gehorsam, Geduld und Demut. Um die richtige Zahl der Nägel gab es um 1200 noch Streit; doch konnte sich die Erklärung Papst Innozenz III. (1198–1216), bei der Kreuzigung seien vier Nägel benutzt worden, nicht durchsetzen.
Seit Beginn der Gotik werden die meisten Kruzifixe mit drei Nägeln befestigt. Gleichzeitig überwiegt das

I·N·R·I

Abb. 7
Bronzekruzifix, Schwaben Mitte 12. Jahrhundert,
Württembergisches Landesmuseum Stuttgart Inv. Nr. E 500

Bild des toten oder leidenden Christus am Kreuz. Angeregt durch Meditationen des Bernhard von Clairvaux (1091–1153) und der Franziskaner entstehen viele fromme Schriften, die eine mystische Versenkung in die Passion beinhalten und den Gläubigen zum Mitleiden auffordern. In Süddeutschland sind es die Schriften der Dominikaner Johannes Tauler (um 1300–1361) und Heinrich Seuse (1295–1366), die bei ihrer Suche nach Vereinigung mit Gott sich besonders in die Leidensgeschichte gefühlsmäßig einstimmen. In der Kunst des 14. Jahrhunderts wird ein Höhepunkt an expressiver Vergegenwärtigung des Leidens Christi erreicht. Der Gekreuzigte trägt die Dornenkrone, ist unsäglich ausgemergelt, sein Haupt eingesunken, überdeutlich seine Wundmale, Geißelhiebspuren und Blutstropfen. Das hat zu der modernen Bezeichnung Pestkreuz für diese krassen Leidensdarstellungen geführt, sozusagen als Spiegel der Pestnöte der Jahre 1348/50, doch ist der Typus schon um 1300 entstanden.

Begleitet wird der »Crucifixus dolorosus« von einer neuen Kreuzform, dem Gabelkreuz: Aus dem durchgehenden senkrechten Kreuzstamm zweigen schräg zur Seite ausbiegende Äste ab, an denen Christi Hände befestigt sind (Kat. Nr. 5). Zugrunde liegt die alte Auffassung des Kreuzes als Lebensbaum. Nach Rupert von Deutz (um 1075–1130) ließ Erzbischof Heribert von Köln (999–1021) aus einem gabelförmig gewachsenen Baum, in dem ihm der Gekreuzigte erschien, ein Kreuz hauen. Ob ein solches Kreuz wirklich schon in Köln um 1000 existierte oder ob erst Rupert dies nachträglich vordatierte: Jedenfalls läßt sich das Gabelkreuz in Köln seit dem 12. Jahrhundert nachweisen. Seine größte Verbreitung erfolgt im Rheinland im 14. Jahrhundert, strahlt aber nach ganz Europa aus.

In immer neuen Bildvorstellungen und literarischen

Abb. 8
Bronzekruzifix, Schwaben Mitte 12. Jahrhundert, Privatbesitz

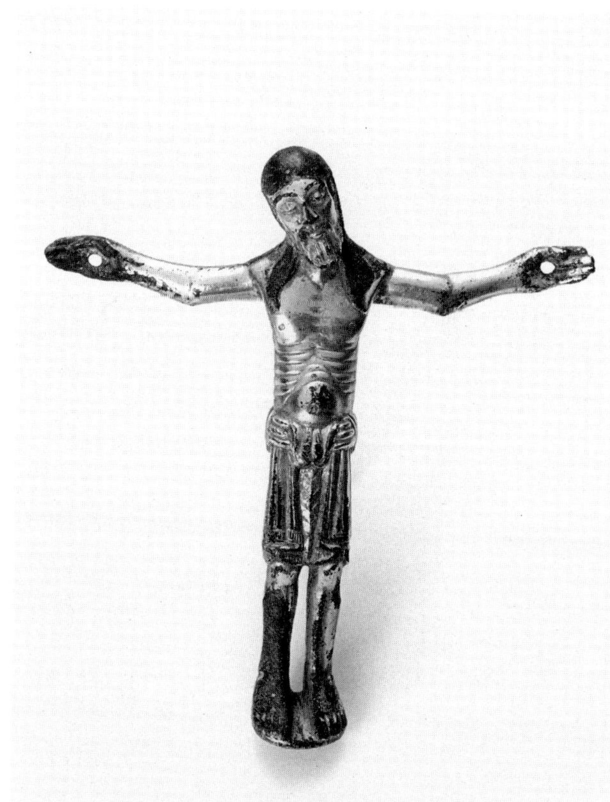

Abb. 9
Michelangelo Buonarroti, Kruzifix für Vittoria Colonna, Kreidezeichnung um 1540, London British Museum

Metaphern wird in der Gotik Christi Sterben reflektiert. Der schmerzverzerrte, zusammengekrümmte Kruzifix des 14. Jahrhunderts wird gegen Ende des Jahrhunderts abgelöst von einem sanft duldenden Christustyp. Ausgehend von den Niederlanden wird nun ein altes, aus Psalmen zusammengefügtes Gleichnis verbildlicht: Das Kreuz ist die Harfe, an die Christus als Saite gespannt ist. »Die Harfe bedeutet die glorreiche Passion, die mit angespannten Sehnen und gezählten Gebeinen wie in einem geistlichen Lied sein schweres Leid ertönen ließ«, schrieb Cassiodor (um 487–583) und nach ihm noch anschaulicher die Mystiker. Heinrich von Neustadt verdeutlicht um 1320 ein ähnliches Gleichnis:

»Man legte in uf das cruce nider:
Da worden sine reinen glider
Und sin geeder (Geäder) uf gezogen
Als die senewe (Sehne) uf den bogen«.

Das Harfen- und Bogengleichnis führt zur Überdehnung der Glieder des Gekreuzigten und zur Wiedergabe höchster Anspannung bei Künstlern wie Nikolaus Gerhaert, Mathias Grünewald und Veit Stoß. In der Renaissance wird dieses Bild verbunden mit anatomischer Genauigkeit und dem kanonischen Schönheitsideal: »Wie die Alten ihrem Abgott Apollon die schönste Gestalt eines Menschen zugemessen haben, also wollen wir dasselbe Maß brauchen zu Christus dem Herrn, der der Schönste aller Welt ist«, schrieb Albrecht Dürer.

Damit sind die wichtigsten Bildelemente der meisten nachmittelalterlichen und barocken Kruzifixe angesprochen. Auch die Kruzifixe evangelischer Kirchen, wie z. B. der für die Stuttgarter Schloßkirche 1563 von Sem Schlör geschaffene (heute in Neuhausen auf den Fildern), folgen dem in der Renaissance verbreiteten Typus.

Neben ihm gibt es noch eine andere Bildform, die – von wenigen mittelalterlichen Vorstufen abgesehen – auf eine Zeichnung Michelangelos zurückgeht (Abb. 9): der noch lebende Gekreuzigte, der sich im Todeskampf noch einmal aufbäumt und den Blick nach oben richtet. Die Zeichnung widmete Michelangelo der von ihm verehrten fürstlichen Dichterin Vittoria Colonna.

Zeitgenossen erklärten das zu seinem Vater blickende Haupt Christi als Illustration sowohl zu seinen Worten: »Mein Gott, mein Gott, warum hast du mich verlassen?« als auch zu dem (weniger irritierenden) Ergebenheitsruf »Vater, in deine Hände empfehle ich meinen Geist«. Jesu Ausdruck der Gottverlassenheit hat schon früh Kirchenväter und Theologen zu verschiedenen Erklärungsversuchen geführt. »In keiner Weise konnte der Herr seine Strenge in solchem Ausmaß zeigen, als wenn er uns zeigt, daß Christus, als er litt, sich in seinem Fleische von Gott verlassen fühlte«, deutete Juan de Valdés, ein mit Vittoria Colonna befreundeter neapolitaner Theologe, jenes Jesuswort. In den für die Kirche krisenhaften Jahren um 1540 mußten diese Textstelle und Michelangelos Kruzifix aber auch Ausdruck der Zukunftsangst der Kirche, des mystischen Leibes Jesu, sein.

Ganz im Sinn des Renaissancekünstlers bedient sich Michelangelo bei der Darstellung der Gottverlassenheit einer antiken Pathosform. Mit dem Motiv des Sichaufbäumens zitiert er die berühmte antike, 1506 entdeckte Laokoongruppe (im Vatikan): das Bild des trojanischen Apollpriesters, der mit seinen Söhnen von Schlangen gewürgt wird und sich im Kampf mit dem Ungetier schmerzerfüllt aufbäumt.

Das dramatische Kampfmotiv bei Michelangelos Kruzifix blieb nicht ohne Wirkung auf den Barock. El Greco und Rubens nehmen den neuen Typ des »Cristo Vivo« ebenso auf wie die Weilheimer Bildhauer Bartholomäus Steinle und Georg Petel. Wichtiger

31

noch für die süddeutschen barocken Kruzifixe sind die verfeinerten, manieristisch überlängten und kompliziert bewegten Kruzifixe des in Florenz arbeitenden Niederländers Giovanni Bologna, dessen Typen des Cristo vivo und Cristo morto die Rolle von offiziellen Kruzifixen der Gegenreformation annahmen. Als fürstliche Sammlerstücke und Geschenke wurden sie zu Exportartikeln in Europas katholische Länder. Bernini schuf die Altarkreuze für St. Peter in Rom nach den beiden Typen Giambolognas. Bei den meisten süddeutschen Bildhauern des 18. Jahrhunderts ist neben dem toten Christus auch der Typ des sich aufbäumenden und nach oben blickenden Gekreuzigten zu finden (Kat. Nr. 27 und 30).

Seit dem 19. Jahrhundert gibt es keine allgemein gültigen und allerseits anerkannten Christusbilder mehr, statt dessen tritt die persönlich gefärbte Deutung des Künstlers in den Vordergrund. Vielfach wird auf Kruzifixe älterer Perioden zurückgegriffen; die stärksten Anregungen gaben wohl die Kruzifixe von Grünewald und Rubens. Der Auffassung und dem Geschmack des Expressionismus unseres Jahrhunderts kam besonders das gotische Bild des »Crucifixus dolorosus« entgegen.

So hat jede Epoche ihren eigenen, der jeweiligen Theologie und Volksfrömmigkeit entsprechenden Kruzifixtyp geschaffen. Daß der Gekreuzigte erst verhältnismäßig spät verbildlicht wurde, zeigt, welche Scheu man anfangs hatte und mit welchem Ernst man die ersten Deutungen des biblischen Geschehens wagte. Je selbstverständlicher der Umgang mit dem Paradoxon Tod = Leben wurde, desto mehr konnte die Symbolik weichen und der natürliche Tod dargestellt werden. Doch blieb die Würde dabei stets gewahrt, denn der Kruzifix war immer das wichtigste christliche Andachtsbild.

Weiterführende Literatur (Auswahl)

Monika von Alemann-Schwarz, Crucifixus Dolorosus. Beiträge zur Polychromie und Ikonographie der rheinischen Gabelkruzifixe, Dissertation Bonn 1976

Reiner Haussherr, Der tote Christus am Kreuz. Zur Ikonographie des Gerokreuzes, Dissertation Bonn 1963

Reiner Haussherr, Kruzifixus, in: LCI 2, 1970, Sp. 677–695

Reiner Haussherr, Michelangelos Kruzifixus für Vittoria Colonna. Bemerkungen zu Ikonographie und theologischer Deutung. Wissenschaftliche Abhandlungen der Rheinisch-Westfälischen Akademie der Wissenschaften, Band 44, Opladen 1971

Edgar Hürkey, Das Bild des Gekreuzigten im Mittelalter. Untersuchungen zu Gruppierung, Entwicklung und Verbreitung anhand der Gewandmotive, Worms 1983

Lieselotte Kötzsche-Breitenbruch, Pilgerandenken aus dem Heiligen Land. Drei Neuerwerbungen des Württembergischen Landesmuseums in Stuttgart, in: Vivarium, Festschrift Theodor Klauser zum 90. Geburtstag, Jahrbuch für Antike und Christentum, Ergänzungsband 11, Münster 1984, S. 229–246

Elisabeth Lucchesi Palli und Géza Jászai (und H. Bauer, R. Haussherr, H. Neumann), Kreuzigung Christi, in: LCI 2, 1970, Sp. 606–642

Erich Pattis und Eduard Syndicus, Christus Dominator. Vorgotische Großkreuze, Innsbruck – Wien – München 1964

Johanna Pfeiffer, Studien zum romanischen Kruzifixus der deutschen Plastik, Dissertation Gießen 1938

Frederick P. Pickering, Das gotische Christusbild. Zu den Quellen mittelalterlicher Passionsdarstellungen, in: Euphorion, Zeitschrift für Literaturgeschichte, 3. Folge, 47. Band, Heidelberg 1953, S. 16–37

Frederick P. Pickering, Literatur und darstellende Kunst im Mittelalter. Grundlagen der Germanistik, hrsg. von Hugo Moser, mitbegründet von Wolfgang Stammler, 4, Berlin 1966

Johannes Reil, Die frühchristlichen Darstellungen der Kreuzigung Christi. Studien über christliche Denkmäler, hrsg. von Johannes Ficker. Neue Folge der archäologischen Studien zum christlichen Altertum und Mittelalter, 2. Heft, Leipzig 1904

Elisabeth Roth, Der volkreiche Kalvarienberg in Literatur und Bildkunst des Spätmittelalters. Philologische Studien und Quellen, Heft 2, Berlin 1967

Gertrud Schiller, Ikonographie der christlichen Kunst, Band 2: Die Passion Jesu Christi, Gütersloh 1968

Das Leiden Christi im Andachtsbild. Zur Entwicklung der wichtigsten Bildtypen

Carla Fandrey

Die von den Synoptikern (Matth. 26f., Mark. 14f., Luk. 22f.) überlieferte Leidensgeschichte Christi wird bereits in frühchristlicher Zeit in der bildenden Kunst erzählerisch dargestellt. Seit dem 12. Jahrhundert mehren sich solche Werke, auf denen die Hauptereignisse des Passionsgeschehens – vom Letzten Abendmahl bis zur Auferstehung – chronologisch geordnet als zyklische Folge wiedergegeben werden. Aufgrund der Fülle der einzelnen Begebenheiten eignete sich das Thema besonders für große Schnitzaltäre (Kat. Nr. 4 und 9) und graphische Folgen. Die Anzahl und Auswahl der Szenen eines Zyklus unterlag keinen kanonischen Regeln und wurde äußerst variabel gehandhabt. Bekannte Beispiele für umfangreiche graphische Zyklen bilden etwa die beiden Passionen von Albrecht Dürer.

Neben der szenenreichen biblisch-erzählerischen Darstellung entwickelte sich im 13./14. Jahrhundert in der religiösen Plastik ein neuer eigenständiger Bildtypus, der gerade in der schwäbischen Skulptur eine erstaunliche Entfaltung erfuhr: das Andachtsbild. Während die Theologie alle religiösen Bildwerke, die frommes Denken und Handeln anregen können, als Andachtsbild einstuft, hat sich in der Kunstwissenschaft seit Beginn des 20. Jahrhunderts eine spezifische Definition des Begriffs »Andachtsbild« herausgebildet. Erwin Panofsky legte 1927 in anschaulicher Weise die Besonderheiten des Andachtsbildes und seine Unterschiede gegenüber den bis zur Gotik vorherrschenden Gattungen des biblischen Historienbildes und repräsentativer Darstellungen dar: »Von beiden . . . Formen unterscheidet sich das ›Andachtsbild‹ . . . durch die Tendenz, dem betrachtenden Einzelbewußtsein die Möglichkeit zu einer kontemplativen Versenkung in den betrachtenden Inhalt zu geben, d. h. das Subjekt mit dem Objekt seelisch gleichsam verschmelzen zu lassen . . . es ist klar, daß das, was durch solche Motive bewirkt wird, ebensowohl eine ›Verzuständlichung‹ des an und für sich auf einen bestimmten Zeitmoment zugespitzten Historienbildes, als eine ›Verbeweglichung‹ des an und für sich zeitlosen Repräsentationsbildes sein kann. In der Tat entstehen denn auch die neuen Typen des Andachtsbildes entweder dadurch, daß aus geeigneten szenischen Darstellungen bestimmte Einzelgruppen oder Einzelgestalten herausgelöst werden, in denen Handlung selbst zum Stillstand gebracht, dafür aber dem mit der Handlung verbundenen Gefühlserlebnis eine der kontemplativen Versenkung zugängliche Dauer verliehen scheint, . . . oder aber dadurch, daß geeignete Repräsentationsbilder, bedarfsfalls durch Hinzuziehung neuer Figuren, zu Darstellungen umgeformt werden, in denen das zeitlos-undurchdringliche Dasein der Gottheit durch menschlich ergreifende, weil menschlich ergreifbare, Regungen gleichsam aufgelockert wird und durch in eine der kontemplativen Versenkung zugängliche Bewegung gerät . . .« (Panofsky 1927, S. 264–266).

Das Andachtsbild konnte also der kontemplativen, schauenden Versunkenheit in Gott, dem direkten persönlichen Gotteserlebnis dienen. Über den Weg der Läuterung und Erleuchtung zur inneren Schau Gottes zu gelangen und in ihm aufzugehen, war das angestrebte Ziel der Mystiker (von griech. mystein = die Augen schließen), von denen die Dominikaner Meister Eckhardt (1260–1327), Heinrich Seuse (1295–1366) und Johannes Tauler (um 1300–1361) am bekanntesten sind. Mit der Mystik glaubte man den geeigneten Weg gefunden zu haben, um die spannungsgeladene Disharmonie zwischen Diesseits und Jenseits überwinden zu können, die die Menschen der damaligen Zeit angesichts der vermeintlich bevorstehenden Endzeit ängstigte. Den politischen Wirren und Umwälzungen der Zeit versuchte man durch eine neue Religiosität zu begegnen. Die Kirche wurde ihrer Aufgabe, zwischen Menschen und Gott zu vermitteln, nicht mehr gerecht. Das religiöse Denken und Erleben hatte sich zunehmend verändert. Die persönliche subjektive Beziehung zu Gott war Anliegen jedes einzelnen geworden. Mystische und reformatorische Bewegungen kamen diesen Bestrebungen entgegen. Das Andachtsbild entsprach den privaten, außerliturgischen Bedürfnissen des einzelnen Gläubigen, in stiller, privater Andacht ein persönliches Verhältnis zu Gott eingehen zu können. Jugend- und Passionsgeschichte Christi bildeten neben dem Leben Mariae die biblischen Ereignisse, die Anlaß zu kontemplativer Meditation boten und besonders nachvollziehbar erschienen. Getragen von Dominikanern, Frauenkonventen und -klöstern, entfaltete sich die deutsche Mystik besonders intensiv am Oberrhein während des 14. Jahrhunderts. Die mystische Bewegung geht parallel mit der Entstehung des Andachtsbildes. Aus dem 14. Jahrhundert sind uns sog. mystische Lebensbeschreibungen überliefert, die alle von Dominikanerinnen oberdeutscher Klöster verfaßt wurden, die auch der seelsorgerischen Betreuung von Eckhardt, Seuse und Tauler unterstanden (s. dazu S. 44).

Die große Übereinstimmung zwischen solchen Visionsbeschreibungen und erhaltenen plastischen Andachtsbildern (auch der Christus-Johannes-Gruppe) legen ihre Entstehung im Umkreis schwäbisch-alemannischer Frauenklöster nahe, wofür auch die Provenienz der meisten Andachtsbilder spricht.

Zu den Andachtsbildern der Passion, die ein bestimmtes, aus dem szenischen Verband herausgelöstes Moment isolieren, gehören: Christus-Johannes-Gruppe, Christus am Ölberg, Christus an der Geißelsäule, Christus als Kreuzträger, Christus im Elend, Herrgottsruhbild, gewisse Formen des Kruzifixes wie etwa Christus am Astkreuz, Vesperbild, Heiliggrab, Arma Christi, Schmerzensmann, Ecce homo. Diese Andachtsbilder werden, abgesehen von wenigen Ausnahmen, in der Ausstellung gezeigt.

Christus am Ölberg

Das Gebet Jesu im Garten Gethsemane am Fuße des Ölbergs (Matth. 26, 36–46; Mark. 14, 32–42; Luk. 22, 39–46) wird vor dem 12./13. Jahrhundert nur vereinzelt in der Kunst dargestellt. Die Zurückhaltung gegenüber diesem Thema hängt wohl mit dem ungewöhnlichen Inhalt des Geschehens zusammen: Christus erscheint schwach, verlassen und fleht in tiefster Not angesichts des bevorstehenden Todes Gottvater um Verschonung an. Diese menschliche Schwäche Jesu bildlich umzusetzen, bereitete zunächst große Schwierigkeiten. So behandeln die ältesten erhaltenen frühchristlichen Darstellungen (z. B. Deckel der Lipsanothek von Brescia, Museo Civico, um 370) die Begebenheit am Ölberg mit großer Zurückhaltung, indem die Todesangst gar nicht zum Ausdruck gebracht wird und Wesentliches nur andeutungsweise zur Aussage kommt.

Bis zum 14. Jahrhundert findet Christi Gebet allmählich Eingang in die bildende Kunst, insbesondere in der Buchmalerei und auf spätmittelalterlichen Passionsaltären. In Passionszyklen gehört es bald zum festen ikonographischen Bestand. Unter dem Einfluß byzantinischer Kunst entwickelt sich eine Bildform, die sich aus zwei oder mehr Szenen zusammensetzt und Christus in Proskynesehaltung zeigt. Dagegen bildete sich in der abendländischen Kunst ein Bildschema heraus, bei dem in einer Szene der betende Christus mit den drei schlafenden Jüngern zusammengefaßt sind. Gelegentlich werden die Hand Gottes oder der bei Lukas (22, 43) erwähnte Engel, die zur

Stärkung und zum Trost Jesu am Himmel erschienen, in das Bild einbezogen.
Vom 14. Jahrhundert an steht in der abendländischen Kunst eine fast kanonische Bildform fest, die bis ins 19. Jahrhundert verbindlich bleibt: Christus kniet jetzt mit aufrechtem Oberkörper (Kat. Nr. 11) im Gebet vor einem Felsen, im Vordergrund der Bildfläche lagern die drei schlafenden Jünger; über dem Felsen erscheinen die Hand oder ein Brustbild Gottes. Der in den Bibeltexten genannte Kelch, Symbol des Erlösungsleidens, dem Jesus zu entrinnen hofft, gehört vom 15. Jahrhundert an zum ikonographischen Programm der Ölbergszene.
Die Passionsmystik des späten Mittelalters stellt das Leiden Christi in den Mittelpunkt religiöser Betrachtungen, beispielsweise in Form von Passions- und Todesangstandachten. Die Todesangst Christi, vom Gläubigen aufgrund eigener Ängste und Erfahrung realistisch nachvollziehbar, wird nun darstellbar und mit zunehmender Realität ins Bild übertragen: Christus schwitzt Blut (Kat. Nr. 36), ringt flehend die Hände und schreit in Todesnot zu Gottvater auf. Gleichzeitig wird der Ort des Geschehens mit großer Freude am Detail geschildert und häufig mit der Szene der Gefangennahme verbunden.
Eine besondere Form der Darstellung des Gebets am Ölberg bilden die in großer Zahl in Süddeutschland und Österreich erhaltenen plastischen Ölberggruppen, die wiederum unter dem Einfluß der Mystik und in der Folge der geistlichen Passionsspiele entstanden und in der Volksfrömmigkeit einen wichtigen Platz einnahmen (Kat. Nr. 36). Ihren Standort haben diese Ölberge in der Regel in und neben Kirchen (bis 1807 befand sich z. B. neben dem Ulmer Münster ein solcher, 1474 geschaffener Ölberg) sowie auf Friedhöfen.
Als nur den betenden Jesus wiedergebendes Andachtsbild wird das Thema verhältnismäßig selten dargestellt. Beispiele dafür gibt es seit Ende des 16. Jahrhunderts vorwiegend in der Malerei. Das in der Ausstellung gezeigte, um 1600 entstandene Relief (Kat. Nr. 20) ist eines der wenigen Holzbildwerke, die das Gebet Jesu in andachtsbildmäßiger Isolation wiedergeben.

Ecce homo

Die literarische Grundlage für den Bildtypus des Ecce homo bilden die Verse des Johannesevangeliums (19, 2–5), in denen berichtet wird, daß Pilatus den zuvor gegeißelten, dornengekrönten und mit einem Purpurmantel bekleideten Jesus mit den Worten »Ecce homo« (zu deutsch: »Sehet, welch ein Mensch«) dem Volk zur Schau stellte. Dieses Ereignis fand verschiedene bildliche Formulierungen: als szenische Illustration des Bibeltextes, als nur aus Christus und Pilatus bestehende Zweifigurengruppe oder, ergänzt um einen Schergen, als Dreifigurengruppe. Die aus dem szenischen Zusammenhang herausgelöste Darstellung Christi als Ecce homo in Halb- oder Ganzfigur entwickelte sich auch zu einem Andachtsbild.
Ein Goldring aus Syrakus (7. Jahrh.?) und eine Miniatur in einer Handschrift der Stiftsbibliothek St. Gallen (9./10. Jahrh.) gelten als älteste erhaltene Beispiele für Darstellungen des Ecce homo und lassen aufgrund ihrer griechischen Beischriften eine Entstehung der Bildform in der östlichen Kunst vermuten. In der frühmittelalterlichen westlichen Buchmalerei kommt der Ecce homo nur vereinzelt vor und verliert im Verlauf des Mittelalters zunehmend an Bedeutung. Beliebter werden szenische Ecce-homo-Bilder erst wieder seit dem 15. Jahrhundert und erlangten bis zum 16. Jahrhundert ihre größte Verbreitung. Insbesondere plastisch gestaltete Standfiguren des Ecce homo zeigen deutlich den Einfluß eines verwandten

Andachtsbildtypus, des Schmerzensmannes (s. S. 41). Der wesentliche Unterschied gegenüber dem Ecce homo besteht bei Bildern des Schmerzensmannes in der Wiedergabe der Wundmale und der drastischen Geste, mit der Christus als Schmerzensmann auf seine Seitenwunde hindeutet. Gelegentlich mit der Inschrift »ecce homo« versehen, richtet sich dieser Bildtypus direkt an den Betrachter, dem sich Christus als Abbild seiner erlittenen Schmach darbietet und zur Identifikation empfiehlt. Aufgrund dieser Identifikationsmöglichkeit zählt der Ecce homo zu einem auf Epitaphien und frommen Stiftungen dargestellten Lieblingsthema. In Donaueschingen (Fürstlich-Fürstenbergische Sammlung) befindet sich eine der frühesten, zu Beginn des 14. Jahrhunderts im Gebiet um Konstanz entstandenen plastischen Darstellungen des Ecce homo. Ob die Figur als Andachtsbild konzipiert war oder doch noch in szenischem Zusammenhang stand, läßt sich nicht mit Gewißheit entscheiden.

Dagegen ist der um 1500 zu datierende Ecce homo im Aachener Suermondt-Museum eindeutig als Andachtsbild zu bezeichnen und beweist, daß gegen Ende des 15. Jahrhunderts der Ecce homo als ganzfiguriges Andachtsbild ausgeprägt gewesen sein muß.

Christus an der Geißelsäule

Seit dem 9. Jahrhundert wird die Geißelung Christi in Anlehnung an die Berichte der Synoptiker bildlich dargestellt. Anfangs besteht die Szene aus dem nackten, mit Lendentuch oder Tunika bekleideten Christus, der mit gekreuzten Armen an einer Säule stehend von zwei Schergen mit Geißeln, Rutenbündeln oder Stangen malträtiert wird. Für die Darstellung der Christus überragenden Geißelsäule war bis ins 16. Jahrhundert die Säule der Jerusalemer Grabeskirche vorbildlich. Erst nach dem Tridentinischen Konzil (1545–1563), Grundlage der katholischen Gegenreformation, bildet die Geißelsäule in der Kirche S. Prassede in Rom das neue Vorbild für eine niedere, balusterartige Geißelsäule (vgl. Kat. Nr. 23, 26, 31). Seit dem 10. Jahrhundert kann die Geißelszene durch eine genaue Angabe des Schauplatzes, Einbeziehung des Pilatus und des zuschauenden Volkes präziser geschildert werden. Obwohl auch die frühen Beispiele bereits die Wundmale Christi wiedergeben, zeigt sich auch hier – vergleichbar dem Verzicht auf die Darstellung der Todesangst bei der Ölbergszene – eine Scheu davor, Christi körperliche und seelische Schmerzen zum Ausdruck zu bringen.

Im Bereich der Plastik begegnet uns die Geißelungsszene seit dem 12. Jahrhundert, zunächst sporadisch in Frankreich, im folgenden Jahrhundert dann auch in der deutschen Kunst (so an den Westportalen des Freiburger und Straßburger Münsters).

Erst die Mystik mit ihrer kontemplativen Konzentration auf die Passion Christi hat eine vermehrte Darstellung des Themas unter Einbeziehung der Angabe des Leidens bewirkt. Insbesondere die Franziskaner, die zur Verbreitung der in der Morgenstunde der Terz gefeierten Leidensandacht entscheidend beitrugen, meditierten vorzugsweise über die Geißelung Christi. In oberschwäbischen Mystikervisionen des 14. Jahrhunderts sind zahlreiche Andachten über dieses Thema überliefert, so daß sich vermutlich im gleichen Jahrhundert die Darstellung Christi an der Geißelsäule, isoliert aus dem szenischen Verband, zu einem Andachtsbild entwickelt hat. In der gleichzeitigen Goldschmiedekunst lassen sich derartige isolierte Werke nachweisen.

Der Geißel-Christus in der Ausstellung (Kat. Nr. 7) sowie das ehemals in Brüssel befindliche Beispiel (s. Abb. S. 73) sind nicht sicher als Andachtsbilder zu deuten und könnten auch in szenischem Zusammen-

hang gestanden haben. Sichere Belege für die Existenz der Darstellung Christi an der Geißelsäule als Andachtsbild besitzen wir aus dem 15. Jahrhundert, wobei in der spanischen Plastik bis zum Barock ein häufiges Vorkommen dieses Bildtypus auffällt (Kat. Nr. 26).
Die Visionen der Mystikerin Birgitta von Schweden (1303–1373) hatten offenbar einen nachhaltigen Einfluß auf die Ikonographie des Themas. Ein Birgitta zugeschriebener Gebetszyklus enthält eine von ihr empfangene Offenbarung Jesu über seine Passion, in der er seine Wunden aufzählt, von den Schlägen und Martern berichtet. Insbesondere im Barock wirkte diese Offenbarung auf die Ikonographie des Geißel-Christus ein. Die zunehmend drastischere Schilderung des Gegeißelten erreicht in der deutschen Plastik des 18. Jahrhunderts einen Höhepunkt: blutüberströmt, den Körper mit aufgerissenen, zerfetzten Wundmalen überzogen, zeigen die barocken Andachtsbilder schonungslos den geschundenen Körper Christi (vgl. Kat. Nr. 26).

Der kreuztragende Christus

Die bei den Evangelisten Markus und Matthäus überlieferten Worte Christi »Wer mir will nachfolgen, der verleugne sich selbst und nehme sein Kreuz auf sich und folge mir« (Matth. 16, 24; Mark. 8, 34) erscheinen wie ein erläuternder Text zu einem weiteren Typus des plastischen Andachtsbildes, das den kreuztragenden Christus zeigt. Aus der historischen, vielfigurigen Szene des Gangs nach Golgatha wird gegen Mitte des 14. Jahrhunderts die Kreuztragung Christi herausgelöst und verselbständigt. Dadurch erhielt dieses Moment einen neuen, verdichteten Inhalt von allgemeiner und persönlicher Bedeutung. Der Betrachter des Kreuzträgers wird im Sinne des Bibelwortes unmittelbar zur Nachfolge Christi aufgefordert. Das Kreuz symbolisiert dadurch nicht mehr nur das Leiden Christi, sondern überdies das Leiden der gesamten Menschheit. Leben im Sinne der Nachfolge Christi hatten sich bereits seit Ende des 11. Jahrhunderts die Kreuzfahrer zum Ziel gesetzt, ein Gedanke, der später von den Bettelorden umgesetzt und verbreitet wurde. Der mystischen Frömmigkeit war der Nachfolgegedanke und die Selbstverleugnung im Sinne der Absage an das Weltliche besonders gelegen. Aus dem 13. und 14. Jahrhundert sind viele geistliche Texte dieser Orden erhalten, die das Kreuztragen Christi in den Mittelpunkt der Betrachtungen stellen; ihre Siegel zeigen häufig das Bild des kreuztragenden Christus. In mystischer Versenkung erlebten Nonnen – vorwiegend Dominikanerinnen – Visionen, in denen ihnen der Kreuzträger erschien. Die Niederschriften solcher Gesichte lesen sich wie Beschreibungen unseres Andachtsbildtypus.
Formal lassen sich zwei Bildtypen unterscheiden: aus der szenischen Kreuztragung leiten sich Darstellungen Christi mit Simon, der Christus beim Schleppen des Kreuzes unterstützte, her, während die auf Christus allein konzentrierten Bildwerke eher mystisches Gedankengut bildhaft machen. In Schwaben und dem Bodenseegebiet kommt der hauptsächlich in der Plastik dargestellte Kreuzträger am häufigsten und frühesten vor, so daß hier die Entstehung dieses Andachtsbildes anzunehmen ist. Im 14. Jahrhundert überwiegt hauptsächlich in Schwaben die frontal ausgerichtete Einzelfigur Christi, der mit einer Hand sein Kreuz hält, während er die andere auf das Knie stützt oder damit sein Gewand faßt. Christus ist somit im Moment des Innehaltens wiedergegeben, das ihm ermöglicht, den Kopf zum Betrachter hinzuwenden, um zu diesem eine enge, intensive Beziehung herzustellen. Auf diese Weise zur Nachfolge auffordernd,

erfüllt das Bild des kreuztragenden Christus besonders anschaulich den Sinn des Andachtsbildes (Kat. Nr. 16; ferner der Kreuzschlepper aus Heiningen, Kr. Göppingen, Württembergisches Landesmuseum Stuttgart Inv. Nr. 12083).
Im 15. Jahrhundert entwickelte sich am Niederrhein ein anderer Bildtypus: Christus, gebeugt von dem mit beiden Händen gehaltenen Kreuz, hat den Kopf, ohne einen Bezug zum Betrachter zu ermöglichen, in Schrittrichtung gewendet. Begleitfiguren folgen ihm.
Die meisten erhaltenen Andachtsbilder der Kreuzträger befinden sich in Pfarrkirchen und auf Friedhöfen, nur wenige stammen aus Klöstern. Demzufolge schien dieser Bildtypus vor allem den Bedürfnissen des Volkes gerecht zu werden, das sich persönlich zur Nachfolge aufgefordert fühlte, angetrieben von der Hoffnung auf Erlösung nach dem Tod.

Christus im Elend

Überwiegend als plastisches Sitzbild gestaltet wird Christi letzte Rast oder Christus im Elend. Dieser Bildtypus zeigt den nur mit einem Lendentuch bekleideten, auf seinem Kreuz, einem Erdhügel, Baumstumpf oder Felsbrocken niedersitzenden Jesus unmittelbar vor seiner Kreuzigung. Fälschlicherweise werden derartige Darstellungen gelegentlich als »Herrgottsruhbilder« bezeichnet, die Christus mit und ohne Fesseln zwar ebenfalls sitzend, aber stets mit Krönungsmantel und Dornenkrone bekleidet wiedergeben und sich dadurch deutlich von Christus im Elend unterscheiden. Eine biblische Quelle oder sonstige literarische Vorlage für das Bild des rastenden Christus gibt es nicht. Die Bildform entwickelte sich offenbar aus dem typologischen Vorbild des leidgeprüften Hiob, der auf einem Aschenhaufen sitzend seine Schwären schabt (Hiob 2, 8).

Aufgrund der nachweisbaren Beispiele liegt die Vermutung nahe, daß das Bild Christi im Elend in niederdeutschem Gebiet entstand. Grundsätzlich unterscheiden sich zwei Bildtypen, die sich vermutlich beide in der zweiten Hälfte des 14. Jahrhunderts herausbildeten. Christus stützt entweder, als Zeichen der Ermattung und Trauer, mit einer Hand sein Haupt oder er beschreibt mit auf- oder abwärts gerichteten Armen bzw. Händen, die Gebärde des Gefesseltseins. Ikonographisch lassen sich zwei verschiedene Bildtypen voneinander abgrenzen: zum einen gibt es mehrfigurige Szenen, die Christus inmitten der mit der Vorbereitung seiner Kreuzigung beschäftigten Kriegsknechte, gelegentlich auch mit der trauernden Maria, darstellen. Totenschädel, Knochen, INRI-Tafel (Württembergisches Landesmuseum Stuttgart Inv. Nr. 1950–20) bilden dabei deutlich Hinweise auf den Ort des Geschehens, den Kalvarienberg. Daneben gibt es die isolierte, möglicherweise ältere Darstellung Christi im Sinne eines mystischen Andachtsbildes. Obwohl in den Texten der süddeutschen Mystiker keine diesem Bildtypus verwandte Vision überliefert ist, entspricht die Gestaltung des über die erfahrenen und bevorstehenden Leiden nachsinnenden Christus durchaus der bildhaften Sprache der Mystiker.

Vesperbild

Als Vesperbild (ital. Pietà) wird die Darstellung der sitzenden Maria mit dem auf ihrem Schoß ruhenden toten Sohn bezeichnet. Durch die vermutlich im 14. Jahrhundert durchgeführte Verteilung der Passionsgebete auf die Gebetsstunden des Breviers fielen Kreuzabnahme und Beweinung Christi – entsprechend der Abfolge des Passionsgeschehens – in die Zeit der vorletzten Stunde des Tages, die Vesper. Aus diesem

Geschehen am Abend des Karfreitag leitet sich der Name »Vesperbild« her. Herausgelöst aus der Szenenfolge Kreuzabnahme, Beweinung und Grablegung entwickelte sich um 1300 das Vesperbild zu einem eigenständigen und dem bedeutendsten Andachtsbild. Weder das Neue Testament noch die apokryphen Schriften erwähnen jedoch die Szene, die vielmehr unter dem Einfluß christologischer und mariologischer Schriften sowie der deutschen Mystik (Seuse) entstand.
Das Vesperbild gehört zwischen dem 14. und 16. Jahrhundert zu einem der beliebtesten Themen der Plastik. Aufgrund stilistischer und expressiver Änderungen lassen sich zwar verschiedene Bildtypen (vgl. dazu Passarge 1924) abgrenzen, im wesentlichen wird aber an der einmal gewonnenen Bildform wenig geändert. Das ausschlaggebende Kriterium für die Abgrenzung einzelner Bildtypen ist neben der Körperlage Christi der Ausdruck Mariens, der ebenso schmerzerfüllt wie freudvoll sein kann. Die Konzentration auf die Zweisamkeit und Zwiesprache von Mutter und Sohn im Vesperbild, das keinen Bezug zur kirchlichen Liturgie hat, kam der persönlichen Frömmigkeit und dem Mitleidsbegriff der Mystik besonders entgegen.
Zu den frühesten erhaltenen deutschen Bildwerken gehört das um 1320 in thüringisch-fränkischem Gebiet entstandene Vesperbild aus Kloster Scheuerfeld bei Coburg (Kunstsammlung Veste Coburg): Aufrecht sitzend hält Maria, dargestellt als gramgebeugte Greisin, auf ihrem Schoß den treppenförmig geknickten, toten Körper Christi, dessen zur Seite gedrehtes Haupt nach hinten fällt. Dieser auch in Schwaben nachwirkende Bildtypus (Fragment aus dem Dominikanerinnenkloster Adelberg, Freiburg, Augustinermuseum Inv. Nr. 11435; Vesperbild, Badisches Landesmuseum Karlsruhe, Inv. Nr. 56/2) erfuhr im Verlauf des 14. Jahrhunderts eine ins Drastische gesteigerte Ausdruckskraft. In Analogie zur Wandlung der Mystik hin zum Intimen wurde im Verlauf der zweiten Jahrhunderthälfte das Vesperbild kleinformatiger, die harte Brechung des Körpers Christi zurückgenommen (vgl. etwa das Vesperbild aus Unterkochen, Kr. Aalen, Württembergisches Landesmuseum Stuttgart, Inv. Nr. 1956-8).
Seit Mitte des 14. Jahrhunderts kommt eine Sonderform des Vesperbildes auf, bei der Christus kindhaft klein wie ein Attribut oder Symbol Maria beigegeben ist und Anklänge an die Madonna mit dem Kinde wachruft. Auch der freudige Gesichtsausdruck Mariae läßt darauf schließen, daß auch sie sich der Kindheit besinnt. Möglicherweise entstand dieser Sondertypus in Schwaben, da das Vesperbild aus Radolfzell (Freiburg, Augustinermuseum Inv. Nr. S 34 D, Leihgabe des Diözesanmuseums Freiburg) als frühestes erhaltenes Beispiel hierfür gilt.
Kurz vor 1400 entstanden die Bildwerke, die als „Schöne Vesperbilder“ zusammengefaßt werden und vor allem in Böhmen und Österreich verbreitet waren, darüber hinaus aber auch in Schwaben eine Nachfolge fanden (Wimpfen, Unterweissach, Tiefenbronn). Sie kennzeichnet der horizontal liegende Körper Christi, während Maria meist als junge Frau wiedergegeben ist. Diese Vesperbilder sind selten aus Holz geschnitzt, sondern überwiegend aus Kalkstein, Alabaster, Ton oder Steinguß gefertigt worden.
Im Verlauf des 14. Jahrhunderts entstanden zwei weitere Bildtypen, die die weitverbreiteten „Schönen Vesperbilder“ ablösten und nur in bestimmten Gebieten Deutschlands Bedeutung erlangten. Neben dem Vesperbild mit dem nach vorn gedrehten Körper Christi, das auch in Schwaben greifbar ist, gibt es die Gruppe des reinen Diagonaltypus, die überwiegend in Westfalen und Westdeutschland aufkam.

Eine ganz neue Bildform entstand im frühen 16. Jahrhundert. Hatte bislang Maria den Körper Christi in verschiedenen Haltungen stets auf ihrem Schoß gehalten und die Gruppe somit ein Ineinander gewahrt, so sinkt Christus jetzt ganz zu Boden und liegt Maria zu Füßen. Nur noch sein Kopf bzw. Oberkörper ruhen im Schoß Mariae oder vor ihren Knien. Dieser neu geschaffene Bildtypus findet bis in den Barock hinein größte Verbreitung. Die von Ignaz Günther für die Friedhofkapelle in Nenningen geschaffene Gruppe gehört zu einem der bedeutendsten Werke dieses Vesperbildtypus (vgl. Kat. Nr. 34).
In der Renaissance entstand ein weiterer Typus, der Christus schwerelos vor Maria schwebend zeigt. Maria und Christus stehen jetzt aufrecht, wodurch die eng aneinandergebundenen Figuren zu einem geschlossenen Block zusammengefügt werden.

Heiliggrab

Als eine der heiligsten Stätten gilt dem Christen die über dem vermuteten Grab Christi errichtete Kirche in Jerusalem. Zu Beginn des 4. Jahrhunderts ließ Kaiser Konstantin die erste Grabeskirche, einen quadratischen Bau mit rundem Obergeschoß, errichten. Das Obergeschoß erhielt kurze Zeit später eine offene, später zusätzlich von einem Baldachin bekrönte Laterne als lichteinlassenden Aufsatz. Diese architektonischen Erkennungsmerkmale der Grabeskirche wurden seit dem 7. Jahrhundert durch Zeichnungen von Jerusalempilgern und Kreuzfahrern auch im westlichen Europa bekannt. Hier entstanden, in Erinnerung an die Grabeskirche oder für die Aufnahme von Reliquien aus Jerusalem bestimmt, zahlreiche Kirchen und Kapellen, die architektonisch den Jerusalemer Bau in Form eines Zentralbaus nachahmten.

Eine weitere formale und funktionale Nachfolge fand die Grabeskirche in steinernen monumentalen Heiliggräbern, die meist im Seitenschiff einer Kirche aufgebaut wurden. Die Frauen am Grabe, die um den Leichnam Christi trauern, mitunter um Grabwächter und Engel erweitert, wurden unter einem baldachinartigen Dach, in einer Wandnische oder in einer polygonalen Kapelle aufgestellt. Zunächst nur in Erinnerung an das Grab Christi entwickelt, übernahmen die monumentalen Heiliggräber bald eine wichtige Funktion in der Karfreitagsliturgie. Spätestens seit dem 10. Jahrhundert war es üblich, nach der aus Jerusalem übernommenen Kreuzverehrung (Adoratio crucis) während der Karfreitagsfeier das Kreuz, mitunter gemeinsam mit der Hostie, in einer grabartigen Höhle beim Altar niederzulegen. Gegen Ende des 13. Jahrhunderts wurde die Depositio und Elevatio des Kreuzes durch eine eigens dafür geschaffene Skulptur, den Leichnam Christi (Kat. Nr. 17) ersetzt. Eine Vertiefung im Brustkorb der im Heiliggrab liegenden Figur diente nun als Behältnis für die Hostie. Damit war eine weitere Form des Andachtsbildes gegeben, das insbesondere durch die Anwesenheit der angesichts des toten Christus von Trauer ergriffenen Frauen den Andächtigen zum Nachvollzug des Geschehens und zum Mittrauern einstimmte.
Eine Sonderform des Grabchristus muß gegen 1340 entstanden sein: der Kruzifix mit schwenkbaren Armen, der einen Nachvollzug der Kreuzabnahme ermöglichte und überdies durch den Drehmechanismus in den Armen in einen liegenden Grab-Christus umgewandelt werden konnte. Im Rahmen einer liturgischen Feier wurde er im Heiliggrab beigesetzt. Auf diese Weise ließ sich das Karfreitagsgeschehen höchst anschaulich nachstellen.
Neben den großplastischen Steingruppen gibt es wesentlich kleinere hölzerne Heiliggräber, die,

zunächst ohne liturgischen Bezug, als reine Erinnerungsbilder an das Jerusalemer Heiliggrab entstanden. Im Unterschied zu den Monumentalgräbern wurden sie nur in der Karwoche aufgestellt. Kleinere schreinförmige Heiliggräber waren dagegen offenbar für den klösterlichen Gebrauch bestimmt.
Das älteste erhaltene monumentale Heiliggrab wurde um 1330 für das Freiburger Münster geschaffen. Mit seinem Standort ist ein Hinweis auf das Entstehungs- und Verbreitungsgebiet des Heiliggrabes gegeben: den Oberrhein.

Arma Christi

Als Arma Christi bezeichnet man die im Neuen Testament, in den apokryphen Schriften und legendären Berichten aufgeführten Leidenswerkzeuge (Heilsgeräte, Waffen, Wappen Christi), die als Zeichen der Passion dargestellt werden. Diese Gegenstände galten zunächst als Majestätszeichen des erhöhten Christus, erfuhren aber im Laufe der Zeit eine erweiterte Ausdeutung, beginnend mit Kreuz und Nägeln. Bis ins 15. Jahrhundert hinein hielten die Auffindung und Identifizierung weiterer angeblich originaler Leidenswerkzeuge an, die eine kaum überschaubare Vielfalt erlangten und denen als Reliquien kultische Verehrung zuteil wurde. Seit dem 13. Jahrhundert werden die Arma Christi Gegenstand der Passionsmeditation. Sie entwickelten sich in Analogie zum Andachtsbild und erhielten einen besonderen allegorischen Sinn, der persönliche Vorlieben des Betrachters ermöglichte. Für ihre religiöse Bedeutung ist die Tatsache bezeichnend, daß Papst Innozenz VI. 1353 das Fest »De armis Christi« für Deutschland und Böhmen einführte. Aus der Leidensmeditation heraus entwickelten die Arma Christi einen immer stärker werdenden Bezug zur Andacht.

Während des 13./14. Jahrhunderts wurden die Leidenswerkzeuge meist Darstellungen zugeordnet, die Christus als Erlöser zeigen. Die wichtigsten und am häufigsten dargestellten Arma Christi sind Kreuz, Dornenkrone, Lanze, Nägel, Schwamm, Brett mit 30 Silberlingen, Geißel, Geißelsäule, Zange, Sudarium, Kreuztitel, drei Würfel, Hammer, Bohrer, Strick, Grab Christi und Leichentuch, aber auch der Sessel des Pilatus, der heilige Rock oder das weiße Kleid der Verspottung, um nur einige Beispiele zu nennen, werden dazu gerechnet.
Welchen Grad der Beliebtheit die Arma Christi vor allem im Bereich der Volksfrömmigkeit bis ins 19. Jahrhundert hinein erlangten, beweisen die in der Ausstellung gezeigten Arma-Christi-Kruzifixe (vgl. Kat. Nr. 41, 44, 49).

Schmerzensmann

Die Darstellung des seine Wundmale vorweisenden Christus wird als Schmerzensmann bezeichnet. Die für diesen Bildtypus im Mittelalter verwendeten Benennungen lauten: imago pietatis, Barmherzigkeit, Pitié de Nostre Seigneur, Erbärmdebild, Misericordia Domini, Ecce homo, heiliger Leichnam und Salvator. Der Schmerzensmann zeigt Christus, der die Passion durchlitten hat, gestorben ist und dennoch als Lebender mit seinen Wundmalen wiedergegeben ist. So gilt der Schmerzensmann als Inbegriff des Heilgeschehens und der Eucharistie.
Alttestamentarische Prophezeihungen können auf den Schmerzensmann bezogen werden, Jesaja etwa spricht vom »virum dolorum« (53,3). Eine zentrale Rolle nimmt der Schmerzensmann in der dominikanischen und franziskanischen Frömmigkeit ein. Mystische Visionen beweisen, daß der lebende, aber von seinem Leiden gekennzeichnete Christus Gegenstand der

Meditation und des Mitleidens war. So konnte der Schmerzensmann zum besonders verehrten Andachtsbild werden.
Als Halbfigur mit geneigtem Haupt läßt sich der Schmerzensmann schon im 12. Jahrhundert in der byzantinischen Kunst nachweisen. Zwischen dem 14. und 16. Jahrhundert bildeten sich hauptsächlich in der deutschen Kunst verschiedene Bildtypen heraus, die Christus als lebendigen, ganzfigurigen Schmerzensmann mit unterschiedlicher Gestik zeigen: Christus erscheint mit überkreuzten Händen, trauernd mit in die Hand gestütztem Kopf, Hand – oder Seitenwunden vorweisend (Kat. Nr. 14) oder als Opfernder, dessen Blut in einen Kelch fließt. Aus der Fülle der Typen bilden die um Assistenzfiguren (Maria; Maria und Johannes; Engel) erweiterten eine eigene Gruppe. Alle diese Umwandlungen gehen stets von dem ganzfigurigen, lebendigen Schmerzensmann aus, wobei das Leiden Christi im Laufe der Entwicklung an Ausdruckskraft gewinnt.

Weiterführende Literatur (Auswahl)

Zum Andachtsbild:
Horst Appuhn/Christian von Heusinger, Der Fund kleiner Andachtsbilder des 13. bis 17. Jahrhunderts im Kloster Wienhausen, in: Niederdeutsche Beiträge zur Kunstgeschichte 4, 1965, S. 157–238
Ernst Benz, Christliche Mystik und christliche Kunst, in: Deutsche Vierteljahrsschrift für Literaturwissenschaft und Geistesgeschichte 12, 1934, S. 22–48
Walter Blank, Dominikanische Frömmigkeit und die Entstehung des Andachtsbildes um 1300, in: Alemannisches Jahrbuch 1964/65, S. 57–86
Dorothee Klein, Andachtsbild, in: RDK 1, 1937, Sp. 681–687
Erwin Panofsky, »Imago Pietatis«. Ein Beitrag zur Typengeschichte des »Schmerzensmanns« und der »Maria Mediatrix«, in: Festschrift für Max J. Friedländer zum 60. Geburtstag, Leipzig 1927, S. 261–308
Wilhelm Pinder, Die dichterische Wurzel der Pietà, in: Repertorium für Kunstwissenschaft 42, 1920, S. 145 ff., wiederabgedruckt in: Gesammelte Aufsätze, Leipzig 1938
Josef Sauer, Mystik und Kunst unter besonderer Berücksichtigung des Oberrheins, in: Kunstwissenschaftliches Jahrbuch der Görresgesellschaft 1, 1928, S. 1 ff.

Zu Christus am Ölberg

M. Bartmuss, Die Entwicklung der Gethsemane-Darstellung bis um 1400, Dissertation Halle 1935
Fritz Baumgarten, Ölberg und Osterspiel, in: Zeitschrift für bildende Kunst 29, 1897
Paul Keppler, Die Darstellung des Heilands am Oelberg, in: Archiv für christliche Kunst 2, 1884, S. 13–15
Justine Thüner, Ölberg, in: LCI 3, 1971, Sp. 342–349

Zum Ecce homo:

Anton Legner, Ecce homo, in: LCI 1, 1968, Sp. 557–561
Gert von der Osten, Der Schmerzensmann, Berlin 1935 (= Forschungen zur deutschen Kunstgeschichte 7)
Karl-August Wirth/Gert von der Osten, Ecce homo, in: RDK 4, 1958, Sp. 674–700

Zu Christus an der Geißelsäule:

LCI 2, 1970, Sp. 126 und 127
P. D. Running, The Flagellation of Christ, Dissertation State University of Iowa 1951
Curt Schweicher, Geisselung Christi, in: LCI 2, 1970, Sp. 127–130
F. Zoepfl, Das unbekannte Leiden Christi in der Frömmigkeit und Kunst des Volkes, in: Volk und Volkstum 2, 1937, S. 317–337
Georg Weise, Christus an der Geißelsäule, in: Christliche Kunst 30, 1934, S. 185–190

Zum kreuztragenden Christus:

Heinrich Laag/Géza Jászai, Kreuztragung, in: LCI 2, 1970, Sp. 649–653
Ute Ulbert-Schede, Das Andachtsbild des kreuztragenden Christus in der deutschen Kunst. Von den Anfängen bis zum Beginn des 16. Jahrhunderts. Eine ikonographische Untersuchung, München 1968

Wolfgang F. Volbach, Der kreuztragende Christus in der schwäbischen Kunst, in: Amtliche Berichte der Berliner Museen XLI, 1920, S. 131 ff.
Lisa Schürenberg, Der kreuztragende Christus im Freiburger Münster, in: Oberrheinische Kunst 7, 1936, S. 98 ff.

Zu Christus im Elend:

Konrad Bauer (= Julius Baum), Christus in der Rast und Herrgottsruhbild, zwei volkstümliche Andachtsbilder, in: Magazin für Pädagogik 100, 1937, S. 299 f.
Gert von der Osten, Christus im Elend, ein niederdeutsches Andachtsbild, in: Westfalen 30, 1952, S. 185 ff.
Ders. Christus im Elend, in: RDK 3, 1954, Sp. 644–658
Gerhard Seib, Letzte Rast Christi, in: LCI 3, 1971, Sp. 496–498

Zum Vesperbild:

Johannes H. Emminghaus, Vesperbild in: LCI 4, 1972, Sp. 450–456
Ausstellungskatalog: Stabat Mater. Maria unter dem Kreuz in der Kunst um 1400, Salzburg 1970
K. Gravenkamp, Marienklage. Das deutsche Vesperbild im 14. und frühen 15. Jahrhundert, Aschaffenburg 1948
Wolfgang Krönig, Rheinische Vesperbilder, Mönchengladbach 1967
Wolfgang Krönig, Rheinische Vesperbilder aus Leder und ihr Umkreis, in: Wallraf-Richartz-Jahrbuch 24, 1962, S. 97–192
Reinhard Liess, Vesperbilder um 1400, in: Alte und Moderne Kunst 7, (56/57), 1962, S. 37–52
Walter Passarge, Das deutsche Vesperbild im Mittelalter, Köln 1924 (= Deutsche Beiträge zur Kunstwissenschaft 1)
Elisabeth Reiners-Ernst, Das freudvolle Vesperbild und die Anfänge der Pietà-Vorstellung, München 1939

Zum Heiliggrab:

Annemarie Heimann-Schwarzweber, Heiliges Grab, in: LCI 2, 1970, Sp. 182–192
Annemarie Schwarzweber, Das Heilige Grab in der deutschen Bildnerei des Mittelalters, Freiburg i. Br. 1940 (= Forschungen zur Geschichte der Kunst am Oberrhein 2)
G. Simon, Ikonographie der Grablegung Christi, Dissertation Rostock 1926
Gesine und Johannes Taubert, Mittelalterliche Kruzifixe mit schwenkbaren Armen. Ein Beitrag zur Verwendung von Bildwerken in der Liturgie, in: Zeitschrift des deutschen Vereins für Kunstwissenschaft 23, 1969, S. 79–121

Zu den Arma Christi:

Rudolf Berliner, Arma Christi, in: Münchner Jahrbuch der bildenden Kunst 6, 1955, S. 35–152
LCI 1, Sp. 183–187
Robert Suckale, Arma Christi. Überlegungen zur Zeichenhaftigkeit eines mittelalterlichen Andachtsbildes in: Städel-Jahrbuch 6, 1977, S. 177–208

Zum Schmerzensmann:

Wiltrud Mersmann, Der Schmerzensmann, Düren 1952
Dies., Schmerzensmann, in: LCI 4, 1972, Sp. 87–95
Gert von der Osten, Der Schmerzensmann. Typengeschichte eines deutschen Andachtsbildes von 1300 bis 1600, Berlin 1935 (= Forschungen zur deutschen Kunstgeschichte 7)
Erwin Panofsky, »Imago Pietatis«. Ein Beitrag zur Typengeschichte des »Schmerzensmanns« und der »Maria Mediatrix« in: Festschrift für Max J. Friedländer zum 60. Geburtstag, Leipzig 1927, S. 261–308

Texte und Visionen der Mystik

Schon im 12. Jahrhundert verfaßten Hildegard von Bingen (1098–1179) und Bernhard von Clairvaux (1091–1153) in ihren Klöstern Schriften, zu denen sie durch Visionen angeregt wurden. Diese sind anschauliche Bilder ihrer religiösen Einsichten und Gedanken. Für die Mystiker der Gotik dagegen stand die seelische Vereinigung mit Gott (unio mystica) und der gefühlsmäßige Nachvollzug der Passion Christi im Vordergrund. Im mystischen Nacherleben (contemplatio) der Passion hatten die Nonnen (meist Dominikanerinnen in Südwestdeutschland) in zuweilen ekstatischer Verzückung Visionen, begleitet von Leidens- und Glücksgefühlen. Zwei Generationen später (Mitte 14. Jahrhundert) wurden diese »Gesichte« zur Erbauung und Ermahnung der Nachwelt niedergeschrieben, und man gewinnt den Eindruck, daß damals Visionen an der Tagesordnung waren.
Die Visionen der Nonnen und des Dominikaners Heinrich Seuse (1295–1366) lehnen sich meist an Andachtsbilder an, z. B. Christus an der Geißelsäule, Vesperbild, Schmerzensmann, die deshalb in diesen Klöstern vorhanden gewesen sein müssen.
Heribert Meurer

Über Adelheid Ritter, Dominikanerin in St. Katharinental bei Dießenhofen:
An dem anderen Sonntag im Advent, als man in der Messe sang »Der Herr ist mein Beschützer«, da wurde der Schwester Adelheid dies Gesicht eröffnet: Sie sah unseren Herrn, wie er mit der *Dornenkrone* gekrönt wurde, in aller Pein und Marter, wie er zu der Zeit war und aussah. Da bekam sie große Pein und Mitleid mit unseres Herrn Marter. Davon wurde ihr Herz und ihr ganzes Blut mit großer Bitterkeit erfüllt. Danach sah sie unseren Herrn im Himmelreich gekrönt, wie sein verklärter Leib gekrönt ist, und die Schönheit und Klarheit, die sie da sah, nahmen ihr alle Pein und Bitterkeit, die sie von des Herrn Vision gehabt, und ihr Herz wurde von einer inneren Freude und Süßigkeit durchzogen.

Anton Birlinger, Leben Heiliger Alemannischer Frauen des Mittelalters V: Die Nonnen von St. Katharinental bei Dießenhofen, in: Alemannia 15, 1887, S. 160

Über Heinrich Seuse, Dominikaner in Konstanz und Ulm, von 1339–46 Seelsorger der Nonnen in St. Katharinental bei Dießenhofen:
Da sieht er neben sich zur rechten Hand vor sich unsern lieben Herrn stehen, wie er von der *Säule* genommen ward, und er stand vor ihm so gütlich und so väterlich, daß er gedachte, ob er sein Vater wäre . . . Nun bemerkte er, daß sein zarter Leib eine ganz natürliche Farbe hatte; er war nicht recht weiß, sondern weißlich, d. h. weiß und rot miteinander vermischt . . . Weiter nahm er wahr, daß sein ganzer Leib mit Wunden bedeckt war. Sie waren frisch und blutig, einige waren sehr lang, einige rund, andere eckig, entsprechend, wie ihn die Geißeln hin- und hergezerrt hatten.

Walter Blank, Dominikanische Frauenmystik und die Entstehung des Andachtsbildes um 1300, in: Alemannisches Jahrbuch 1964/65, S. 78

Über Margreth Flaster, Dominikanerin in Adelhausen bei Freiburg:
. . . und als sie ihr Gebet vollendet hatte, da erschien ihr unser Herr wie er von der *Säule* abgenommen ward: mit frischen Wunden und so jämmerlich und erbärmlich, daß ihm das Blut allseits über seinen Leib floß, und er sprach zu ihr: »O weh du armer Mensch, wie lang willst du noch an deinem verschwenderischen Leben festhalten? Sieh mich an und betrachte diese große Not und Angst, die ich durch dich gelitten habe. Und sieh diese frischen Wunden und mein rosenrotes Blut, das ich für dich vergossen habe. Wann willst du dich zu mir wenden?« Und sie erschrak maßlos und kam in große Reue und Bitterkeit ihres Herzens, und fiel nieder vor unserem Herrn und bat gnädig von Herzen, daß er sich ihrer erbarme, und daß sie sich bessern wolle . . .

J. König, Die Chronik der Anna von Munzingen, in: Freiburger Diöcesanarchiv 13, 1880, S. 170

Über die Heilige Gertrud, Zisterzienserin im Kloster Helfta:
Als man bei der Messe »veni et ostende« von einem Märtyrer sang: »Wer mir nachfolgen will«, sah sie den Herrn über einen Weg gehen, der zwar durch Grün und Blumenschmuck angenehm, aber durch dichte Dornen doch auch eng und rauh war; das Bild des Kreuzes sah sie ihm vorangehen, es zerteilte die Dornen und erweiterte den Weg. Der Herr kehrte sich den seinigen mit freundlichem Antlitz zu und lud sie ein: »Wer mir will nachfolgen, der verleugne sich selbst und *nehme sein Kreuz auf sich* und folge mir nach«. Hierbei erkannte sie, daß für jeden seine Versuchung sein Kreuz sei. Für einige bestand es darin, daß sie durch die Stacheln des Gehorsams zu Dingen angetrieben wurden, die ihnen widerwärtig waren; für andere darin, daß sie durch Krankheitsbeschwerden an dem gehindert wurden, was ihnen erwünscht war; und so hatte jeder sein besonderes Kreuz. Dieses Kreuz muß jeder auf sich nehmen, daß er dabei den Entschluß faßt, das ihm Widerstehende gern zu leiden und zugleich nach Kräften nichts von dem zu vernachlässigen, was er als ehrenvoller für Gott erkennt.

Der hl. Gertrud der Großen Gesandter der göttlichen Liebe, hrsg. von Joh. Weißbrodt, Freiburg i. Br. 1915, III/28, S. 187

Über Katharina Buglin aus Esslingen, Dominikanerin im Kloster Weil:
Eines Morgens früh ging ich in den Chor, da sah ich vor dem Altar stehen einen grünen blühenden *Baum*, der war voll edler Früchte. Da wurden mein Herz und Sinn entrückt, und mir ward zu verstehen gegeben, daß der Baum war das Kreuz und seine Früchte waren der Leichnam und das Blut unseres Herrn; und da ward mein Herz wunderlich geschmückt mit der Süßigkeit der Frucht, wie geschrieben steht: »Ich will die Palme besteigen und ihre Früchte ergreifen« (Hohes Lied 7, 9).

Karl Bihlmeyer, Mystisches Leben in dem Dominikanerinnenkloster Weiler bei Esslingen, in: Württ. Vierteljahreshefte für Landesgeschichte 25, 1916, S. 76

Über das Mädchen Elsbeth im Dominikanerinnenkloster Kirchberg bei Sulz/Neckar:
Einmal da stand sie vor einem *Kruzifix*, das war gar schmerzvoll und jämmerlich angemalt, in gar großer Andacht . . . und fing an und erinnerte unsern Herrn mit tiefem Seufzen an alle seine Leiden und bat ihn, daß er ihre Sünden vergebe . . . Da zeigt ihr unser Herr in einer Vision seine edle, wonnigliche Menschheit in einem aussätzigen Anblick. Da sprach sie: »Herr, ich seh mit meinen Augen, daß du aussätzig geworden bist, und das kommt von meinen Sünden«, und drang da mit Weinen und mit Heulen und mit Herzeleid in sein göttliches Erbarmen, daß er sie nicht

ungetröstet ließe, und da wurde unser Herr wieder klar und begehrenswert. Da sprach sie aber: »Herr, du bist wieder schön geworden und lieblich und hast mir meine Sünden vergeben«, und da fiel sie nieder auf die Erde vor unseren Herrn, als sie ihm für sein Erbarmen dankte, da war sie ganz voller Freude, wie sie zeigte mit zartem lieblichen Lachen und süßem Weinen . . .

F. W. E. Roth, Das mystische Leben der Nonnen von Kirchberg bei Sulz, in: Alemannia 21, 1893, S. 143

Heinrich Seuse, Dominikaner in Konstanz und Ulm, über die *Gottesmutter unter dem Kreuz:*
»Ich nahm mein zartes Kind auf meinen Schoß und sah es an – da war es tot; ich schaute es aber und aber an, da war da weder Gefühl noch Stimme. Sieh, da erstarb mein Herze aber und muß von diesen Todeswunden, die es empfing, in tausend Stück zersprungen sein . . .«

Karl Bihlmeyer, Heinrich Seuse: Deutsche Schriften, Stuttgart 1907, S. 275

Über Mechthild von Stans, Dominikanerin in Töss bei Winterthur:
An dem ersten Fasttag danach wurde sie so krank, daß man sie in das Siechenhaus bettete, und in derselben Fastenzeit zeigte ihr unser Herr alle die Martern einzeln, die er gelitten, von da an, wo er gefangen ward und wie er gefangen ward, bis daß er vom Kreuz abgenommen ward; und sie sah, wie er so in seiner Marter stand, daß sein ganzer Leib und sein Antlitz so schwarz war, daß er kaum einem Menschen glich . . . Und als er ihr zeigte, wie er vom Kreuz genommen und *unserer Frau in den Schoß gelegt* wurde, da war sein Leib und sein Antlitz so jammervoll, daß sie sprach, man könnte das niemand völlig sagen. Sie sah auch, wie unserer Frauen Schmerz so groß und überschwänglich war; und das konnte ihre menschliche Kraft nicht mehr erleiden; und von der Übermacht des Mitleides, das sie mit unserer Frau und auch mit unserem Herrn hatte, schwanden ihr die Sinne.

Margarete Weinhandl, Deutsches Nonnenleben: Das Leben der Schwestern zu Töss und der Nonne von Engeltal Büchlein von der Gnaden Überlast, in: Katholikon – Werke und Urkunden II, München 1921, S. 214

Über Mathilde Ritter, Dominikanerin in St. Katharinental bei Dießenhofen:
Schwester Mathilde die Ritterin war zu einem Mal an ihrem Gebet vor einem Bilde, da unser Herr in dem *Grabe* liegt. Und sie nahm unseres Herrn Hände und Füße in ihre Hände. Da empfand sie Fleisch und Blut, als wenn leibhaftig ein Mensch da wäre gelegen.

Anton Birlinger, Leben Heiliger Alemannischer Frauen des Mittelalters V: Die Nonnen von St. Katharinental bei Dießenhofen, in: Alemannia 15, 1887, S. 178

Form und Konstruktion

Hans Westhoff und Heribert Meurer

Die Arbeit des Bildschnitzers

In der Wahl des Materials geht der Bildschnitzer nicht willkürlich vor, folgt offenbar aber bestimmten Traditionen, die sich zeitlich und regional unterscheiden lassen.
Das heute und in Süddeutschland schon lange zum Schnitzen am häufigsten benutzte Holz ist die Linde. Die alten Museumskataloge verzeichnen diese Holzart immer dann, wenn es sich offenbar um ein weiches Laubholz handelt. Es hat sich jedoch herausgestellt, daß zur Holzbestimmung der optische Eindruck nicht ausreicht, sondern mikroskopisch untersucht werden muß. Für Österreich und die Schweiz liegen solche wissenschaftlichen Bestimmungen vor, neuerdings auch für Südwestdeutschland, besonders für die schwäbische Plastik des Mittelalters (Ursula Tenge-Rietberg). Danach wurden in der Romanik (11. bis frühes 13. Jahrhundert) vorwiegend Weide, Pappel und Linde verarbeitet, im 14. und beginnenden 15. Jahrhundert überwiegend Weide (in der Schweiz Pappel), besonders auffallend Weide in den Ulmer und oberschwäbischen Werkstätten einschließlich Hans Multscher.
Um die Mitte des 15. Jahrhunderts beginnt der Siegeszug der Linde, die alle übrigen Holzarten zurückdrängt (außer bei den Tiroler Werkstätten, die an der Zirbelkiefer festhalten). Eine aus dieser Entwicklung herausfallende Besonderheit ist die bei den Konstanzer Werkstätten der Christus-Johannes-Gruppen (um 1300) beobachtete Verwendung von Hartholz (Eiche und Nußbaum), z. B. bei Kat. Nr. 4 und 5. Ist diese isolierte Stellung etwa darauf zurückzuführen, daß der Gründer der Werkstatt, vielleicht der damals berühmte Meister Heinrich, den Brauch von auswärts mitbrachte, aus Ländern wie Frankreich oder den Niederlanden, wo diese Hölzer gebräuchlicher waren? Zum Schnitzen von Kleinplastik bevorzugte man feinporige Hölzer, z. B. Buchsbaum und Obsthölzer; überraschenderweise konnte bei einem Beispiel (Kat. Nr. 28) Pfaffenhütchen nachgewiesen werden.
Der Auftraggeber hatte nur bei großen Aufträgen das erforderliche Holz zu beschaffen. In der Regel wählte der Bildschnitzer den Werkstoff aus seinem Holzlager aus, in dem er das Material bevorratete und zum Trocknen aufbewahrte. Zur Beschleunigung des Trockenvorgangs wurden die Stämme oft in Bohlen zersägt oder, ein einfacheres Verfahren, mit Keilen gespalten und der Holzkern entfernt, um so Rißbildungen vorzubeugen. Schlanke Altarschreinfiguren wurden aus einem halbierten, selten aus dem vollen Stamm herausgeschlagen.
Zum Schnitzen spannte man im allgemeinen den Holzblock liegend in eine Werkbank. Auf den Köpfen geschnitzter Figuren kann man heute noch die Löcher für einen Dorn sehen; sie wurden meist mit einem Holzdübel nachträglich verschlossen. In der Spätgotik benutzte man beim Einspannen oft auch lange, manchmal in die rückwärtige Aushöhlung ragende Holzdübel, die nach der Fertigstellung dann abgeschnitten wurden. In der Standfläche von Figuren findet man immer runde oder längliche, unterschiedlich weit voneinanderliegende Löcher, die von Zapfen stammen, die zur Arretierung des Holzblocks in der Werkbank dienten. Erst seit dem Barock wurden die Figuren allgemein senkrecht stehend geschnitzt.
Um das Reißen des Holzblocks längs der Markstrahlen zu verhindern, mußten die Skulpturen möglichst schnell dünnwandig ausgehöhlt werden, wobei der Holzkern entfernt wurde. Bei Einzelfiguren, die nicht in einem Altarschrein standen, wurde die Rückseite häufig mit einem eingepaßten Brett wieder verschlossen. Bei allen untersuchten Ulmer Skulpturen der Spätgotik wurde außer der üblichen Rückseitenfläche

auch der Kopf gesondert ausgehöhlt; das Loch hat meist runde oder ovale Form. Andererseits gibt es vollrund geschnitzte Figuren mit dem Holzkern im Innern, die nur wenige Schwundrisse aufweisen. Solche Risse wurden vom Bildhauer vor dem Fassen sorgfältig ausgespänt. Große, schwere Skulpturen wurden beim Schnitzen mit Eisenklammern liegend auf der Werkbank oder auf Holzdielen festgehalten. Die Holzstücke, in denen die Eisenklammern steckten, wurden nach der Fertigstellung abgeschnitten. Zur Herstellung von Reliefs leimte der Bildhauer dagegen mehrere Holzbohlen zusammen und verdübelte sie. Diese Methode wurde zunehmend seit dem 16. Jahrhundert praktiziert.
Für das flüchtige Schnitzen der großen Form wurde das breite Balleisen, oft auch die Axt verwendet. In der Spätgotik findet man auch Spuren von einem Querbeil (Dechsel). Bei der weiteren Bearbeitung benutzte man unterschiedlich breite Flach-, Hohl- und Bohrereisen. Für scharfkantige Schnitzerei kamen noch verschieden große Geißfüße in Frage, deren V-Profile sich besonders für Bartrillen und Faltentiefen eignen. Kleinere Löcher wurden bis ins 19. Jahrhundert mit einem Löffelbohrer gefertigt oder mit dem Schnitzmesser geschnitten; erst danach trat der Schlangenbohrer auf.
Aus dem 14. Jahrhundert gibt es viele „unsauber" geschnitzte Skulpturen; Holzanstückungen wurden nur provisorisch zusammengefügt, die Zwischenräume mit Keilen ausgeflickt, Ansatznähte und durchgestoßene Wandungen dann mit Leinwand, Hanffasern oder Pergament überklebt. Das gilt jedoch nicht für die feiner ausgearbeiteten Eichen- und Nußholzfiguren der Bodenseegegend. Der Bildschnitzer konnte so flüchtig arbeiten, weil die Feinheiten der Oberflächenmodellierung erst beim Fassen erreicht wurden. Im 14. Jahrhundert muß man deshalb damit rechnen, daß Bildschnitzer und Faßmaler identisch waren.
Hochstehende Holzzungen und verzogene Holzspäne in den Hohlräumen einiger Skulpturen lassen darauf schließen, daß relativ frisches Holz verwendet wurde. Diese Beobachtung konnte bisher nur an Figuren aus der Gotik gemacht werden. Aus der Figur herausragende Teile, vor allem die Hände, aber auch ganze Faltenpartien, wurden nachträglich mit Dübel und Leim an dem Rohling angebracht, selten auch mit handgeschmiedeten Nägeln befestigt. In manchen Fällen wurde die Holzoberfläche zum besseren Halt der Grundierung mit einem spitzen Eisen aufgerauht.

Die Arbeit des Faßmalers

Im Laufe der Zeit wurde das Bemalen von Skulpturen ein eigenes Handwerk. Im 15. Jahrhundert gehörten die Faßmaler meist zu den Malerzünften. Ihre Arbeit wurde sogar höher bewertet als die des Bildschnitzers. Der Zeitaufwand und Umgang mit kostbaren Materialien wie Blattgold und -silber und Pigmenten aus gemahlenen importierten Halbedelsteinen wie Lapislazuli und Malachit trugen zu dieser hohen Wertschätzung bei. Erst der Faßmaler vollendete eine Figur und erhöhte in einem komplizierten und langwierigen Arbeitsablauf ihren Wert.
Um eine glatte Malebene zu erhalten, wurde das Holz mit Gips oder Kreide mehrschichtig grundiert, manchmal über einer Lage Leinwand, Hanf oder Pergament, die Anstückungen oder einen Füllgrund einebnen sollten. In diese Grundierung konnten plastische Feinheiten frei modelliert und Muster geschnitten oder punziert werden. Zuweilen sieht man farbige, in die Grundierung eingelassene Gläser und Holzperlen zur Imitation von Metall- oder Perlstickerei an

Gewandbordüren. Einfachere Applikationen bestanden aus farbigem, zu Sternen gefaltetem Papier, aus gegossenen und bemalten Zinnrosetten und zahlreichen anderen natürlichen Materialien.
Eine der wichtigsten Arbeiten des Faßmalers war das Vergolden und Versilbern von Gewändern. Auf die geschliffene Grundierung strich er mehrfach ein Poliment aus Bolus-Fetterde auf, die es in rotbraunem, gelbem und schwarzem Farbton gibt und aus Frankreich bezogen wurde. Darauf legte er mit einem wäßrigen Netzmittel das hauchdünn gehämmerte Blattgold und -silber an. Nach dem Trocknen polierte er das Metall mit einem Tierzahn (heute mit Achat). Eine Bereicherung sind die Lüsterfassungen, bei denen auf Silber (seltener auf Gold) Farblasuren aufgebracht wurden. Trug man auf diese Metallflächen deckende Farben auf, ließen sich aus der noch feuchten Schicht Muster mit einem spitzen Griffel gravieren, eine Imitation textiler Lahnfäden mit malerischen Mitteln. Zur Nachahmung italienischer Brokatstoffe benutzte man in der Spätgotik häufig Blätter, die aus Modeln in Zinnfolie geprägt, vergoldet und bemalt flächig oder in regelmäßigem Abstand auf Altarhintergründe und Gewänder geklebt wurden (Preßbrokat). Die Inkarnate wurden entweder in einem Grundton aufgetragen und im feuchten Zustand durch eingemischte Pigmente zu Höhen und Tiefen modelliert oder, besonders in späteren Epochen, mehrschichtig aufgebaut, wobei mit Rot oder Grün vorgelegt wurde.
Die Zeit um 1500 mit ihren großen Bildhauerpersönlichkeiten bildete einen Höhepunkt der raffinierten schnitzerischen Ausarbeitung der Oberfläche. Jetzt wurden Skulpturen auch nur teilweise bemalt, etwa nur die Inkarnate (Altar in Alpirsbach) oder nur Augen, Lippen und Wundmale (einige Altäre von Tilman Riemenschneider). Hierbei wurde die sichtbare Holzoberfläche nur mit einem transparenten Überzug, zum Beispiel aus tierischem Leim, überzogen.

Historischer Überblick

11. bis 13. Jahrhundert

Das älteste Thema der nachantiken, christlichen Großplastik ist der Kruzifix. Da es sich den Quellen nach anfangs um Goldschmiedewerke handelte, ist aus der Frühzeit jedoch keines erhalten. Erst mit dem Kölner Gerokreuz (969–976) (Abb. 4) beginnt die Reihe der erhaltenen Kruzifixe: im 11. Jahrhundert verhältnismäßig dicht im Kölner Umkreis, im 12. Jahrhundert mit einer breiten Streuung über alle Regionen. In dieser Zeit hat sich noch keine feste Tradition zu ihrer Herstellung entwickelt, sondern es waren Einzelstücke, die in regionalen Werkstätten, wahrscheinlich in Klöstern, geschaffen wurden.
Trotzdem gibt es konstruktive und künstlerische Übereinstimmungen. So befestigen z. B. die Nägel in den Handwunden nicht in erster Linie, wie man erwarten würde, das Corpus auf den Kreuzbalken, sondern dazu dienen in Höhe der Brust oder am Lendentuch Dübel, die von der Rückseite (z. B. Dettenhausen, Kat. Nr. 2) oder von vorn (Lichtenstein und Lorch, Kat. Nr. 1 und 3) angebracht sind. Die Fußnagelung war ursprünglich vielleicht nur aufgemalt: auch bei den Bronzekruzifixen fehlen tatsächlich meist die Nägel. Konnte die Nagelung entfallen, weil die Füße fast immer auf dem Suppedaneum stehen, das mit dem Corpus zusammen geschnitzt wurde? Von sich erst langsam entwickelnden Werkstattgewohnheiten zeugen auch die Rückseiten der Kruzifixe (z. B. von Schloß Lichtenstein), die in der ersten Hälfte des 11. Jahrhunderts nicht ausgehöhlt wurden

(im Gegensatz zum Gerokreuz), während dies im 12. Jahrhundert bereits üblich war. Die Rückseiten wurden sorgfältig abgeflacht, um die Fläche der breiten Kreuzbretter abzudecken. Die Arme wurden gesondert geschnitzt, sorgfältig angepaßt und in das Corpus eingedübelt, beim Dettenhausener Kruzifix noch zusätzlich durch einen kleinen Dübel gegenarretiert.
Nur selten haben die Großkreuze noch ihre ursprüngliche Funktion behalten, weshalb manche Befunde noch nicht schlüssig gedeutet werden können. So findet man Bohrungen auf dem Kopf mancher Kruzifixe, die – wie später allgemein üblich – der Einspannvorrichtung und anschließend als Reliquienrepositorien dienen konnten. Reliquienbehälter konnten allerdings auch anderswo, z. B. auf der Brust, offen sichtbar angebracht werden. Bei den Stuttgarter Beispielen gibt es freilich keine Hinweise auf solche Reliquien.
Der ikonographischen Entwicklung entspricht es, daß nebeneinander der lebende und der tote Christus dargestellt wurden. Demgemäß sind die Augen offen geschnitzt und mit runden Pupillen gemalt oder mit geschlossenen Lidern versehen. Beim Lichtensteiner Kruzifix wurden die ursprünglich halbgeschlossenen (gebrochenen) Augen bei der Überfassung des 12. Jahrhunderts in weit geöffnete Augen abgeändert. Die offenen Augen passen zu der besonders im 12. Jahrhundert anzutreffenden Auffassung des Königs am Kreuz. Die beim Lorcher und Dettenhausener Kruzifix gefundenen Fassungsausbrüche gehören jedoch zu Dornenkronen, Ergänzungen gotischer Zeit. Auch bei der Gestaltung der Seitenwunde läßt sich eine Entwicklung ablesen: bei Lichtenstein und Lorch sitzt sie nicht – wie später üblich – waagerecht vorn auf der Brust, sondern senkrecht seitlich unter der Achselhöhle. So auch bei zwei rheinischen Kruzifixen in Monheim und Frankfurt (um 1050), bei denen dies später korrigiert wurde – entsprechend der zunehmenden sakramentalen Bedeutung des Gekreuzigten.
Die meist aus Nadelholz geschnittenen romanischen Kreuze hatten ursprünglich betonte Balkenenden, die sich verbreiterten oder kleeblattförmig gestaltet waren. Hier konnten – wie bei den Triumphkreuzgruppen – z. B. die vier Evangelistensymbole aufgemalt werden. Auch von den geschnitzten Nimben – wie beim Gerokreuz und in der Buchmalerei – sind meistens nur noch Spuren vorhanden.
Die Fassung romanischer Bildwerke ist zeichnerisch angelegt. Wie in der byzantinischen Malerei wird die Modellierung des Körpers und der Gewänder durch Licht- und Schattenlinien erreicht, die sich ornamental verselbständigen können und von der Realität entfernen. Auch die Kreuzbalken tragen häufig Muster, z. B. Kreis- und Ovalformen, die Edelsteinbesatz nachahmen. Die Lendentücher weisen in der Romanik häufig einen gelben Lack auf Silber auf oder eine kristallin-blaue Außen- mit roter Innenseite (gelegentlich mit aufgemalten Mustern).

14. Jahrhundert

Im Gegensatz zur vorigen Epoche sind die Skulpturen nun keine Einzelstücke mehr, sondern in der Regel Produkte spezialisierter Werkstätten, wie z. B. der Konstanzer Werkstätten der Christus-Johannes-Gruppen, die mit Hartholz (Eiche und Nußbaum) arbeiteten. Die Bildwerke dieser Zeit sind geprägt von der engen Zusammenarbeit zwischen Bildhauer und Faßmaler und drücken eine lyrische, zuweilen stark expressive Stimmung aus, die der Mystik entsprach.
Mehr als zu anderen Zeiten bedurften die Skulpturen einer sorgfältigen Farbfassung, weil die Schnitzerei flüchtiger und gröber ausgeführt wurde. Hier mußte der Faßmaler durch einen starken Füllgrund ausglei-

chen. Die Schärfe der Modellierung ging dadurch verloren, und die oft dicke Fassung (z. B. bei der gotischen Überfassung auf dem romanischen Kruzifix aus Dettenhausen, Kat. Nr. 2) betonte noch zusätzlich die weich gerundete Oberflächenplastizität. Gleichzeitig verlor die Fassung ihre zeichnerischen Züge und wurde malerischer. Im Detail jedoch wurden bestimmte Partien plastisch akzentuiert, der Faßmaler verwendete dabei z. T. natürliche Materialien: Adern und plastische Wundmale wurden mit Bindfaden auf Leinwand und ähnlich wie die Gewandsäume aus Grundierung vormodelliert, Dornenkronen oft mit natürlichen Zweigen, Haare mit Naturhaar versehen, Handfesseln mit Hanfseilen (Kat. Nr. 7) geknotet. Plastisch geformte oder gemalte Blutstropfen, Adern und Geißelhiebwunden finden sich oft zu regelmäßigen Mustern angeordnet.
Die Fleischfarbe der ersten Hälfte des 14. Jahrhunderts ist meist leichenblaß, erst später wird sie wärmer, rötlicher; oft wird hierbei mit Mennigerot vorgelegt und mit weißen Lasuren aufgehellt. Dieser Geschmackswandel der Jahrhundertmitte läßt sich auch bei den Metallfassungen beobachten, die Blattgold zuerst auf weißen oder hellgelben Bolus legen, während es später durch den roten Bolusgrund wärmer erscheint (erstes Beispiel auf der Ausstellung: Maulbronner Relief, 1394, Kat. Nr. 9).
Im 14. Jahrhundert wird das Kreuz bevorzugt als »Baum des Lebens» sinnfällig gemacht, indem es als Astkreuz mit gestutzten Zweigen – wie beim Kreuzigungsrelief aus Salem (?) (Kat. Nr. 5) – gekennzeichnet wird. Auch beim romanischen Kruzifix aus Dettenhausen (Kat. Nr. 2) wurde nachträglich im 14. Jahrhundert ein »lebender« Baum zwischen dem älteren Kreuzbalken und dem Corpus eingefügt.

15. Jahrhundert

Die Skulpturen der Spätgotik bilden einen Höhepunkt an Pracht und Realismus zugleich; die großen Schnitzaltäre, die man die »Gesamtkunstwerke« des Mittelalters genannt hat, strotzen von Gold und sind gleichzeitig vielfigurige Ensembles lebensnaher Gestalten. Modisches Kostüm, naturgetreu wiedergegebene Waffen, Landschaften und Architekturen, porträthafte Köpfe mit differenzierter Mimik werden nun erstmals darstellbar (z. B. beim Maulbronner Relief, Kat. Nr. 9). Die modernen Errungenschaften der niederländischen Maler (z. B. der Brüder van Eyck) werden in ganz Europa rasch aufgegriffen, wovon auch die Skulptur profitiert.
Obwohl die schnitzerische Ausarbeitung der Oberfläche stetig an Feinheit gewinnt, dominiert bei der realistischen Wiedergabe die Faßmalerei. Die nun in eigenem Beruf spezialisierten Faßmaler erfanden eine Menge Rezepte, um die Illusion verschiedener Materialien zu erzeugen. Für die Darstellung von Grasnarben und Landschaftsgründen übernahmen sie z. B. den Tremolierstich der Goldschmiede: das Hin- und Herwuggeln mit dem Flacheisen. Von den Preßbrokaten und anderen Mitteln zur Imitation italienischer Brokatstoffe war schon die Rede. Reiche Vergoldung und farbige Lasuren auf Silber (Lüster) beherrschen den Gesamteindruck der spätgotischen Skulptur. Den klassischen Kontrast zur Glanzvergoldung der Gewänder bildet die matte, kristallin-blaue Farbe der Gewandinnenseiten (Azurit).
Bei den Inkarnaten wird nicht mehr flächig gemalt, sondern wie bei den Tafelbildern mit malerischen Mitteln gearbeitet. So kann z. B. für die Leichenfarbe des toten Christus das Inkarnat grün unterlegt werden. Porige Haut wird dadurch nachgeahmt, daß mit dem Pinsel die Farbe aufgestupft wird. Details wie

Augen und Bauchnabel werden mit Glanzlichtern gehöht oder dunkel abschattiert (Kat. Nr. 6), Haare nicht nur plastisch geschnitzt, sondern frei auf den Körper gemalt. Adern wurden mit blauer Farbe auf die Grundfarbe gemalt und ablasiert (Kruzifix aus Nellingen, Kat. Nr. 13). Der vollkommenen Illusion sind fast keine Grenzen mehr gesetzt.

16. Jahrhundert

Der Übergang von der Spätgotik zur Renaissance ist in Süddeutschland zeitlich nur schwer zu fixieren. Einerseits ist z. B. das Ulmer Chorgestühl, 1474 vollendet, bereits ein Zeugnis humanistisch gebildeter Auftraggeber und in der Darstellung der antiken Philosophen und heidnischen Sibyllen ein frühes Werk der Renaissance. Andererseits sind die charakteristischen Züge spätgotischer Skulptur bis gegen 1530 fast überall noch anzutreffen. Die Reformation und die mit ihr verbundene anfängliche Bilderfeindlichkeit (Bildersturm in Ulm 1531) setzten der kirchlichen Kunst zunächst ein Ende. Viele Künstler mußten anders ihr Auskommen suchen, wie z. B. der Ulmer Bildhauer Daniel Mauch, der 1529 in die Niederlande auswanderte, oder wie die Augsburger Künstler, die zunehmend in der profanen Repräsentation neue Aufgaben fanden. Mit der Gründung fürstlicher Kunstkammern gewann die für Kenner raffiniert gestaltete Kleinplastik immer mehr an Bedeutung und damit auch Materialien wie Elfenbein, Bronze und Edelhölzer.

Zunächst wird die Tradition der reich gefaßten Flügelaltäre mit ihren prunkhaften Gold- und Lüsterfassungen fortgeführt. Der Bildhauer entdeckt jedoch mit dem eingetretenen Geschmackswandel, daß er mit einer plastisch differenzierten Oberfläche ebenfalls malerische Effekte erzielt, so daß er auf eine Farbfassung auch verzichten kann. Durch verschiedene Formen von Punzen, die ins Holz geschlagen werden, kann die Oberfläche kontrastreich strukturiert werden. Riemenschneiders Altäre sind hierfür die bekanntesten Beispiele. Aber auch schwäbische Werke auf der Ausstellung können das belegen, wie die Zwiefaltener Passionsreliefs (Kat. Nr. 18), die ursprünglich nicht für eine Fassung vorgesehen waren.

17. Jahrhundert

Die Wiederaufnahme mittelalterlicher Traditionen in der Zeit der Gegenreformation ist ein Kennzeichen barocker Kunst. Nebeneinander gibt es prächtig gefaßte, in Gold- und Lüsterfassungen prunkende (Neufassung der Zwiefaltener Altäre 1625) und holzfarbene, nur Augen, Lippen und andere Details farbig hervorhebende Skulpturen (Zürn-Altar in Überlingen 1613–1616). Zuweilen beschränkt sich der Künstler bei Gewandfarben auf Vergoldung oder Versilberung, differenziert dabei aber zwischen matter und glänzender Oberfläche. Gravierte Muster und aufgemalte Blumenornamente bereichern oft zusätzlich solche Metallflächen. Dem an den fürstlichen Kunstkammern orientierten Geschmack entsprechen nun delikat geschnitzte Elfenbein- und Edelholz-Kruzifixe, die zugleich pathetisch im Ausdruck und Musterbeispiele anatomischer Wiedergabe sein können (Kat. Nr. 19, 23 und 27). Der in den Niederlanden entwickelte Farbkontrast von schwarzem und weißem Marmor in den großen Altarretabeln und Epitaphien wird nun auch bei Holzaltären nachgeahmt. Überlebensgroße Heiligenfiguren werden zunehmend mit Polierweiß-Fassungen in Nachahmung von Marmor und in Kontrast zu ihrem schwarzen Architekturgehäuse versehen. Die farbige Marmorierung wirkt in dieser Zeit noch zurückhaltend. Bedingt durch die Not im Dreißigjährigen Krieg ging die Produktion insgesamt jedoch stark zurück.

18. Jahrhundert

In der Spätphase des Barock erlebt die süddeutsche Skulptur eine neue Blütezeit; meist sind die Bildwerke enger als zuvor in das Gesamtkonzept einer Kirchenausstattung eingebunden. Analog zum Stuckmarmor der Säulen werden kostbare Materialien wie Marmor, Alabaster und Porzellan durch die Fassung bei Holzfiguren imitiert, wobei der Malträger oft flüchtig zusammengestückt wird. Seit der zweiten Hälfte des 18. Jahrhunderts folgt der Künstler zunehmend der Gesamtausmalung einer Kirche, indem er die Farben nicht im Vollton verwendet, sondern sie ausmischt: z. B. sind rosa Kleider und hellblaue Mäntel typisch für Skulpturen Ignaz Günthers. In diesem Jahrhundert wird neben der herkömmlichen Kreidegrundierung graue Steinkreide als Malgrund üblich (Kat. Nr. 32).
Hinzukommt erstmals die Nachahmung patinierter Bronzeplastik, wobei die Figuren mit Bronze- und Kupferlegierungen (als Blätter oder in Pulverform) gefaßt werden. Auch die Goldschmiedekunst gibt Anregungen: hölzerne Reliquienbüsten werden an den Gewändern vergoldet, während die Inkarnate versilbert sind. Eine neu entdeckte Farbe ist das künstlich hergestellte Preußischblau, mit dem leuchtende Lasureffekte erzielt werden (Kat. Nr. 43). Der barocke Realismus kommt bei den Passionsthemen besonders zum Tragen: Christusfiguren werden mit natürlichen Haaren und täuschend echten Glasaugen ausgestattet. Die aus der Gotik bekannte Betonung von Wundmalen und Geißelhiebspuren wird bei Kruzifix und Geißel-Christus noch gesteigert zu zerfetzter und aufgerissener Haut (Kat. Nr. 26 und 38).
Aus dieser Zeit sind besonders viele Bozzetti, das heißt kleinplastische Entwürfe erhalten. Sie dienten dem Auftraggeber als Modell, bevor im großen Maßstab gearbeitet wurde. Sie sind als eigenhändige Werke des Künstlers von besonderem Interesse, wohingegen die Ausführung im großen Format oft der Werkstatt oblag (Kat. Nr. 34).

19. Jahrhundert

Aus dem Bild unserer Kirchen sind die Ausstattungen des vorigen Jahrhunderts meist wieder verschwunden; hier ist ebensoviel untergegangen wie in anderen Bilderstürmen, diesmal jedoch weniger aus ideologischen als aus ästhetischen Gründen. Neugotik und Neuromanik wollten zwar das Mittelalter wiederbeleben; die Technisierung des Arbeitsprozesses und die fabrikmäßige Herstellung von Farbmaterialien lassen diese Werke jedoch selten mit der handwerklichen Qualität früherer Epochen vergleichen; auch war die Kenntnis der alten Techniken inzwischen verlorengegangen. Es hängt wohl mit der Neubewertung Rembrandts im vorigen Jahrhundert zusammen, daß nun viele alte Skulpturen abgelaugt und neue Altäre im dunkel gebeizten Holzton belassen wurden.
Neben diesen verschiedenartigen Tendenzen lebte im Bereich der volkstümlichen Bildwerke die barocke Tradition fort. Mit z. T. einfachen Materialien werden illusionistische Wirkungen erzielt. Aufgeklebte Glassplitter erzeugen Glimmereffekte, natürliche Fundstücke wie Zweige, Blumen, Muscheln, Moos u. a. werden mit in die Komposition einbezogen (Kat. Nr. 42). Die Vergoldung wird bei künstlerisch anspruchs-

losen Arbeiten oft durch gelb lackierte Zinnfolie oder Silberauflage ersetzt (Kat. Nr. 43). Kleinere Kruzifixe für die Hausandacht werden auch aus Zinn, Stroh, Holzspänen, Wachs, Perlmutt, Asphalt und Pappmaché hergestellt. Durch die Verwendung künstlich hergestellter Pigmente zeichnen sich diese Objekte mitunter durch grelle Farben aus (Kat. Nr. 46).

Werkzeug des Bildschnitzers: feine Schnitzmesser mit Klöpfel, Löffelbohrer, schmaler Dechsel, Dauben- oder Schiffshobel, Breitbeil, Bauklammer, Schieblehre, Bogenzirkel zur Maßübertragung, breites Balleisen; Modell einer Werkbank mit eingespanntem Rohling; grob angelegtes, barockes Vesperbild (vorne rechts).

Prinzipien und Methoden der Skulpturenrestaurierung

Hans Westhoff und Heribert Meurer

Restaurieren im Museum bedeutet fast immer Schadensverhütung, sei es, weil ein Kunstwerk vor dem materiellen Verfall (z. B. durch Reißen des Holzes, Anobien- und Pilzbefall, Abblättern der Fassung) bewahrt werden muß, sei es, weil es durch unsachgemäße Eingriffe (z. B. bei voreiliger Restaurierung, Ablaugen oder Übermalen) oder mangelnde Pflege ungeschulter Restauratoren in seiner authentischen Aussage entstellt wurde. Restaurieren setzt deshalb die Kenntnisse des handwerklichen und künstlerischen Entstehungsprozesses voraus, die der Restaurator in Zusammenarbeit mit Kunsthistoriker und Naturwissenschaftler (z. B. Botaniker und Chemiker) erforschen muß.

Das Ziel der Restaurierung, dem originalen Zustand möglichst nahezukommen und dem Kunstwerk seinen ursprünglichen künstlerischen Rang wieder zurückzugeben, kann freilich nicht immer erreicht werden. Da die Objekte oft auch in späteren Zeiten geschätzt wurden, hat man sie dem jeweiligen Zeitgeschmack angepaßt und zuweilen dabei neue (sekundäre) Werke geschaffen, die ebenfalls erhaltenswert sind. Das gilt z. B. dann, wenn eine mittelalterliche Skulptur in eine barocke Kirchenausstattung übernommen und in entsprechendem Sinn überarbeitet, das heißt von den Zeitgenossen adapiert wurde – ein Problem vor allem der praktischen Denkmalpflege. Bei der Restaurierung einer Skulptur heißt es immer zu entscheiden, welchen historischen Zustand man wiederherstellen beziehungsweise konservieren will. Diese Entscheidung treffen Wissenschaftler und Restaurator gemeinsam.

Jede Restaurierung beginnt mit einer Untersuchung des Zustands einer Figur, der erlittenen Schäden und Veränderungen, das heißt ihrer Geschichte. Skulpturen wurden häufig dem Zeitgeschmack entsprechend übermalt. Um Zahl, Qualität und Erhaltungszustand der verschiedenen Fassungen festzustellen, werden optische Beobachtungen unter dem Technoskop vorgenommen und Profile von Querschnitten mikroskopisch untersucht; wenn nötig, wird ein »Fenster« geöffnet oder eine »Treppe« angelegt. Stereomikroskop, Röntgen-, infrarote und ultraviolette Strahlen sind unentbehrliche Hilfsmittel geworden.

Bevor der Restaurator beginnt, in den bestehenden Zustand einzugreifen, muß dieser, wie auch alle Zwischenzustände, sorgfältig dokumentiert werden, ebenso Art und Umfang früherer Maßnahmen. Entschließt man sich z. B. zur Abnahme von Fassungsschichten, um eine noch ältere Schicht freizulegen, müssen auch die künstlerischen Leistungen jüngerer Epochen zumindest festgehalten werden.

Für die Restaurierung gibt es keine allgemeinen Regeln, sondern bei jedem Kunstwerk muß die adäquate Methode erst gesucht, oft auch ausprobiert werden. Es gilt nicht nur, mit dem Skalpell zu »messern« oder mit Lösemitteln zu arbeiten. Vor allem kann jedes radikale Vorgehen zu weit gehen, historische Substanz zerstören und zugleich die plastische Form verunklären. Zahlreiche Beispiele in der Ausstellung belegen, daß nicht immer auf die originale Fassung freigelegt wurde, sondern oft die darüberliegende besterhaltene Schicht konserviert wurde. Jedoch muß die Fassung zur Skulptur passen – z. B. durchaus eine spätgotische Fassung auf dem frühgotischen Kreuzigungsrelief (Kat. Nr. 5) oder eine Fassung der zweiten Hälfte des 18. Jahrhunderts auf dem gotischen Kruzifix (Kat. Nr. 8 und 15).

Ähnlich behutsam wird beim Retuschieren vorgegangen. Was endgültig zerstört ist, kann nicht wiederhergestellt werden, auch wenn man früher versuchte, mit allen Mitteln Figuren zu »schönen«. Eine verblaßte Oberfläche kann nicht wieder aufgefrischt werden. Im musealen Bereich wird in der Regel keine Skulptur neu gefaßt und ergänzt. Befinden sich Bildwerke noch in funktionalem kirchlichen Zusammenhang, sind dagegen Neufassung und Ergänzungen denkbar. Generell gilt, daß die Retusche den Gesamteindruck einer Figur nicht verändern, sondern allenfalls »Störzonen« zurückdrängen darf. Alle bei der Restaurierung aufgebrachten Materialien sowie Ergänzungen und Retuschen müssen reversibel sein.

Weiterführende Literatur (Auswahl)

Monika von Alemann-Schwarz, Crucifixus Dolorosus. Beiträge zur Polychromie und Ikonographie der rheinischen Gabelkruzifixe, Dissertation Bonn 1976

Ausstellungskatalog: Die Bildhauer-Familie Schwanthaler 1633–1848. Vom Barock zum Klassizismus. Augustinerchorherrenstift Reichersberg am Inn, Linz 1974

Ausstellungskatalog: Die Bildhauerfamilie Zürn 1585–1724, Schwaben/Bayern/Mähren/Österreich, ehemalige Kapuzinerkirche Braunau am Inn, Linz 1979

Ausstellungskatalog: Konservieren, Restaurieren; Westfälisches Landesmuseum für Kunst und Kulturgeschichte Münster, 1975 (= Westfalen, 20. Sonderheft)

Ausstellungskatalog: Restaurierte Kunstwerke in der DDR, Altes Museum Berlin, 1980

Ausstellungskatalog: Restaurieren kunstgerecht, Museum für Kunst und Gewerbe Hamburg, 1983

Ausstellungskatalog: Tilmann Riemenschneider – Frühe Werke, Mainfränkisches Museum Würzburg, Regensburg 1981

Thomas Brachert, Die Techniken der polychromen Holzskulpturen, in: Maltechnik – Restauro 3/4, 1972, S. 153–264

Thomas Brachert und Friedrich Kobler, Fassung von Bildwerken, in: RDK 7, 1981, Sp. 743–826

Hans Peter Hilger und Ernst Willemsen, Farbige Bildwerke des Mittelalters im Rheinland. Gesamtkatalog zur Ausstellung des Landeskonservators Rheinland im Rheinischen Landesmuseum Bonn im Sommer 1967, Düsseldorf 1967

Hans Huth, Künstler und Werkstatt der Spätgotik, Darmstadt 2. Aufl. 1967

Heribert Meurer und Hans Westhoff (unter Mitwirkung von Heide Härlin und Ernst Ludwig Richter), Farbige Holzbildwerke des 14. Jahrhunderts, Württembergisches Landesmuseum Stuttgart 1983

Theodor Müller, Bildhauer, Bildschnitzer, in: RDK 2, 1948, Sp. 582–614

Rolf E. Straub und Thomas Brachert, Konservierung und Denkmalpflege, Teil I und II: Tafelbild – Holzskulptur, hrsg. vom Schweizerischen Institut für Kunstwissenschaft in Zürich, 1965

Johannes Taubert, Farbige Skulpturen, Bedeutung, Fassung, Restaurierung, München 1978

Ursula Tenge-Rietberg, Holzartenbestimmung an Skulpturen des Württembergischen Landesmuseums Stuttgart (2. Hälfte 12. Jahrhundert – 1420). Semesterarbeit Sommersemester 1983 an der Staatlichen Akademie der bildenden Künste Stuttgart. Masch. schr. Manuskript

Ursula Tenge-Rietberg, Holzuntersuchungen an schwäbisch-alemannischen Skulpturen – 12. Jahrhundert bis um 1460 – Analysen und Beobachtungen. Diplomarbeit, Institut für Technologie der Malerei an der Staatlichen Akademie der bildenden Künste Stuttgart 1984. Masch. schr. Manuskript

Arnulf von Ulmann, Bildhauertechnik des Spätmittelalters und der Frührenaissance, Darmstadt 1984

Hubert Wilm, Die gotische Holzfigur, München 4. Aufl. 1944

Katalog

Vorbemerkungen

Bei den technologischen Katalogtexten liegt der Hauptakzent auf der Beschreibung des Fassungsaufbaus und der Farbgebung. Beobachtungen am Holz wurden dagegen nur in besonderen Fällen vermerkt. Auf die Angabe der Restaurierungsmaßnahmen mußte aus Platzgründen verzichtet werden.

Die Bezeichnungen rechts und links werden grundsätzlich vom Objekt aus angegeben.

Herr, der du uns verheißen hast, was du wahr werden ließest. Du geruhtest uns vorherzusagen, wenn du, Herr, von der Erde an das Kreuz erhöht würdest, so würdest du uns zu dir ziehen. Dein Leiden ist vollbracht.
Nun erfülle, Herr, deine Worte, nun zieh du, himmlischer König, unser Herz dorthin, wo du bist, daß wir deine Dienstmannen von dir nicht geschieden seien.

Ezzos Gesang von den Wundern Christi (um 1064)

1 Kruzifix von Schloß Lichtenstein

Süddeutschland um 1050
Corpus: Pappelholz, vollrund, Rückseite abgeflacht
H. 98,2 cm, B. 73,5 cm, T. 17,5 cm
Kreuz: Längsbalken Eiche, Querbalken Tanne
H. 131 cm, B. 95,7 cm, T. 2,2 cm
Inv. Nr. L 1977-100 (Leihgabe)

Obwohl seine Augen ursprünglich nur halb geschlossen (gebrochen) waren, ist der tote Christus dargestellt. Die Last des schweren Körpers zieht die Arme schräg nach unten und läßt die auf dem Suppedaneum ruhenden Beine in den Knien einknicken. Das Haupt ist ganz auf die rechte Schulter gesunken. So ergibt sich der Eindruck einer mehrfach gebrochenen Kurve. Kugelförmig wölbt sich der mächtige, durch senkrechte und waagerechte Furchen geteilte Bauch vor. Der leicht aus der Mitte verschobene Lendentuchknoten betont die Schrägstellung der Beine; Zickzacklinien vorne am Saum und modellierende Falten am rechten Oberschenkel gliedern das Lendentuch. Im Kontrast zu diesen kräftigen plastischen Akzenten ist die Brust merkwürdig flach gehalten, was von der zaghaft eingeritzten Wellenlinie am Brustbein noch unterstrichen wird. Die Seitenwunde sitzt, wie bei den gleichalten rheinischen Kruzifixen in Monheim und Frankfurt, seitlich unter der Achselhöhe.
Der im Sterben eingesunkene Gekreuzigte ist zum ersten Mal beim Kölner Gerokreuz (969–76) dargestellt worden, das im 11. Jahrh. reiche Nachfolge fand. In der kurvigen Bewegung und der Anlage des Lendentuchs steht dem Lichtensteiner Kruzifix jedoch der wahrscheinlich aus Reichenhall stammende gleichalte Kruzifix näher, der heute im Museum of Fine Arts in Boston aufbewahrt wird. Der Typus begegnet ferner auf der Holztür von St. Maria im Kapitol zu Köln (um 1050–60), die aber mit St. Gallener Buchmalerei zusammenhängt, und auf einem westdeutschen Elfenbeinrelief in der John Rylands Bibliothek in Manchester. Auf dem Kreuzigungsrelief des Codex Aureus von Echternach in Nürnberg finden wir nicht nur das – letztlich auf karolingische Miniaturen zurückgehende – geschlitzte Lendentuch wieder, sondern auch die kerbschnittartige Wiedergabe der Bartsträhnen. Trotz dieser deutlichen westdeutschen Beziehungen ist jedoch an der Entstehung in Süddeutschland festzuhalten: dafür sprechen die engen Beziehungen zum Bostoner Kruzifix und die Nachfolge des Typus bei schwäbischen Bronzekruzifixen des 12. Jahrh. Auch die geringe Übereinstimmung mit der dendrochronologischen Kurve des Kölner Gerokreuzes und höhere Gleichläufigkeit mit südwestdeutschen Wachstumskurven weisen in diese Richtung. Nach der holzbotanischen Untersuchung ergibt sich für den Kreuzlängsbalken das frühestmögliche Fällungsdatum 1041 und nach der Eichensplintgrenzstatistik eine Datierung zwischen 1040 und 1060.

Literatur
Baum, Holzplastik 1911, S. 693–698
Pfeiffer 1938, S. 40 ff.
Buddensieg 1970, S. 62–66
Westhoff/Richter/Becker/Meurer 1979, S. 7–38

Zustand

Die starken Beschädigungen des Kruzifixes sind auf schlechte klimatische Verhältnisse und Behandlung mit ätzenden Abbeizmitteln zurückzuführen. Dadurch haben sich Schwundrisse gebildet, die Holzoberfläche wurde angegriffen, und der natürliche Holzton veränderte sich. Außerdem sind bei früheren Eingriffen die Enden des Kreuzes beschnitten und der linke Armansatz der Skulptur bei einer falschen Korrektur verkürzt worden. Brandspuren, kleinere Holzausbrüche, die Beschädigung der Hände und des Kreuzbalkens beeinträchtigen den Gesamteindruck. Freiliegende Holzwurmgänge in den Gesichtspartien sind, soweit möglich, mit Holzkitt geschlossen worden, wobei die Stege zwischen den Wurmgängen als Anhaltspunkt für die Höhe der Auffüllung dienten.

Das Corpus wurde zusammen mit der Fußstütze aus einem Stammstück geschnitten; die Arme sind separat gearbeitet und angesetzt. Der Gekreuzigte wird mit einem durch den Bauch getriebenen Dübel auf dem Kreuz befestigt. Die senkrecht verlaufende Lanzenstichwunde liegt unterhalb der rechten Achselhöhle und ist durch eine Schnitzkontur markiert, vergleichbar dem Kruzifix aus Lorch (Kat. Nr. 3). Das Lendentuch läßt sich als ein rechteckiges Tuch vorstellen, das über den Hüften umgeschlagen und vor dem Bauch zusammengeknotet wurde. Der Bildschnitzer sah an den Füßen keine Benagelung vor. Das Bohrloch im Schnittpunkt der Kreuzbalken könnte zur Befestigung eines Nimbus gedient haben. Nur wenige originale Bemalungsreste konnten auf dem Corpus gefunden werden. Der tote Christus war mit einem gelblich-weißen Hautton dargestellt und stand auf einer rot-braunen Fußstütze. Diese wenigen Farbreste verdeckte eine starke Grundierung für die erste Übermalung aus dem 12. Jahrh. Der Rekonstruktionsversuch dieser Fassung ergab, daß die blauen Kreuzbretter von einem hellroten, ca. 5 cm breiten Streifen eingesäumt wurden. Das Inkarnat (Hautfarbe) Christi bestand aus einem warmen Weiß, belebt von kräftig leuchtendroten Blutbahnen. Die Schnitzkonturen des dunkelbraunen Bartes verstärken hellrote Streifen (Mennige). Die Grundfarbe der Lendentuch-Außenseite bildete ein sattes Blau (Vivianit), auf dem im Wechsel schmale und breite rote Streifen waagerecht über den Körper liefen. Die Länge dieser dünnen Streifen ließ sich nicht rekonstruieren. Die Innenseite des Lendentuches kontrastierte mit der Außenseite durch ein kräftiges Hellrot (Mennige). Bei dieser Fassung rahmte das Auge eine rote Linie ein, die von oben und unten kommend in den Augenwinkeln zu einer Spitze zusammenlief. Der Inkarnatston setzte sich im Auge fort: dieses wird durch seine fast kreisrunde dunkelbraune Iris mit der schwarzen Pupille aufgerissen dargestellt. Die großen offenen Augen zeigen den lebendigen Christus, wie er uns im 12. Jahrh. oft als König mit Krone entgegentritt. Im Gegensatz dazu war das Auge der ersten Fassung halbgeschlossen und wirkte so wie das gebrochene Auge eines Toten. Eine durch das Auge laufende geschnitzte Kontur hob dieses hervor.

Restauriert von Hans Westhoff

Die Feindesliebe ist der Höhepunkt aller Bruderliebe. Nichts spornt uns so sehr an, sie zu üben, wie das Beispiel Christi, wenn wir dankbar betrachten mit welch wunderbarer Geduld er, der schönste von allen Menschen, die Schönheit seines Angesichts von Gottlosen bespeien ließ . . .
Die Geduld, mit der er Schmähungen und Beschimpfungen duldete und mit der er schließlich Kreuz, Nägel und Lanze, Galle und Essig ertrug – bei all dem beherrscht, milde und still.

Aelred von Rievaulx (1110–1167)

2 Kruzifix aus Dettenhausen

Schwaben Mitte 12. Jahrh.
Weidenholz, Rückseite abgeflacht, ausgehöhlt
H. 96 cm, B. 81 cm
Kreuz: Eichenholz; Astkreuz: Birkenholz
H. 101 cm, B. 98 cm
Inv. Nr. 1929-343

Der Gekreuzigte hängt mit schräg erhobenen Armen, seine Gestalt knickt in Hüfte und Knien ein. Im Gegensatz zum Lichtensteiner Kruzifix (Kat. Nr. 1), der das Einsinken des Corpus noch stärker zeigt, ist hier von der Last des Körpers und der Todesqual kaum etwas zu spüren. Das nur leicht zur Seite geneigte Haupt zeigt vielmehr einen friedvollen, ruhigen Ausdruck.
Arme und Füße sind an einem Astkreuz befestigt, das im Zusammenhang mit der Neufassung im 14. Jahrh. zwischen Corpus und Balkenkreuz eingefügt wurde. Das entspricht der Anordnung der großen mitteldeutschen Triumphkreuzgruppen des 13. Jahrh. (z. B. im Dom zu Halberstadt). Das Kreuz wird dadurch als Lebensbaum gedeutet. Die heutige gotische Fassung betont die Wundmale stärker als es für den ursprünglichen Zustand anzunehmen ist. Das Lendentuch ist an einem Gürtel befestigt, mit ihm verknotet und hängt mit einem Überschlag über ihn. Knoten und Überhang raffen das Tuch symmetrisch über den Knien. Diese Anordnung begegnet schon beim Kruzifix in Reichenau-Mittelzell (erste Hälfte 12. Jahrh.) wieder, spiegelbildlich auch das Einknicken des Körpers. Der räumlich klar erfaßte und plastisch akzentuierte Knoten weist voraus auf die spätromanischen schwäbischen Kruzifixe aus Leuterschach (heute im Georgianum in München) und in Berlin, bei denen die Körperbewegung ganz zurückgenommen ist. Zwischen diesen Polen, um die Mitte des 12. Jahrh. ist der Dettenhausener Kruzifix zu datieren.
Dettenhausen besaß im 12. Jahrh. eine Johanneskapelle und gehörte dem Kloster Hirsau. Durch diese Verbindung wird ein so qualitätsvolles Werk in dem kleinen Ort erst verständlich.

Provenienz
1929 von der evangelischen Kirchengemeinde Dettenhausen erworben.

Literatur
Pfeiffer 1938, S. 58 ff.
Walzer 1958, S. 14 f., 69, Abb. 3
Walzer 1967, S. 5, 9, Abb. 1
Landkreis Tübingen II (1972), S. 102 ff.

Zustand

Mit Ausnahme des Daumens sind an der Skulptur sämtliche Finger der linken Hand abgebrochen. An der Nase, partiell am Lendentuch und an der großen sowie der darauffolgenden Zehe des rechten Fußes ist das Holz leicht beschädigt. Corpus und Kreuzbalken weisen Anobienbefall auf. Das Kreuz aus dem 12. Jahrh. ist ringsum beschnitten, das obere Drittel fehlt. Aufgrund der Verbreiterung am Schnittpunkt der Kreuzbretter läßt sich vermuten, daß die abgeschnittenen Endungen ursprünglich ebenfalls erweitert waren. Die Überblattung der Bretter ist instabil. Das Holzbrett weist Verwerfungen und Ausbrüche auf. Das Astkreuz aus dem 14. Jahrh. ist notdürftig auf das Kreuz gedübelt. Beide Kreuze haben sich gelockert, und die entstandenen Nähte sind teilweise mit neueren Kittmassen geschlossen. Das Astkreuz ist in regelmäßigen Abständen mit nur noch fragmentarisch erhaltenen Aststümpfen besetzt; der Längsbalken wurde in jüngster Zeit verleimt.
Durch ungünstige klimatische Bedingungen blätterte die erste Überfassung des 14. Jahrh. teilweise bis aufs Holz ab. Bei einer früheren Restaurierung wurden diese Fehlstellen partiell mit Kitt aufgefüllt und großzügig übermalt. Dadurch entstand, besonders am Lendentuch, eine plastische Verunklärung. Die gelb-braune Marmorierung des Kreuzes stammt aus dem 19. Jahrh., die grüne Übermalung an den Seiten des Astkreuzes gehört der letzten Restaurierung an.

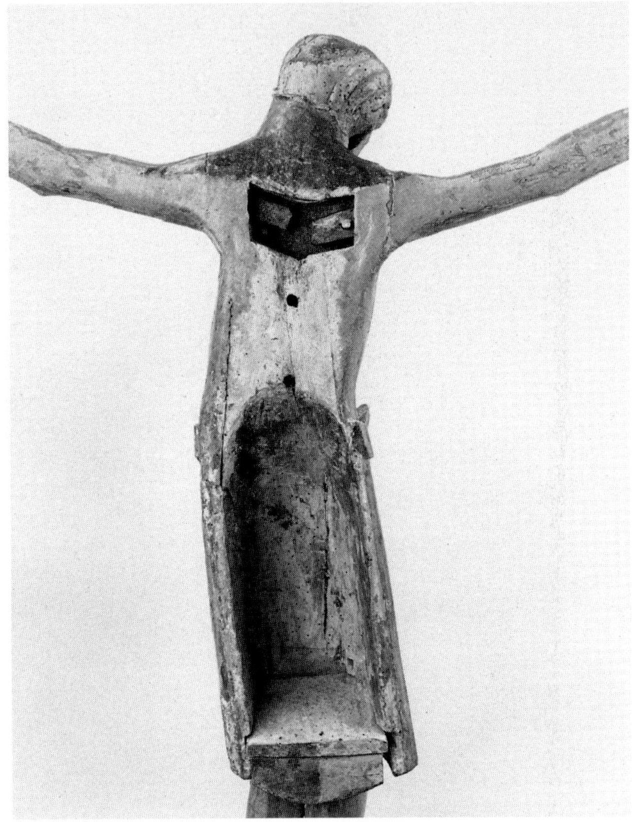

Das Corpus mit dem dazugehörigen Kreuz wurde im 12. Jahrh. geschaffen. Das aufgedübelte Astkreuz und die Bemalung sind eine Zutat aus dem 14. Jahrh. Das mit einem Dübel verschlossene Loch im Kopf weist auf die Einspannvorrichtung in der Werkbank hin. Starke Rißbildung im Holz wurde dadurch vermieden, daß der Holzkern des Lendentuchbereichs weitgehend entfernt wurde.

Ein in Nut eingepaßtes Abschlußbrett mit Anstükkung dient zur Fortsetzung dieser Lendentuchaushöhlung und zur Auflage auf dem Kreuz. Seitlich der Aushöhlung befinden sich kleinere originale Holzanstückungen in der Art von Schwalbenschwanzverbindungen. Die scharfkantige graphische Schnitzarbeit am Lendentuch und den Haarpartien bildet einen Kontrast zu der weichen Durchmodellierung der unbekleideten Körperteile. Eine Besonderheit stellen die nur noch zu erahnenden, in Zöpfe geflochtenen Haarsträhnen zu seiten des Kopfes dar. Die weit heruntergezogenen Oberlider und das geschnitzte Unterlid bilden eine schmale Kerbe, so daß das gemalte Auge gebrochen wirkt.

Die Arme sind sorgfältig im Corpus mit einem Dübel eingepaßt. In eine kleine rechteckige Aushöhlung zwischen den Schulterblättern ragen diese Armdübel hinein, die mit kleinen Dübeln gegenarretiert werden. Ein Loch in der rechten Fußsohle (links übermalt) und ein im Fußrücken steckender Holzdübelstumpf lassen Rückschlüsse auf die originale Benagelung zu, die senkrecht zum Fuß verlaufen sein muß. Demzufolge könnte eine Fußstütze zwischen Kreuz und Füßen eingeschoben gewesen sein. Die heutigen Eisennägel aus dem 14. Jahrh. treten dagegen an den Fersen heraus und dienen zur Befestigung am grünen Astkreuz, das mit sechs Dübeln auf dem Kreuzbrett gehalten wird.

Minimale Reste der Originalfassung lassen auf eine hauchdünne Grundierung schließen. Das Haar war rotbraun, das Inkarnat gelblich, die Lendentuchaußenseite blau und -innenseite rot. Durch die im 14. Jahrh. (gegenwärtiger Zustand) aufgebrachten starken Grundierungsschichten wurde die scharfkantige Oberfläche weich ausmodelliert. An Skulpturen aus dem 14. Jahrh. läßt sich diese weiche Oberflächenbehandlung häufig beobachten. Im einzelnen baut sich die Fassung folgendermaßen auf: auf einer großflächigen Leinwandkaschierung liegt ein grauer, modellierender Füllgrund, der die weiße Grundierung auf-

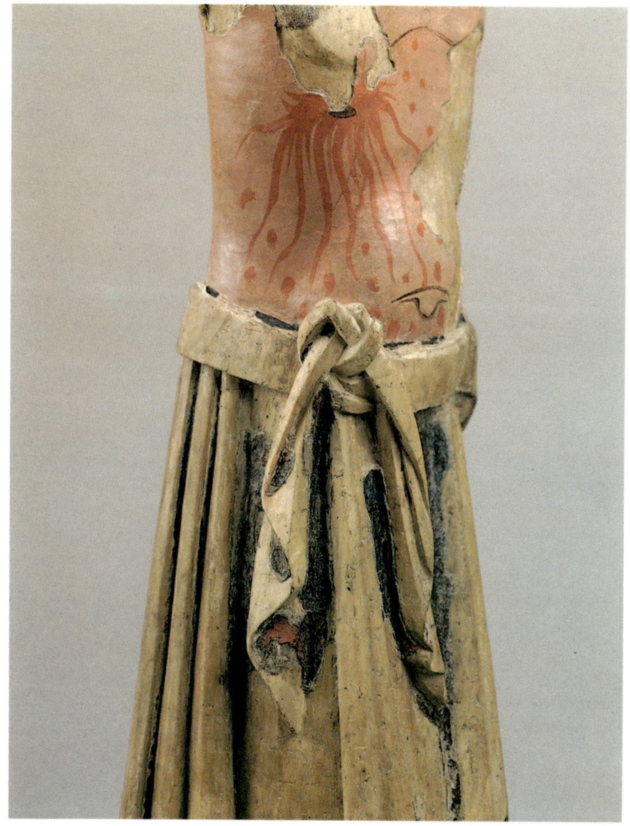

nimmt. Das kräftig rosa Inkarnat ist in Temperafarben ausgeführt, Farbschattierungen werden für die Oberfläche kaum eingesetzt. Die Wunden heben rote, ornamental angeordnete Streifen und Tropfen hervor; Augen, Rippenbögen und Bauchnabel betonen braune Striche. Die zu dieser Bemalung gehörende Dornenkrone fehlt. Haare und Bart werden auf brauner Unterlage blattvergoldet. Über die Schulter fallende Haarsträhnen werden zusätzlich dunkelbraun konturiert. Blattsilber mit einem transparent gelben Lacküberzug (Goldeffekt) bildete ursprünglich die Lendentuchaußenseite (heute schwarz oxidiert), die zum Körper hin mit einer schwarzen Kontur abgesetzt war. Die rote Innenseite des Lendentuchs war zur Blattsilberauflage der Außenseite ebenfalls mit einer schwarzen Kontur abgesetzt.

Das Astkreuz ist mit grüner Temperafarbe flächig bemalt. Die beschädigten Aststümpfe sind mit Grundierung modelliert und rot abgesetzt. Auf dem originalen Kreuz des Kruzifixes fanden sich Reste von schwarzen Konturen und schwarzen Mustern auf rotem Grund. Da die Restaurierung des Kreuzes noch nicht abgeschlossen ist, läßt sich diese Fassung noch nicht rekonstruieren. Derartig farbenfroh gemusterte Kreuze kommen in der Romanik vereinzelt vor und könnten entsprechenden, mit Edelsteinen besetzten Goldschmiedekreuzen nachempfunden sein.

Restauriert von Hans Westhoff

Sie meinen, es mit einem Übeltäter zu tun zu haben,
mit einem, der sich die Gottheit nur anmaßt,
mit einem Verführer.
Ich habe ihnen mein Angesicht verborgen;
darum erkannten sie meine Herrlichkeit nicht.
Darum: Vater, vergib ihnen, denn sie wissen nicht, was sie tun.

Aelred von Rievaulx (1110–1167)

3 Kruzifix aus Lorch (Fragment)

Schwaben Ende 12. Jahrh.
Pappelholz, ausgehöhlt und abgeflacht
H. 108,5 cm, B. 20 cm
Inv. Nr. 12953

Obwohl Christus keine Krone trägt – die Spuren einer Dornenkrone stammen erst aus der Gotik –, haben wir es hier mit einer Darstellung des über den Tod triumphierenden Kruzifixes zu tun. Das zeigt seine gerade Haltung und vor allem der sich offen zum Betrachter wendende Blick. Er scheint sogar zu lächeln, wenn das auch auf den heutigen ruinösen Zustand zurückgehen mag.
Der kräftige Körper besteht aus großen, plastisch zusammengefaßten Massen: dem mächtigen Brustkorb und den von den hervortretenden Hüften beginnenden Schenkeln, die nur teilweise bedeckt sind. Das asymmetrische Lendentuch ist sorgfältig geknotet; von der Schlinge wird es hochgerafft, so daß das linke Knie frei bleibt. Diesen Typ zeigt schon das Kölner Gerokreuz (Abb. 4), das freilich stärker bewegt ist und den toten Christus darstellt. Im Vergleich zum Dettenhausener Kruzifix (Kat. Nr. 2), das noch letztlich in dieser Tradition steht, ist hier alle Bewegung zum Stillstand gekommen zugunsten des Ausdrucks verstärkter Leiblichkeit, ähnlich wie beim spätromanischen Kruzifix aus Leuterschach bei Marktoberdorf (heute in München, Georgianum).

Provenienz
1909 aus Privatbesitz in Lorch erworben.

Literatur
Baum 1917, Nr. 22
Baum 1923, S. 27, Abb. 24
Pfeiffer 1938, S. 52

Zustand

Das Holz ist durch Wurmfraß stark angegriffen und durch das Einlassen eines Insektizides (Xylamon) dunkel verfärbt. Große Schwundrisse sowie die chemische und mechanische Abnahme der Fassungen zerstörten die Holzoberfläche und beeinträchtigen somit die Plastizität der Skulptur. Dies wird noch durch Verlust der Holzsubstanz (Abstoßungen und Verbrennungen) an erhabenen Teilen verstärkt. Außerdem fehlen die Arme, die linke Ohrmuschel, die Dornenkrone und das Kreuz.

Das Corpus Christi mitsamt der Fußstütze wurde mit dem Kopf nach unten aus einem Stammstück gearbeitet. Wie beim Kruzifix von Schloß Lichtenstein (Kat. Nr. 1) befindet sich auch hier die Seitenwunde unterhalb der Achselhöhle senkrecht eingekerbt. Die Augen hingegen sind hier geöffnet, was aus den schnitzerischen Konturen hervorgeht.
Ein Rekonstruktionsversuch ergab, daß es sich bei dem Lendentuch um ein rechteckiges Tuch ohne Gürtel handeln kann. Eine verlorengegangene Dornenkrone, geflochten aus natürlichen Materialien, wurde durch kleine Dübel gehalten, die gleichzeitig als Dornen dienten. Drei Löcher im Kopf weisen darauf hin, daß zusätzlich noch Strahlen, ein Kreuz symbolisierend, vorhanden waren. Die zwei Dübel in den Füßen deuten eine Nagelung nur an. Die geflochtene Dornenkrone, die Benagelung an den Füßen und die kreuzförmigen Strahlen müssen als spätere (gotische?) Ergänzungen angesehen werden.
Die wenigen winzigen Fassungsreste lassen nur geringe Schlüsse zu: Die Originalfassung besaß eine hauchdünne gelbliche Grundierung. Das Inkarnat war kühl gehalten. Dazu kontrastierten das kräftige Braunrot der Haare und der Fußstütze, das Blau der Lendentuchaußenseite und das Rot (zweischichtig) seiner Innenseite. Die Lippen waren einschichtig rot, während die Blutstropfen und die Seitenwunde wiederum eine zweischichtige, rote Fassung aufweisen (grobkörnige Mennige-Zinnober-Mischung, darüber

ein dunkles lasierendes Rot). Im Innern des rechten Ohres und in der klaffenden Seitenwunde konnten Reste von vier verschiedenen übereinanderliegenden Fassungen festgestellt werden.
Bei den von uns untersuchten romanischen Kruzifixen (Lorcher, Lichtensteiner, Dettenhauser) war jeweils die Lendentuchaußenseite blau von der roten Innenseite abgesetzt. Man kann annehmen, daß Muster die blauen Flächen bereicherten. Die Reste eines solchen Textildekors kann man beim Lichtensteiner Kruzifix nachweisen.

Restauriert von Alexandra v. Schwerin

Wenn ihr meint, auf mich hören zu sollen, ihr Knechte Christi, ihr Brüder und Miterben, laßt uns Christus besuchen, so lange es Zeit ist,
Christus pflegen, Christus ernähren, Christus kleiden,
Christus geleiten, Christus ehren.
Das nicht nur dadurch, daß wir ihn zu Tisch einladen, wie es einige taten;
oder daß wir ihn salben, wie es Maria getan hat.
Nicht allein dadurch, daß wir ihm ein Grab bereiten, wie Josef von Arimathäa.
Nicht nur durch die Grabbeigaben, wie Nikodemus, der Jesus nur mit halbem Herzen liebte . . .
darum wollen wir ihm in den Armen und in den heute am Boden Liegenden Erbarmen erweisen.

Gregor von Nazianz (um 329 – um 390)

4 Grablegung Christi

Bodenseegebiet um 1330
Eichenholz, Hochrelief
H. 72 cm, B. 54 cm, T. 17 cm
Privatbesitz

Nikodemus und Josef von Arimathia tragen den Leichnam Christi ins Grab, während Maria seine Rechte stützt. Mit unterschiedlichen Trauergesten stehen Maria Magdalena und Johannes dabei. Auf räumliche Klarheit ist zugunsten des Ausdrucks und innigen Zusammenseins verzichtet.

Das Hochrelief gehört in den szenischen Ablauf eines Passionsaltars. In gleichem Maßstab und Stil sind Reliefs der Dornenkrönung (Skulpturengalerie, Berlin), Kreuzabnahme (ehem. Slg. Blair, Chicago) und trauernde Frauen aus der Kreuzigung (Museum für Kunsthandwerk, Frankfurt) erhalten. Ob zu diesem Retabel ursprünglich auch ein Geißel-Christus (ehem. Slg. Pelgrims, Brüssel) als Teil einer szenischen Geißelung gehörte, muß offen bleiben. Er stammt jedenfalls von demselben Meister, wie die Übereinstimmung der Kopftypen erweist: vom Meister der Stuttgarter Christus-Johannes-Gruppe. Bestimmte Hinweise erlauben die Vermutung, daß sowohl diese Christus-Johannes-Gruppe als auch das Grablegungsrelief – und damit der oben erwähnte Passionsaltar – aus dem im Jahr 1200 gegründeten ehem. Zisterzienserinnen-Kloster Wald (Kr. Sigmaringen) stammen.

Julius Baum (Schnitzaltar 1921, S. 59–62) hatte aus der Kenntnis einiger Reliefs auf den »ältesten schwäbischen Schnitzaltar« geschlossen. Aus Konstanzer Werkstätten des frühen 14. Jahrh. sind jedoch Teile von mindestens zwei verschiedenen Retabeln, einem Passions- und einem Marienaltar, erhalten, die zu den frühesten ihrer Gattung in Deutschland zählen. Während die gleichalten rheinischen und norddeutschen Schnitzaltäre entweder einzelne Heiligenfiguren oder kleinformatige Szenenreliefs aneinanderreihen, bestehen die bodenseeschwäbischen Altäre aus wenigen großen Szenen. Die dendrochronologische Untersuchung ergab ein Datum nach 1329 (Jahrringe bis 1299, frühestes Fällungsdatum 1329).

Literatur
Kdm. Sigmaringen 1948, S. 410, Abb. 537–538

Zustand

Die zerrissene und unnatürlich gefärbte Oberfläche des Holzes ist auf das ätzende Ablaugen der Fassungen und das damit verbundene lange Wässern zurückzuführen. Außerdem war das Relief durch die Anbringung an der Außenseite eines Gebäudes starken klimatischen Schwankungen ausgesetzt. Bei früheren Eingriffen wurden der Kopf des Johannes, die ineinander ruhenden Hände Christi und Mariae sowie das Schulterblatt Christi wieder neu angesetzt und dabei teilweise korrigiert. Einige störende Schwundrisse wurden im gleichen Zug mit Holzkitt geschlossen. Wann die aus Nadelholz bestehende untere Ergänzung am Grabe hinzugefügt wurde, konnte nicht festgestellt werden; eine eingekerbte Markierung in der Rückseite läßt auf einen Teil eines Fachwerkbalkens schließen.

Obwohl die wenigen noch vorhandenen Fassungsreste keine Schichtenabfolge erkennen lassen, muß es mindestens vier Bemalungen gegeben haben. Die größeren weißen Flächen im Grabinneren gehören zu einer Grundierung aus dem 19. Jahrh. Farbreste auf den Gewändern von Johannes (grün), Josef (blau), Maria Magdalena (blau) und Spuren in deren Haaren (von Blattgold) können vielleicht die Originalfassung darstellen. Die Haarbehandlung bei Johannes, dessen Locken von der Mitte ausgehend in S-förmigen

Schwüngen den Kopf bedecken und sich weich um das Gesicht legen, erinnert sehr an die der Christus-Johannes-Gruppe des Württembergischen Landesmuseums.

Restauriert von Hans Westhoff

Gegenüberliegende Seite:

Dornenkrönung. Berlin, Skulpturengalerie
Kreuzabnahme. Ehem. Slg. Blair, Chicago
Trauernde Frauen aus einer Kreuzigung. Frankfurt, Museum für Kunsthandwerk
Christus an der Geißelsäule. Ehem. Slg. Pelgrims, Brüssel

Ertrage mit Gleichmut, was immer du von einem Menschen zu leiden hast:
Sinne weder äußerlich noch innerlich,
weder in Worten noch in Werken noch im Willen auf Rache.
Es lebe in dir der Geist Jesu Christi und aller seiner Heiligen, die selbst ihre Feinde bis in den Tod mit Liebe umfangen haben.

Jan van Ruysbroeck (1293–1381)

5 Kreuzigung Christi aus Salem (?)

Bodenseegebiet um 1330–40
Eichenholz, Relief
H. 104, B. 63,5, T. 9,3 cm
Inv. Nr. 11564

Aus dem Schädel des toten Adam wächst ein doppelt verzweigter Baum. Auf dem unteren Astpaar stehen trauernd Johannes und Maria, die von einer weiteren Frau gestützt wird. Die oberen Zweige bilden das Astkreuz, an dem Christus mit drei Nägeln befestigt ist. Zu seiten der Zweige erscheinen in Wolken die Halbfiguren von Sonne und Mond. In den Feldern neben Adams Schädel knien zwei Stifter in weißer Zisterziensertracht: wahrscheinlich Abt Ulrich II. von Seelfingen (1282–1311), der Erbauer der heutigen Salemer Kirche, und sein Bruder Adelbold (gest. 1334/40).

Das Relief verlief ursprünglich nach unten weiter; vermutlich war hier ein Schriftfeld mit den Namen und Lebensdaten der Stifter angebracht. Auf den Schriftbändern, die beide mit Maria, ihrer Ordenspatronin, verbanden, standen Gebete. Beides spricht dafür, daß wir hier das Epitaph der beiden Brüder vor uns haben, eines der ältesten in Deutschland.

Die sanfte und verhaltene Sprache, mit der das Leiden des Herrn und die Trauer seiner Begleiter zum Ausdruck gebracht werden, ist charakteristisch für diesen Bildschnitzer, einen Schüler des Konstanzer Meisters Heinrich, des Schöpfers der Christus-Johannes-Gruppe aus St. Katharinental (heute in Antwerpen). Dieselbe Vereinfachung der Formen und die Zartheit der Darstellung begegnen uns in einem Weihnachtsrelief in Frauenfeld; es stammt von derselben Hand.

Literatur

Baum 1917, Nr. 30
Baum 1921, S. 69 ff.
Baum, Schnitzaltar 1921, S. 61 ff.
Baum 1923, S. 14, 19, Abb. 38
Futterer 1928, S. 19 f., Abb. 21, 43
Baum 1929, S. 24
Futterer 1930, S. 53 f., 122, 200 f., Abb. 291
RDK 1, 1937, Sp. 160, 1158
Knoepfli 1961, S. 387
Kat. Freiburg 1978, Nr. 11
Meurer/Westhoff 1983, Nr. 4

Zustand

Das Relief ist auf der linken Seite und unten beschnitten. Die Holzsubstanz weist Spuren früherer Trockenfäule, Verwerfungen und Schwundrisse auf. Der linken oberen Figur fehlt die in die Haare eingelassene Mondsichel, der rechten der Kopf mit der Sonnenscheibe. Abarbeitungsspuren hinter diesen beiden Figuren sowie der später hinzugefügte obere Teil des Astkreuzes sprechen dafür, daß der Hintergrund ursprünglich über beide Figuren hinausragte. Zwei Spruchbänder wurden in jüngerer Zeit weggeschnitten: das eine verlief vom linken Mönch über den Totenkopf bis zur linken Hand Mariens, das andere von ihrer rechten Hand nach unten. Der genaue Verlauf kann heute nicht mehr festgestellt werden. In den drei Löchern im Kopf Christi steckten drei Strahlen. Im Hintergrund und an den Figuren ist die Fassung bis aufs Holz ausgebrochen.

Die Originalfassung blieb nur in wenigen Resten im blauen Hintergrund erhalten. Im folgenden wird die erste Überfassung des 15. Jahrh. beschrieben, die nur schwach die unruhige Holzoberfläche verdeckt. Das Blau des Reliefgrundes mit den aufgeklebten, gefalteten und vergoldeten sechseckigen Papiersternen (wenig Reste) deutet das Firmament an. Davor steht ein grüner stilisierter Baum, dessen abgeschnittene Äste rot bemalt sind. Die Inkarnate der Figuren sind in einem kühlen Rosa mit leichten Schattierungen gehalten. Langgezogene Blutbahnen und Blutstropfen auf dem Körper Christi folgen der Körpermodellierung. Die mandelförmigen Augen haben das Unterlid

mit einem roten, das Oberlid mit einem schwarzen Strich markiert. Der Faßmaler hat in das Augenweiß die grauschwarzen Pupillen aufgemalt und die Augenbrauen mit einem dünnen, graubraunen Strich aufgesetzt. Das Lendentuch entspricht mit Glanzvergoldung außen und mattem Blau innen dem im späten Mittelalter üblichen Farbkanon. In den Gewändern der drei trauernden Figuren und der beiden Engel wechseln sich ein hell ausgemischtes und ein kräftiges Rot ab. Dieser Wechsel ist willkürlich zwischen Ober- und Untergewändern vorgenommen. Als Kontrast zu diesen flächigen Farben werden die Gewänder mit Goldsäumen und die Gewandinnenseiten mit Blau abgesetzt. Die Haare dieser Figuren und die oben erwähnten Säume sind ölvergoldet. Die beiden trauernden Frauen tragen hellbraune Kopftücher. Die Wolkenbänke waren höchstwahrscheinlich versilbert, doch lassen sich darüber keine sicheren Aussagen machen. Unten zwischen den beiden kräftig violetten Säulen knien zwei weißgekleidete Mönche, ihre Gewandsäume waren vergoldet. Der Krummstab ist rot und gold angelegt, die ursprünglich vorhandenen Schriftrollen waren weiß. Der helle Ocker des Totenkopfes hebt sich vom Grün der stilisierten Landschaft ab. Durch den stark verbräunten Überzug lassen sich die Farbgebung der Inkarnate und die Farbkontraste, besonders bei den Gewändern der drei Trauernden, nur noch schwer erkennen.

Restauriert von Hans Westhoff

77

Unser Herr Jesus Christus hat gesagt: Mein Joch ist sanft und meine Bürde ist leicht. Dem widersprechen alle natürlichen Menschen, insofern die Natur sie treibt. Sie sagen, Gottes Joch sei bitter und seine Bürde schwer. Doch, liebreicher Gott, wo sind nun die seligen Leute, denen die Bürde Gottes leicht ist? Niemand will ja leiden, und doch muß immer ein Leiden und ein Lassen sein, kehre es, wie du willst. Christus mußte leiden und also in seine Herrlichkeit kommen.

Johannes Tauler (um 1300–1361)

6 Corpus Christi

Süddeutschland (?) Mitte 14. Jahrh.
Pappelholz, Rückseite ausgehöhlt, mit Verschlußbrett
Fassung 15. Jahrh.
H. 44 cm, B. 31 cm, T. 9 cm
Inv. Nr. L 1979-223 (Leihgabe)

Die Armhaltung läßt darauf schließen, daß das Corpus wohl ursprünglich an einem Gabelkreuz hing. Aber im Gegensatz zu den rheinisch-westfälischen Gabelkreuzen ist der Kopf nur wenig zur Seite geneigt und im Vergleich mit französischen und bodenseeschwäbischen Kruzifixen der Körper frontal und fast unbewegt gegeben. Die kräftige Modellierung des Körpers und die Betonung des Knochengerüstes setzen das Corpus stilistisch vom Salemer Kreuzigungsrelief (Kat. Nr. 5) ab, ebenso die Akzentuierung von Gelenken wie Ellenbogen und Knöchel. So wird das Werk weiter östlich entstanden sein, vielleicht in Österreich (vgl. Gabelkruzifix in Steirisch-Laßnitz).

Literatur
Meurer/Westhoff 1983, Nr. 8

Zustand

Man kann annehmen, daß es sich bei dem verlorengegangenen, ursprünglichen Kreuzbalken um ein Astkreuz gehandelt hat. Sämtliche Finger der linken sowie drei der rechten Hand fehlen, außerdem die geflochtene Dornenkrone und die drei Strahlen des Kreuzsymbols. Die vorderen Fußhälften sind später ergänzt worden und heute ungefaßt.

Die ursprünglich rundum gefaßte Skulptur weist heute die erste Übermalung auf, die aufgrund ihres technischen Aufbaus und ihrer Farbigkeit ins 15. Jahrh. datiert werden kann. Die Originalfassung ist nur noch in geringen Resten vorhanden.
Bei der jetzt sichtbaren ersten Überfassung wurde die Schärfe der Schnitzkonturen durch Grundieranstriche abgeschwächt, wodurch die Oberfläche weicher erscheint. Auf dem gelblichen Grundton der Fleischfarbe sind die hervorstehenden Körperpartien und Wundmale bläulich oder rötlich schattiert. Die aufgesetzten, plastischen Blutstropfen folgen realistisch der Körpermodellierung. Feine rötlich-braune, lasierende Pinselstriche betonen zusätzlich den geschnitzten Bauchnabel. Die Plastizität der ebenfalls rötlich-braunen Brustwarzen steigern dunkelbraune Schattierungen. Die gebrochenen, rot unterlaufenen Augen mit schwarzen Pupillen rahmt ein hellbrauner Strich ein. Die kräftigen Augenbrauen wurden mit einem braunen Querstrich und aufgesetzten, kurzen parallelen Pinselstrichen gemalt. Die flächig braunen Haare und den Bart lockern zum Gesicht hin feine, dicht nebeneinanderliegende braune Pinselstriche auf. Das grauweiße Lendentuch wird an den Kanten mit einem breiten ölvergoldeten Streifen sowie zur weißen Fläche hin mit zwei dünnen roten Konturen eingefaßt. Die Innenseite des Lendentuches ist mit einem kräftigen Blau angelegt und wird zusätzlich zu den goldenen Streifen durch blaue Konturen hervorgehoben. Die strenge plastische Form des Corpus wird durch die betont malerische Fassung weitgehend aufgehoben.

Restauriert von Hans Westhoff

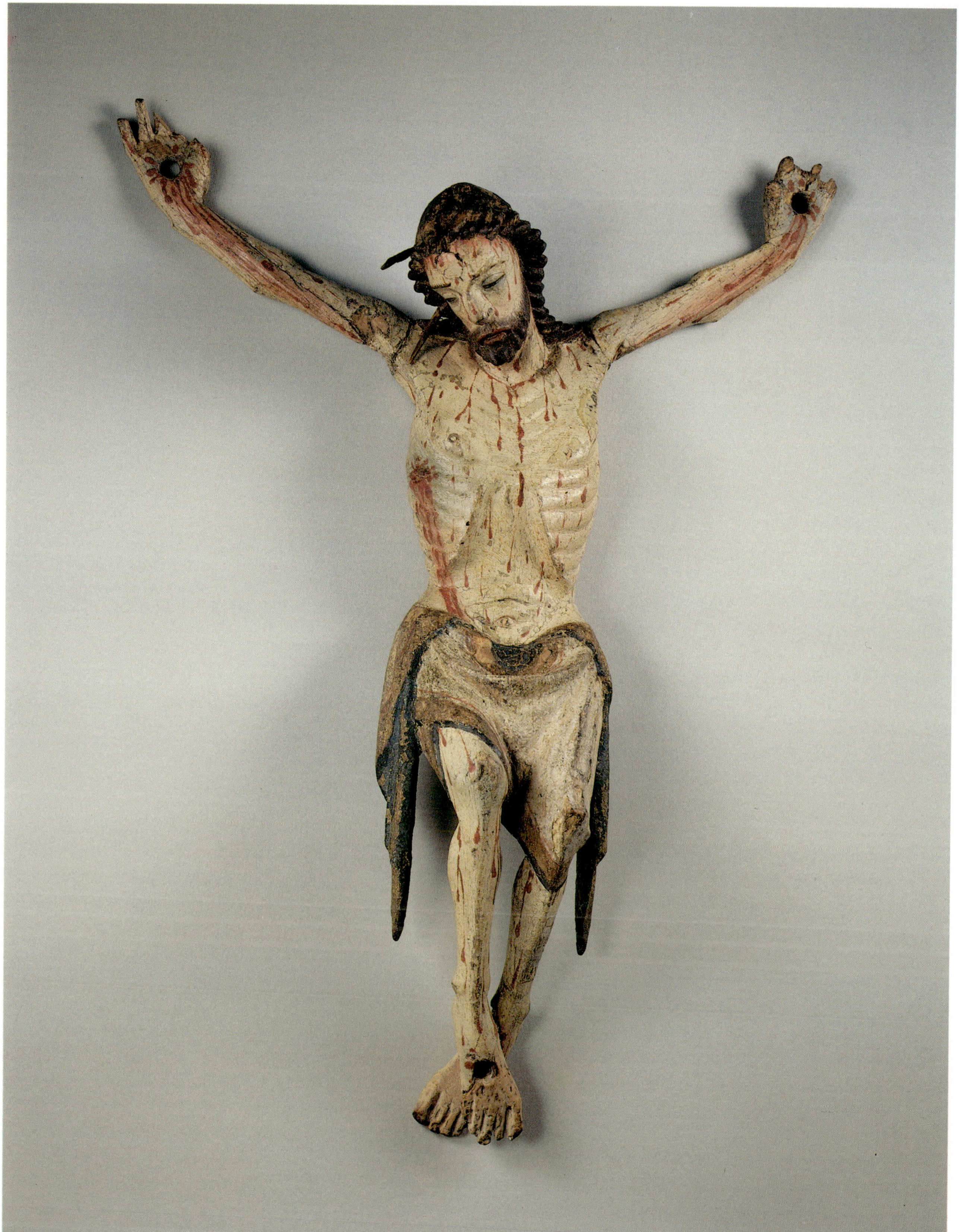

Leiden ist eine Liebesrute, ein väterlicher Schlag für die Auserwählten. Leiden zieht und zwingt den Menschen zu Gott, es sei ihm lieb oder leid . . . Vor der Welt nennt man die Leidenden Arme, vor Gott aber heißen sie Selige; denn sie zählen zu seinen Auserwählten.

Heinrich Seuse (1295–1366)

7 Christus an der Geißelsäule

Schwaben Mitte 14. Jahrh.
Pappelholz, vollrund, ausgehöhlt, mit Verschlußbrett
Fassung 15. Jahrh.
H. 97 cm, B. 20 cm, T. 17 cm
Inv. Nr. E 508

Christus steht hinter einer dünnen Säule, an die er mit einem gezwirnten Hanfseil gefesselt ist. Seine schlanke Gestalt wendet sich vom Betrachter ab, so daß es möglich scheint, daß er ursprünglich von zwei geißelnden Schergen in einer Szene begleitet war. Andererseits kennen wir aus dieser Zeit z. B. in der Goldschmiedekunst viele Darstellungen des isolierten Geißel-Christus (Johannes- und Paulusschrein, Reichenau-Mittelzell; Kelch in Sigmaringen; Einband des Plenars für die Sonntage aus dem Welfenschatz in Berlin). Außerdem gibt es zwei weitere schwäbische Skulpturen dieses Themas (ehem. Brüssel, Slg. Pelgrims und Nürnberg, Germanisches Nationalmuseum), bei denen es ebenfalls offen scheint, ob sie Bestandteil einer Geißelung Christi oder ein isoliertes Andachtsbild waren. Die Viten südwestdeutscher Dominikanerinnen in Adelhausen bei Freiburg, St. Katharinental bei Dießenhofen, Töss bei Winterthur und Unterlinden in Colmar und die Visionen des Heinrich Seuse setzen jedoch solche Andachtsbilder voraus. Sowohl die erhaltenen Skulpturen als auch die genannten Texte umschreiben den geographischen Raum, auf den im 14. Jahrh. die Darstellung offenbar beschränkt war.

Von den genannten bodenseeschwäbischen Werken unterscheidet sich der Geißel-Christus durch die starre, unsentimentale Haltung des schlanken Körpers und den schmaleren Gesichtsschnitt, so daß er nur allgemein als schwäbisch eingeordnet werden kann.

Provenienz
Württembergischer Altertumsverein

Literatur
Baum 1917, Nr. 59
Baum 1921, S. 112
Futterer 1930, S. 200
Kat. Brüssel 1977, S. 11 f.
Kat. Freiburg 1978, Nr. 12, S. 75
Meurer/Westhoff 1983, Nr. 7

Zustand

Infolge eines Sturzes entstanden zahlreiche Beschädigungen an beiden Unterarmen, den Füßen und dem Sockel. Der gesamte rückwärtige Teil des Sockels fehlt, am Lendentuch wurden größere Faltenzipfel zwischen den Beinen und am linken Rand abgeschnitten. Dübelreste in den Haaren sprechen dafür, daß hier eine Dornenkrone (Hanfschnüre wie an den Handfesseln) befestigt war. Das jetzige Verschlußbrett aus Nadelholz stammt aus dem 19. Jahrh., während das Kapitell – ursprünglich eine Säulenbasis – eine Ergänzung aus dem 15. Jahrh. ist. Die Fassung der Skulptur ist besonders im unteren Teil großflächig beschädigt.

Der Geißel-Christus wurde in verschiedenen Epochen siebenmal bemalt. Während der Restaurierung wurden die teilweise beschädigten Farbschichten einzeln abgenommen und dokumentiert. Freigelegt wurde die zweite Überfassung, da sich die beiden darunterliegenden Schichten nur in minimalen Resten erhielten. Diese zeigt einheitlich ein rosa Inkarnat, auf das schwungvoll mit fast trockenem Pinsel Blutbahnen gemalt sind. Realistisch wird frisches und geronnenes Blut hell- und dunkelrot dargestellt, das gleichmäßig über den Körper verteilt ist. Das Gesicht rahmen das Dunkelbraun der Haupt- und Barthaare ein. Die Augenbrauen sind mit einfachen Bögen im Farbton der Haare angelegt. Die kreisrunden Augen sind braun eingefaßt, die Iris ist grau mit schwarz abgesetzter Pupille. Die Lippen sind dunkelrot gehalten, Finger- und Fußnägel sind mit zwei braunen Konturen abgesetzt.

Die Außenseite des Lendentuches ist vergoldet. Das Grün der Innenseite ist ausnahmsweise von der vierten Fassung übernommen worden, da das Blau der zweiten Übermalung sehr stark zerstört war. Der Säulenschaft und der Sockel sind grün gefaßt und werden durch die roten Blutstropfen belebt; das originale Hanfseil ist grau-braun.
Aufgrund der Fassungsabfolge und der Farbigkeit kann diese Fassung ins 15. Jahrh. datiert werden.

Restauriert von Hans Westhoff

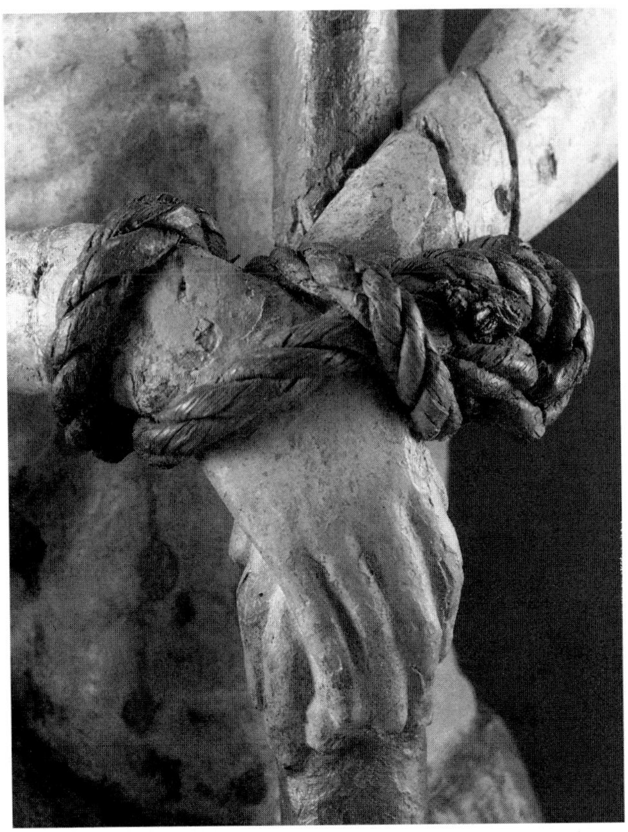

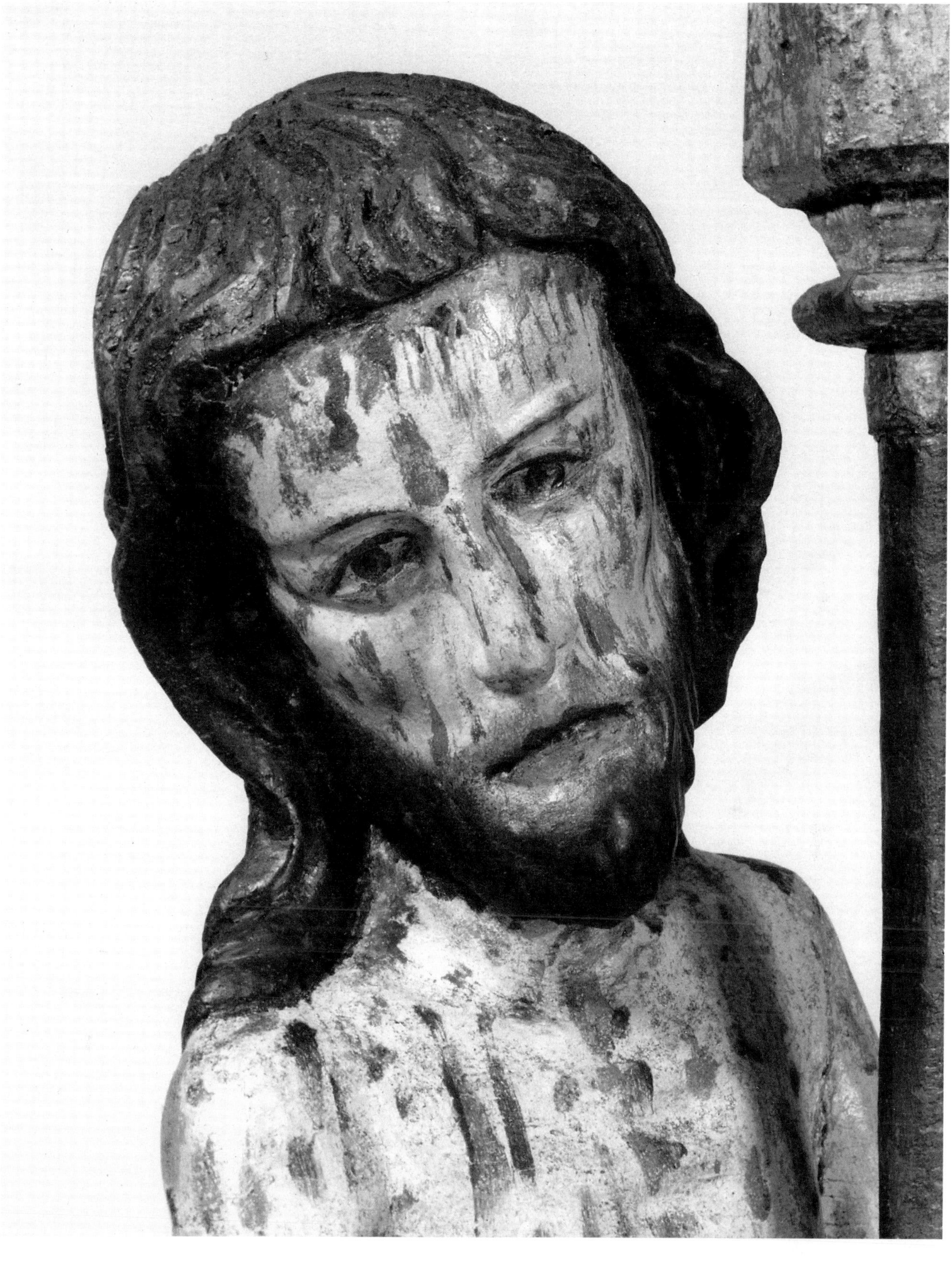

Wer sonder Lieb von Gott will han,
der soll der Leiden viel bestan.
Leiden soll er tragen viel,
wer Gottes Freundschaft haben will.
Wem alles Leiden wenig tut,
der trägt Christus in seinem Mut.

Rheinischer Mystikerkreis (14. Jahrhundert)

8 Kruzifix aus Mundelsheim

Schwaben um 1380
Pappelholz, Rückseite abgeflacht
Fassung 18./19. Jahrh.
H. 70 cm, B. 78 cm
Kreuz: Nadelholz, 19. Jahrh.
Inv. Nr. 10475

Der ausgemergelte Körper und das dornengekrönte, schmerzerfüllte Haupt Christi zeigen die Auffassung des »crucifixus dolorosus«. Jedoch ist alle Spannung gelöst, der Körper fast unbewegt. Im Vergleich zum Kreuzigungsrelief aus Salem (?) (Kat. Nr. 5) hat der Künstler weniger nach Ausdruck gestrebt, sondern Wert auf eine organisch-plastische Durchbildung des Corpus gelegt, was besonders bei der Angabe von Muskeln und Sehnen der Arme zu sehen ist. Auch die Schönlinigkeit des Lendentuchs, das ursprünglich auf beiden Seiten Faltengehänge zeigte, weist schon voraus auf den »Schönen Stil« der Zeit um 1400.

Provenienz
Aus der Kilianskapelle in Mundelsheim stammend; 1893 von der evangelischen Kirchengemeinde Mundelsheim erworben.

Literatur
Baum 1917, Nr. 71
Baum 1921, S. 112

Zustand

Einige Schwundrisse und kleinere Holzbeschädigungen; es fehlen fünf Finger, Dornen in der Krone, der rechte Lendentuchzipfel und mehrere Zehen.

Warme, ausgemischte Grautöne bestimmen das in Ölfarbe ausgeführte Inkarnat, wobei die Höhen bis ins Bläuliche tendieren. Die langen Blutbahnen sind mit einem relativ trockenen Pinsel nur flüchtig ausgezogen. Die grün angelegte Dornenkrone ist aus Hanf geflochten und mit Dübeln auf das braun-violette Haar aufgesetzt. Die großflächig weiße Lendentuchaußenseite, die von Goldsäumen eingerahmt wird, setzt sich gegen das Blau der Innenseite ab. Diese Farbigkeit kann in die zweite Hälfte des 18. oder zu Anfang des 19. Jahrh. datiert werden; ältere Fassungen konnten nicht gefunden werden.

Restauriert von Hans Westhoff

Ich bekam einen Schlüssel, der öffnet,
einen Nagel, der durchdringt,
um den Willen des Herrn zu erkennen.

Was sah ich durch die Öffnung?
Der Nagel ruft, es ruft die Wunde:
In Christus versöhnt Gott die Welt wirklich mit sich.

Bernhard von Clairvaux (1090–1153)

9 Kreuzanheftung Christi aus Maulbronn

Michael II. von Savoyen, 1394
Eichenholz, Hochrelief, hintere Figuren vollrund
H. 10 cm, B. 118 cm, T. 31 cm
Maulbronn, Kirche der ehem. Zisterzienserabtei

Fünf Schergen sind eifrig dabei, Christus an das schräggestellte Kreuz zu fesseln und mit drei Nägeln zu befestigen. Der Hauptmann mit zwei Soldaten, Maria mit einer trauernden Frau und der die Hände ringende Johannes stehen ruhig im Hintergrund und bilden die Folie für die Unruhe vorn.
Das Hochrelief gehörte zu einem dreiteiligen Retabel mit Kreuzanheftung, Kreuzigung und Beweinung Christi am Grab. Den Maßen nach kann es nur für den Hochaltar (Breite der Mensa: 390 cm) angefertigt worden sein. Der Maulbronner Abt Heinrich III. von Renningen (1384–1402) ließ 1394 das Hochaltarretabel weihen. Dieses Datum paßt gut zum Stil der Reliefs, der Spätphase des Parlerstils. Der Schwiegersohn des aus Schwäbisch Gmünd stammenden Baumeisters und Bildhauers Peter Parler, Michael II. von Savoyen, hatte in den 1380er Jahren am Altstädter Turm der Karlsbrücke in Prag und am Petersportal des Kölner Doms Skulpturen geschaffen. Der Maulbronner Faltenstil kehrt bei der Figur Karls des Großen in Prag, der Kopf des Hauptmanns bei der Büste des Simon Magus in Köln wieder. Auch solche Glatzköpfe wie der Scherge über Christi Haupt begegnen uns im Parlerkreis: z. B. beim Selbstbildnis Peter Parlers im Prager Veitsdom. Um 1400 arbeiteten Mitglieder der Familie Savoyen bei der Vollendung der Zisterzienserkirche Salem mit. Wo die Maulbronner Reliefs geschnitzt wurden, in Köln, Prag, Salem oder in Maulbronn, muß deshalb offen bleiben. Für die Tatsache, daß die Figuren auch auf der Rückseite ausgearbeitet sind, konnte bisher keine Erklärung oder Parallele gefunden werden.

Literatur

Sammarthanus 1731, S. 752 ff.
Klunzinger 1849
OAB Maulbronn 1870, S. 144
Paulus 1889
Voegelen 1921, S. 423 ff.
Baum 1921, Nr. 64, 86
Pinder 1929, S. 117
Kletzl 1933/34, S. 124 f.
Wentzel 1952, S. 40 ff.
Wildenhof 1974, S. 45 ff.
Kat. Maulbronn 1978, S. 82 ff.
Kat. Köln 1978, S. 335 ff.

Zustand

Bei einer relativ frühen mutwilligen Zerstörung – vermutlich im Dreißigjährigen Krieg – wurden die Gesichter durch Säbel- oder Axthiebe stark beschädigt. Größere Substanzausbrüche im Sockel und am Kruzifix sind aus jüngerer Zeit. Außerdem fehlen mehrere Arme, die Waffen der Soldaten, die geschnitzten Befestigungsstricke und die Dornen der Dornenkrone. Aufgrund ungünstiger klimatischer Einflüsse sind im Holz zahlreiche Schwundrisse entstanden, einhergehend mit leichten Verwerfungen. Darauf ist auch der fast vollständige Verlust der Fassung zurückzuführen.

Das Bildwerk besteht aus drei Eichenblöcken, die mit Leim und Holzdübeln zusammengehalten werden. Dank der guten Holzwahl kam der Bildschnitzer mit recht wenigen Anstückungen aus. Bei der Ausarbeitung wurde sehr sorgfältig vorgegangen und die Rückseite ebenfalls in gleicher Weise detailliert angelegt.
Die Originalfassung ist hier folgendermaßen aufgebaut: Schwundrisse, Äste sowie die Übergänge der Blockverleimung sind mit Hanffasern überzogen. Nur unter den Bereichen, die mit Blattmetallen versehen sind, konnte eine Leinwandbeklebung festgestellt werden. Um Niveauunterschiede auszugleichen, wurde ein grauer Füllgrund und eine starke, gleichmä-

ßige weiße Grundierung aufgetragen. Die Außenseiten der Gewänder sind auf rotem Bolus blattvergoldet. An einigen Figuren finden sich noch mit Grundiermasse plastisch modellierte Zierbänder. Die Innenseiten der Gewänder kontrastieren in besonders leuchtenden Farben: Rot, Grün und Blau mit den hochglänzenden Außenflächen, wobei die Leuchtkraft bei Grün und Rot durch Unterlegen von Blattsilber noch gesteigert wird; das Blau war mit nicht rekonstruierbaren Mustern versehen. Ebenso intensiv ist das außergewöhnlich warme, bis ins Rot tendierende Inkarnat aller Figuren. Die Haare und Bärte zweier Schergen und Christi sind schwarz und braun gefaßt, alle übrigen sind mit Blattgold überzogen. Die angedeutete Landschaft trägt eine flächig grüne, das Holz des Kreuzes eine flächig braune Bemalung. Die farbliche Fassung des Bildwerkes beschränkt sich nur auf die von vorne einsehbaren Bereiche.
Der rötlich-braune Fleischton und das warme Gold, das durch die rötliche Unterlage erzeugt wird, entsprechen der fassungstechnischen Tradition des beginnenden 15. Jahrh. Die großflächige Vergoldung mit ihren plastisch gearbeiteten Säumen und den kräftigen, farbigen Innenseiten entsprechen noch ganz der Auffassung der 1. Hälfte des 14. Jahrh.

Restauriert von Markus Heberle

Reliefs vom Maulbronner Hochaltar: Kreuzigung (Kreuz und Kruzifix fehlen) und Beweinung Christi am Grab

89

O Ursprung aller Brunnen, wie bist du so ganz versieget!
Trost aller Herzen, wie groß ist dein Schweigen!
Blume alles Schönen, wie bist du so gar verblichen!
Licht aller Welt, wie bist du so dunkel geworden!
Ewigs Leben, bist du erstorben?

Unbekannter Dichter (Ende 15. Jahrhundert)

10 Beweinung Christi

Württembergisch Franken um 1450
Alabaster, gefaßtes Relief
H. 19 cm, B. 24 cm, T. 9 cm
Inv. Nr. 1975-45

Um den ausgestreckt auf einem Leichentuch liegenden Leichnam Christi sind sitzend Maria, die sein Haupt in ihrem Schoß hält, und kniend Johannes und Maria Magdalena mit der Salbbüchse trauernd versammelt. Die sich über ihn neigenden Köpfe artikulieren auf unterschiedliche Weise ihre Anteilnahme und überziehen die Szene zugleich mit einer milden Trauer, typisch für die schwäbischen Alabasterreliefs der Multscherzeit.
Ein fast identisches Relief in Boston (früher in München) und ein aus Schwäbisch Gmünd erworbenes Vesperbild im Württembergischen Landesmuseum (Inv. Nr. 1973-61) sind die nächstverwandten Alabasterbildwerke, die nach Württembergisch Franken lokalisiert werden können. Sie stehen in der Tradition niederländischer Alabasterwerke, zum Beispiel wegen der Art, wie sie die Augen nur als kugeliges, auf Farbfassung angelegtes Gebilde angeben, setzen sich von ihnen jedoch durch eine gefühlvoll-volkstümliche Formensprache ab.

Literatur
Swarzenski 1921, S. 167–213, Abb. 95
Wentzel 1960, S. 55–74
Meurer, in: Jb. BW 11, 1974, S. 245; 13, 1976, S. 247

Zustand

Das Relief war durch einen stumpfen Ölfarbenanstrich entstellt. Bei der Abnahme einer weiteren Teilfassung zeigten sich mehrere gekittete Bruchstellen und Ergänzungen. Der heutige Zustand zeigt erhabene Partien teils abgestoßen, teils ist auch nur die Fassung abgerieben; ansonsten befindet sich die Gruppe in einem guten Zustand.

Die jetzt sichtbare Fassung liegt direkt ohne Grundierung auf der glatten Alabaster-Oberfläche und ist teilweise zweischichtig aufgebaut. Der nachgedunkelte Mantel der Maria war einst leuchtend blau (Azurit). Bei früheren Eingriffen ist das Muster des hellbraunen Gewandes der Maria Magdalena weitgehend zerstört worden. Die Plastizität der Inkarnate ist durch farbliche Schattierungen unterstrichen. Ungewöhnlich ist, daß die Tränen mit weißer Farbe plastisch aufgesetzt sind. Die Haare der Maria und des Johannes sowie sämtliche Gewandsäume sind mit Blattgold betont. Der Hintergrund und die tremolierte Grasnarbe waren einst grün. Die ansprechende Farbigkeit dieser kleinen Gruppe wird durch gekerbte Säume und die realistische Wiedergabe der Textilien (Kopftuch der Maria) gesteigert.

Restauriert von Erich Renz

Dein Wille geschehe in allen Dingen und nicht der meinige. Als Christus, unser lieber Herr, seinem Leiden entgegenging, sprach er das gleiche Wort zu seinem Vater in demütiger Selbstverneinung.
Und es war für ihn das freudigste und herrlichste, für uns das heilsamste, für den Vater das liebreichste Wort, das Christus je gesprochen hat;
denn durch die Verleugnung seines Willens, seiner Menschheit nach, sind wir alle gerettet.

Jan van Ruysbroeck (1293–1381)

11 Christus am Ölberg

Württembergisch Franken um 1460
Alabaster, Hochrelief
H. 23,5 cm, B. 23,5 cm, T. 9 cm
Privatbesitz

Im Garten Gethsemane sind die Jünger Petrus, Jakobus und Johannes eingeschlafen, während Jesus zu seinem Vater betet: Ausdruck seiner Todesangst und zugleich der Ergebenheit.
Auf zwei Alabasterreliefs mit Ölberg-Darstellungen im Liebieghaus, Frankfurt und im Augustinermuseum in Freiburg trennt ebenfalls die Erdscholle, auf der Christus kniet, die Komposition in zwei Teile. Entsprechend ist über Christus ein Engel mit dem Kelch zu ergänzen. Im Vergleich zu den erwähnten Reliefs stellt das vorliegende die Übersetzung einer epischen Detailfreude und elfenbeinartigen Kostbarkeit ins Einfache und Derbe dar. Ausgehend von den Niederlanden, wurden von etwa 1400 bis 1460 kleinformatige Alabasterreliefs vor allem mit Szenen aus Kindheit und Passion Christi als bewegliche Andachtsbilder geschaffen und weithin exportiert. (So sind zum Beispiel maasländische Vesperbilder aus Alabaster hauptsächlich in Italien erhalten). Auch in Württembergisch Franken, wo Alabaster vorkommt, gab es solche Werkstätten, vgl. die Beweinung Christi am Grab (Kat. Nr. 10).

Zustand

Das Fehlen des Hintergrund-Felsens, der nicht mehr zu rekonstruieren ist, beeinträchtigt diese Darstellung. Papierreste auf der Rückseite der Felssäulen könnten einst den Hintergrund gebildet haben. Der linke Arm und die rechte Hand Christi sowie ein Engel mit Kelch sind abgebrochen. Durch das Auseinanderbrechen der Gruppe in mehrere Teile entstand eine größere Beschädigung im Sockelbereich und am Bein des mittleren Jüngers. Die Oberfläche ist an einigen Stellen abgestoßen. Bei einer früheren inkonsequenten Restaurierung wurden einige Teile bis auf den Alabaster freigelegt.

Die Figurengruppe zeichnete sich ursprünglich durch eine kräftige Farbigkeit aus, die an den beiden äußeren Jüngern noch deutlich abgelesen werden kann. Wie schon an anderen Alabaster-Skulpturen beobachtet, ist auch hier die Farbe ohne Grundierung direkt auf die glatte Steinoberfläche aufgetragen.

Restauriert von Hans Westhoff

Beuge dein hoffärtiges Gemüt unter seine Dornenkrone und folge deinem gekreuzigten Gott mit unterwürfigem Gemüt in wahrer Verkleinerung deiner selbst, in jeder Weise, inwendig und auswendig, da dein großer Gott also zunichte geworden ist und von seinen Kreaturen verurteilt und gekreuzigt wurde und gestorben ist.

Johannes Tauler (um 1300–1361)

12 Fragment eines Kruzifixes aus Bronnweiler

Ulm um 1430
Lindenholz, Rückseite abgeflacht und ausgehöhlt
H. 47 cm, B. 39 cm
Inv. Nr. 14306

Eine weitgehende Zerstörung des Corpus führte wohl dazu, ihn in Brusthöhe abzusägen; auch der Kopf ist am oberen Teil stark beschädigt. Erkennbar ist jedoch das Bestreben des Künstlers, den Todeskampf Christi möglichst detailgetreu vor Augen zu führen: mit gebrochenen Augen, an der Nasenwurzel zusammengekniffenen Brauen und dem zum letzten Hauch geöffneten Mund, in dem Zähne und Zunge sichtbar sind.
Der zur Seite geneigte Kopf mit den auf die Schulter fallenden rechten und nach hinten gerückten linken Haarsträhnen entspricht Hans Multschers Kruzifixen, die auf älteren niederländischen Vorbildern fußen. In der Herbheit der Formensprache und im Typus gleicht das Bronnweiler Fragment durchaus dem südniederländischen, aus Rimini stammenden Kreuzigungsaltar der Zeit um 1430 in Frankfurt. Wegen der Konstruktion des Kopfinnern (s. u.) muß es in derselben Werkstatt entstanden sein wie der jüngere Kruzifix aus Nellingen (Kat. Nr. 13). Im Vergleich zu diesem sind die Bartlocken jedoch noch zu ornamental und symmetrisch angeordneten Strähnen zusammengefaßt, Merkmal des »Schönen Stils«. Zugehörig waren die aus Bronnweiler stammenden Trauernden Frauen (Inv. Nr. 10785 b), so daß für jene Kirche, deren Chor 1415 errichtet wurde, eine monumentale Kreuzigungsgruppe, zu der das Kruzifixfragment gehörte, rekonstruiert werden muß.

Provenienz
Aus der evangelischen Marienkirche in Bronnweiler Lkr. Reutlingen, 1918 von Hoffotograf Sinner in Tübingen erworben.

Literatur
Keppler 1888, S. 281
OAB Reutlingen 1893, S. 308 ff.
Bericht II, 1919, S. 29
Baum 1917, S. 115
Baum 1921, S. 122, 128, 155
Baum 1923, Nr. 43

Zustand

Die Figur wurde unterhalb der Brust abgesägt. Beide Arme fehlen. Witterungseinflüsse und Trockenfäule zerstörten die gesamte Oberkopfpartie. Holzsubstanzverlust ist am Armansatz, an der rechten Lockenpartie, am Haupthaar, an den Dornen und im Bart zu beobachten. Überall ist starker Anobienbefall zu erkennen. Die Schwundrisse und Verwerfungen sind auf eine wäßrige Ablaugung der Fassung zurückzuführen. Deshalb sind nur noch wenige Reste vorhanden. Die drei Strahlen im Kopf sind verlorgengegangen.

Der Bildschnitzer hatte eine sehr schnelle und grobe Arbeitsweise. Außerdem benutzte er schlecht ausgesuchtes Holz mit Rindenverwachsungen. Dies gab den Ausschlag dafür, die vordere Kopfhälfte bis zum Ansatz der Ohren aus einem anderen Holzblock zu fertigen. Bevor die vordere Kopfhälfte mit zwei Dübeln fixiert wurde, muß der Mundraum ausgehöhlt worden sein. In der Mundhöhle fand sich eine separat geschnittene Zunge, die ursprünglich am Boden der Aushöhlung angedübelt war. Die Holzoberfläche wurde mit einer Raspel aufgerauht und die schnitzerischen Unebenheiten anschließend mit Füllgrund ausgeglichen. Aufgrund der wenigen Farbreste läßt sich eine Temperamalerei nachweisen. Kleine Fassungsreste am rechten Auge lassen darauf schließen, daß der Blick ursprünglich gebrochen war. Wie beim Nellinger Kruzifixus (Kat. Nr. 13) ist auch hier eine schwarze Pupille von einer braunen Kontur eingerahmt.

Restauriert von Monika List

Christus Jesus ist unser Hohepriester,
sein kostbarer Leib unser Opfer, das er auf dem Altar des Kreuzes für das Heil aller Menschen dargebracht hat. Das Blut, das zu unserer Rettung vergossen wurde, war nicht das Blut von Böcken und Kälbern wie unter dem alten Gesetz, sondern das Blut des unschuldigsten Lammes, Christi Jesu, unseres Retters.

John Fisher (1459/69–1535)

13 Kruzifix aus Nellingen

Ulm um 1450–60
Lindenholz, ausgehöhlt, mit Verschlußbrett
H. 237 cm, B. 179 cm, T. 45 cm
Kreuz: Eichenholz, 19. Jahrh.
Inv. Nr. 13069

Christus im Augenblick des Sterbens, mit gebrochenen Augen; sein Haupt ist fast auf die Schulter gefallen. Der Versuch, diesen Moment festzuhalten, ist ebenso bedeutsam wie das Erfassen anatomischer Details, die besonders betont werden: der hochgewölbte Brustkorb mit heraustretendem Rippenrand, das dunkle Adernetz, die von den Wunden ausgehenden Blutbahnen und -spritzer. Besonderer Nachdruck wird auf die Wiedergabe der dunklen Seitenwunde und des herausströmenden Blutes gelegt.
Der Typus folgt den Kruzifixen im Umkreis des Ulmer Bildhauers Hans Multscher (Reichenhofen um 1400–1467 Ulm), der ihn schon 1435 beim Grabmalentwurf für Herzog Ludwig den Gebarteten von Bayern-Ingolstadt anwandte. Hier finden wir die leichte Körperdrehung, das knappe, tief gerutschte Lendentuch wieder, das eine Leiste freiläßt, und die nach hinten fallende linke Haarsträhne, die den Blick auf das Antlitz freigibt. Näher stehen dem Nellinger Kruzifix der Multscher-Kruzifix in Ulm-Wiblingen und das Schulwerk im Scharenstettener Altar (um 1445–50), am nächsten der etwas jüngere Kruzifix in Rammingen bei Ulm, der ebenfalls gestrecktere Proportionen aufweist, im übrigen aber noch stärker dem Multscher-Stil verhaftet ist.
Wohl aus derselben Werkstatt wie das Fragment aus Bronnweiler (Kat. Nr. 12), das jedoch noch dem ausgehenden »Schönen Stil« (um 1430) angehört.

Provenienz
1910 aus der evangelischen St.-Andreas-Kirche in Nellingen bei Ulm erworben.

Literatur
KAD Blaubeuren (J. Baum) 1911, S. 96 ff.
Baum 1917, Nr. 159 mit Abb.
Baum 1923, Nr. 88, S. 21
Walzer 1958, Abb. 35 und 36
Führer 1959, S. 23

Zustand

An den Haarsträhnen, am Lendentuch und am Bein ist das Holz beschädigt. Verloren gingen einige Dornen, die kreuzförmigen Strahlenbündel und die Zunge. Mit Ausnahme des Daumens fehlen alle vorderen Fingerglieder; der linke Fuß wurde beschnitten. Der Lendentuchknoten wurde im 19. Jahrh. an den Ansatznähten großflächig abgearbeitet und mit einem Dübel wieder am Körper befestigt. Die Holzoberfläche ist durch Anobienbefall und Schwundrisse beschädigt.
Die Fassung ist Anfang des 20. Jahrh. mit Abbeize durch mehrere Schichten hindurch, stellenweise sogar bis aufs Holz, ungleichmäßig beschädigt worden. Es wurden fünf Fassungen festgestellt, die durch die unsachgemäße Restaurierung so zerstört waren, daß eine Freilegung der am besten erhaltenen Originalfassung sinnvoll erschien.

Die separat geschnitzten Arme sind mit Zapfen im Körper eingefügt und mit jeweils zwei Dübeln gegenarretiert, die sich gegenseitig im Längsloch der Zapfen verspannen. Die rechteckige Aushöhlung der Rückseite wurde mit einem Querbeil (Dechsel 72 mm) zügig herausgearbeitet und mit einem Nadelholzbrett verschlossen. Der Kopf muß schon weitgehend durchmodelliert gewesen sein, als der Bildhauer ihn unterhalb des Bartansatzes mit einer Säge vom Block trennte. So konnte der Bildschnitzer eine Mundhöhle anlegen, in die eine separat geschnitzte Zunge mit einer Leim-Hanfmischung geklebt wurde, wie sie beim Bronnweiler Kruzifix (Kat. Nr. 12) noch erhalten ist. Die kranzartig im Kopf steckenden kleinen Dübel müssen aufgrund der Fassungsfolge im Barock

angebracht worden sein, um daran echte Haare zu befestigen.
Die Originalfassung baut sich auf einem die Unebenheiten ausgleichenden Füllgrund und einer starken Grundierung auf, welche mit einer gelblichen Lösche überzogen ist. Darauf wurden Wundmale und Adern mit einem kräftigen Blau vorgelegt, wobei sich der Faßmaler nicht immer an die geschnitzte Vorgabe der Adern gehalten hat. Um einen Hautton möglichst naturgetreu wiederzugeben, wurde die Temperafarbe in mehreren dünnen Schichten so transparent aufgebaut, daß die blauen Adern und Wundmale durchscheinen können. Rötliche Schattierungen unterstreichen zusätzlich die Plastizität. Die blutleeren Lippen, die hier in einem Grau-Rot angelegt sind, verstärken noch den Eindruck des toten Christus, der mit gebrochenen Augen dargestellt ist (schwarze Pupille, braune Iris). Die ursprünglich plastische Blutstraube der Seitenwunde und die mit einem angedickten, transparenten roten Lack aufgemalten Blutbahnen geben das geronnene Blut realistisch wieder. Die weitgehend zerstörte Fassung des Lendentuchs war weiß angelegt und von einem breiten Goldsaum eingerahmt. Die Innenseite bildet mit ihrem Azuritblau auf schwarzem Grund einen Kontrast zu der weiß-goldenen Außenseite. Die Art der dreifach gebündelten Blutstrauben und des symmetrischen Adernetzes entspricht der Faßmalerei des 14. Jahrh. Die bildhauerische Ausarbeitung sowie das Ansetzen der vorderen Kopfhälfte, die rückwärtige Aushöhlung des Mundraumes mit der separat eingesetzten Zunge, der Fassungsaufbau und die farbige Anlage der Fassung lassen auf dieselbe Werkstatt schließen, aus der auch der Bronnweiler Kruzifix (Kat. Nr. 12) stammt.

Restauriert von Ueli Fritz, Markus Heberle, Ursula Klempt, Monika List, Alexandra v. Schwerin, Hans Westhoff

Die sele Christi heilige mich, der leichnam Christi behalte mich,
das pluot Christi trencke mich, das wasser das von seiner seiten floß, das wäsch mich,
die marter Christi stercke mich! O guter Jesu, erhör mich!
in deine heilige wunden verbirge mich!

Unbekannter Dichter (Ende 15. Jahrhundert)

14 Schmerzensmann

Ulm um 1470, Michel Erhart
Weidenholz, Rückseite ausgehöhlt
H. 144 cm, B. 52 cm, T. 44 cm
Privatbesitz

Der dornengekrönte Christus, bekleidet mit Lendentuch und Purpurmantel, weist seine Wundmale vor, die zwischen Daumen und Zeigefinger gespreizte Seitenwunde betonend. Dargestellt ist Christus nach seinem Tod und dennoch leidend: ein Andachtsbild als Inbegriff aller seiner Leiden. Er steht im eleganten »Stechschritt« mit vorgesetztem rechten Bein, seine Gestalt biegt sich in einer S-Kurve aus. Der Mantel legt sich, eine dunkle Schattenzone bildend, in weiten raumschaffenden Bahnen um den Körper.
Voraus ging Hans Multschers pathetischer und weniger leidvoller Schmerzensmann am Westportal des Ulmer Münsters (1429). Dem Typus näher stehen zwei Schmerzensmannbilder (Landesmuseum Kassel; Pfarrkirche Buxheim) aus der Multscher-Schule. Weist schon der Bildtypus auf Ulm, so darf wegen der Übereinstimmung des vortrefflichen Kopfes mit dem des Terenz am Ulmer Chorgestühl (1469–74) Michel Erhart als Autor des Schmerzensmannes gelten. Charakteristisch für Erhart ist ferner die in kurviger Saumlinie fallende rechte Mantelbahn.
Erhart kam 1469 als Bildhauer nach Ulm, wo er bis 1522 nachweisbar ist. 1467 heiratete er in Konstanz Margarete Ensinger, Tochter aus einer bekannten, auch am Ulmer Münster tätigen Baumeisterfamilie, die ihm hier Aufträge verschafft haben könnte: die Skulpturen am Chorgestühl und im Hochaltar der Stadtkirche. Erhart schuf ferner Altarfiguren für Kaufbeuren, Wimpfen und Blaubeuren, nicht erhalten sind seine Werke für Augsburg, St. Gallen und Weingarten. Diese weitgespannte Tätigkeit belegt seine Rolle als bedeutendster schwäbischer Bildhauer nach Multscher.
Der Schmerzensmann gehört zu seinen frühen, stark von Multscher geprägten Werken. So entspricht der Kopftyp mit den sich kräuselnden Haaren noch Multschers Schmerzensmann von 1429, während Erharts Haller Kruzifix (1494) frei flatternde Haarsträhnen zeigt.

Literatur
Miller 1981, S. 1956–58

Zustand

Es fehlen: Dornen der Dornenkrone, Lockenspitzen, die ersten Fingerglieder der linken Hand (außer am Daumen). Schwundrisse und kleinere Ausbrüche überziehen die Figur. Die Finger der rechten Hand, die rechte Fußhälfte und Gewandteile wurden angestückt. Wiederholtes Ablaugen beeinträchtigte die Oberflächenmodellierung. Das Nebeneinander von Holzton, Farbresten und grauer Steinkreide stören den Gesamteindruck.

Das große Dübelloch im Scheitel und kleinere Arretierungslöcher in der Standfläche weisen auf eine waagerechte Lage beim Schnitzen hin. Die Rückseite wurde bis zu den Locken mit dem Balleisen zügig ausgehöhlt; zusätzlich wurde ein ovales Loch in die Kopfrückseite geschnitten. Beschädigungen im Holz und fehlendes Volumen wurden durch Anstückungen ausgeglichen. Die Brustwarzen wurden eingedübelt und überschnitzt.
Reste unterschiedlicher Fassungen liegen übereinander. Bei der ältesten rekonstruierbaren Schicht war die Mantelaußenseite vergoldet (Blattgold auf rotem Bolus), die Innenseite blau; die zugehörigen sichtbaren Inkarnatsreste im Gesicht sind rötlich. Ob es sich hierbei um die Originalfassung handelt, ist unsicher. Darauf liegt graue Steinkreide (Grundierungsreste) des späten 18. oder 19. Jahrh.
Fremdrestaurierung

101

Allmächtiger Herr und Gott,
die große Marter, die gelitten hat
Jesus, dein eingeborener Sohn,
damit er für uns genug getan hat,
die betrachten wir mit Innigkeit.
O Herr! Gib mir wahre Reu und Leid
über meine Sünden und bessere mich,
das bitt' ich ganz von Herzen dich.
Herr! Du hast Überwindung getan,
drum mach mich teilhaftig des Sieges Kron'.

Albrecht Dürer (1471–1528)

15 Kruzifix aus Blaubeuren

Ulm um 1495
1. Überfassung vor 1790
Lindenholz, ausgehöhlt, mit Verschlußbrett
H. 180 cm, B. 150 cm
Kreuz: Tannenholz
H. 282 cm, B. 198 cm, T. 9,4 cm
Inv. Nr. 615

Der Augenblick des Sterbens, auf den der geöffnete Mund und die gebrochenen Augen hinweisen, ist hier nicht drastisch wiedergegeben. Vielmehr beherrschen Würde und Schönheit den Eindruck – gegenüber dem krassen Realismus des Nellinger Kruzifixes (Kat. Nr. 13) der Schritt zur Renaissance. Der schlanke Körper und sein elegant geschwungener Umriß nehmen den Ausdruck der Qual ganz zurück. Auch der von den symmetrisch herabfallenden Haarsträhnen und der Dornenkrone gerahmte und nur wenig zur Seite geneigte Kopf vermittelt den Eindruck des milde abgeklärten, »sanften Dulders«.
Der spätgotische Kruzifixtyp nach Multscher in Süddeutschland wurde durch Nikolaus Gerhaert (nachweisbar 1462–1473) in Straßburg geprägt: beim Nördlinger Altar (1462) und beim Friedhofskreuz in Baden-Baden (1467). Außer dem Motiv des von Haarsträhnen umhüllten Hauptes in Baden-Baden übernahm der Bildschnitzer die Art der Lendentuchdrapierung vom Nördlinger Kruzifix (seitliche Knotung, von der ein Zipfel diagonal nach vorn flattert). Dem Blaubeurer Kruzifix fehlt jedoch der durch die gestreckten Knie hervorgerufene gespannte Ausdruck wie bei Gerhaert; es lebt vielmehr die Multscher-Tradition fort, die den Kruzifix noch lange mit gebeugten Knien darstellt.
Schwieriger ist das Verhältnis zu Michel Erhart (Kat. Nr. 14) zu klären, dessen Kruzifix in Schwäbisch Hall 1494 entstand und einen weniger schlanken, massigen Körper zeigt. Auch sind Erharts Lendentücher anders drapiert: eine Stoffbahn verläuft stets zwischen den Beinen. Nehmen wir zum Vergleich noch den zweiten, in Blaubeuren verbliebenen Kruzifix hinzu – er steht auf der Turmempore gegen den Chor gerichtet, während sich unserer ursprünglich ins Langhaus wandte –, so fallen die gemeinsamen Unterschiede zum Haller auf. Die Köpfe sind wie bei Gerhaert frontaler, die Körper schlanker und die Beine länger wiedergegeben; nur die Form der Dornenkrone mit der Verschnürung mitten über der Stirn entspricht Erharts Kruzifixen. So kommt als Schöpfer der Blaubeurer Kruzifixe am ehesten ein oberrheinisch geschulter Ulmer Bildschnitzer in Frage. Es ist derselbe, der 1469 mit Hans Schüchlin am Tiefenbronner Hochaltar und 1482 am Ulmer Fischkasten mit Jörg Syrlin d. Ä. zusammengearbeitet hatte. Wegen der Baudaten der Klosterkirche (1491–1499) ist jedoch eine spätere Entstehungszeit anzunehmen.

Literatur
Kdm. Blaubeuren (J. Baum) 1911, S. 46
Baum 1911, S. 66
Baum 1917, Nr. 173
Walzer 1958, S. 41
Schahl 1963, S. 37 ff., 46
Broschek 1973, S. 158 ff., 195

Zustand

Die INRI-Tafel, drei Finger, einige Haarsträhnen sowie Dornenspitzen aus der Krone fehlen, außerdem ist das Holz an den

Lendentuchstegen ausgebrochen. Über den Körper verteilt – besonders jedoch an den Beinen – markieren sich durch die Fassung hindurch Schwundrisse, die durch kleinere Holzanstückungen verursacht und größtenteils mit Leinwand kaschiert wurden. Die Verbindung zwischen den angesetzten Armen und dem Corpus ist instabil. Die Fassung hat ihre auffälligsten Beschädigungen an den Armen und am Lendentuch des Gekreuzigten, wo sie großflächig bis aufs Holz abgeplatzt ist. Die heute sichtbare Bemalung ist besonders auf der linken Körperhälfte durch verspritzte, ätzende Flüssigkeit verletzt worden. Dies konnte erst bei der Abnahme des stark verschmutzten, gelblich-grünen Überzugs festgestellt werden. Der Kreuzbalken ist an drei Seiten durch angedübelte Bretter verbreitert. Das Holz ist an den Kanten abgestoßen und von Anobien befallen. Einige Löcher müssen von früheren Befestigungen herrühren. Die Schraubköpfe der Nägel sprechen für eine Ergänzung in neuerer Zeit. Die Fassung ist stark übermalt und blättert ab.

Das aus einem Stück gearbeitete Corpus Christi war mit einem Dübel im Kopf in die Werkbank eingespannt. Nach dem Aushöhlen von der Rückseite her und dem Schnitzen wurde dieser Dübel stumpf abgeschnitten. Durch eine perfekte Leinwandkaschierung ordnen sich die wenigen unbedeutenden Anstückungen und das Verschlußbrett auf der Rückseite fast vollständig ein, so daß nur einige Nahtstellen, wie zum Beispiel an den angesetzten Armen, zum Vorschein kommen. Auf der jetzt sichtbaren Fassung stand mit Bleistift auf der linken Seite des Brustkorbs zweimal die Jahreszahl 1790: demzufolge muß die Originalfassung vor 1790 übermalt worden sein. Die gute Erhaltung der heutigen Fassung erlaubt keine weiteren Rückschlüsse auf die ursprüngliche Bemalung. Ihr Inkarnat war jedoch im ganzen kühler gehalten, und das Lendentuch entsprach in seiner Farbigkeit der jetzigen Fassung, wies aber in den Blaupartien ein Azurit mit einer anthrazitfarbenen Untermalung auf.

Die heutige Fassung ist auf eine hauchdünne Grundierung in gestupftem Duktus aufgetragen. Die farbliche Modellierung der Oberfläche ist nur angedeutet. Gegenüber einer gotischen Fassung ist das Blau der Adern nicht unterlegt, sondern lediglich dem Inkarnat aufgelegt. Auch die Blutbahnen sind nicht in einem in der Gotik üblichen Realismus, sondern mit Lasuren dekorativ malerisch ausgeführt. Die blauen Schatten unter den gebrochenen Augen steigern die Leichenblässe. Die flächig gehaltenen grau-braunen Haare laufen auf dem Inkarnat aufgemalt weiter. Trocken und frisch wirkende Zweige werden bei der Dornenkrone durch Hell- und Dunkelgrün voneinander abgesetzt. Die weiße Lendentuchaußenseite mit breitem Goldsaum und blauer Innenseite entspricht dem typischen Zeitgeschmack der Spätgotik, in der dieser Farbklang immer wiederkehrt. Beim Kreuzbalken bleibt die natürliche Maserung unberücksichtigt. Stattdessen wurde das Holz braun gestrichen und eine Holzstruktur imitiert. Die Blutbahnen setzen sich auf dem Balken fort.

Restauriert von Barbara Haussmann, Alexandra v. Schwerin

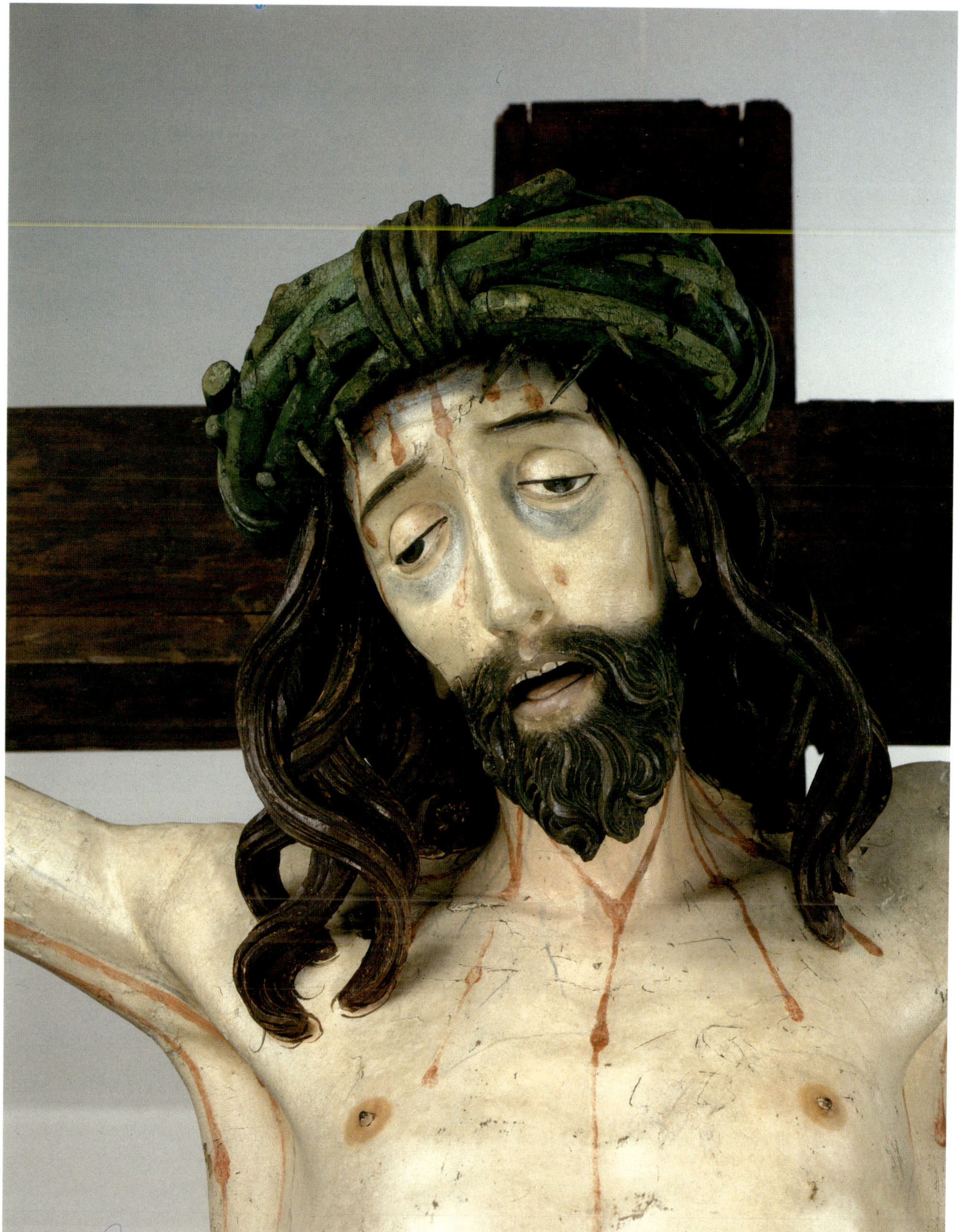

Gehe, wohin du willst,
suche, was dir beliebt:
Du wirst keinen höheren Weg über dir und keinen sichereren unter dir finden, als den Weg des heiligen Kreuzes.
Bestelle und ordne alles nach deinem Willen und nach deiner Einsicht:
Du wirst erfahren, daß wir allezeit etwas leiden müssen, sei es willig oder unwillig, du wirst immer das Kreuz finden.

Thomas von Kempen (1379/80–1471)

16 Kreuzschlepper (Fragment) aus der Stuttgarter Stiftskirche (?)

Stuttgart (?) um 1480
Lindenholz, abgeflacht und ausgehöhlt
H. 37,2 cm, B. 22,9 cm
Inv. Nr. 506

Aus der in Flachrelief geschnitzten Brust wächst der Kopf Christi fast freiplastisch heraus. Christus trägt den in der Leidensgeschichte erwähnten Purpurmantel, sein mit der Dornenkrone geschmücktes Haupt wendet sich zurück. Wir haben es deshalb mit einem Fragment aus einem Relief der Kreuztragung zu tun; es könnte für den ehemaligen Kreuzaltar der Stiftskirche bestimmt gewesen sein.
Der Christuskopf vereinfacht den Typus, den Michel Erhart in Ulm geschaffen hatte: mit dem sanft duldenden Blick und zum Sprechen geöffneten Mund, der Kopf begleitet von langen parallelen Haarsträhnen. Auch die Form der Dornenkrone mit den verschnürten Zweigen leitet sich von Ulm ab, doch sind die dortigen tief unterschnittenen Äste hier nur flach geschnitzt. Es ist deshalb anzunehmen, daß der niederschwäbische Bildschnitzer in Ulm gelernt hat, die Ulmer Qualität jedoch nicht ganz beibehalten konnte.

Provenienz
1864 aus dem Stuttgarter Kunsthandel erworben; angeblich aus der Stiftskirche Stuttgart stammend.

Literatur
Baum 1917, Nr. 224
Baum 1923, S. 34, Abb. 81

Zustand

Das Figurenfragment ist mit einer verkohlten Kruste überzogen, die auf einen Brand schließen läßt. Auf Grund dessen wurde der Kopf vom zerstörten Körper getrennt. Holzbeschädigungen befinden sich im Bart, in den Locken, an der Nasenspitze und an der Unterlippe; ein Segment aus der Dornenkrone (einzige Anstükkung) und die kreuzförmigen Strahlen fehlen. Das Objekt zeigt starken Anobienbefall. Die Fassung war mit einem harzartigen Lack überzogen. Durch die Hitze des Brandes verkrustete dieser Lack zu einer schwarzen Schicht.

Auf einer sehr dünnen Grundierung (in den braunen Haaren fehlend) wurde der warme Inkarnatston in Tempera angelegt, worauf alle Modellierungen – die rötlichen Wangen und Oberlider und bläulichen Ringe unter den Augen – als zweite Schicht aufgetragen sind. Genauso wurde die braune Iris mit ihrer schwarzen Pupille und ihrer schwarzen Ränderung auf den weißen Augapfel gelegt. Das violette Gewand ist mit einem glanzvergoldeten Saum versehen. Das Innenfutter bildet hierzu mit seinem stumpfen Blau (Azurit) einen schönen Kontrast.
An der Haarbehandlung ist die »Ulmer Schule« gut zu erkennen: ineinandergedrehte Haarsträhnen sind durch breite Stege neben tiefliegenden, scharfen Graten strukturiert.

Restauriert von Alexandra v. Schwerin

Wird euer Glaub auch hier, ihr Sterblichen zu klein?
Daß Gott, des Lebens Brunn, hier muß sein Leben schlüssen?
Daß Gott, dem Öl und Licht die Sterne danken müssen,
sein himmlisch Antlitz hüllt in Sterbe-Kittel ein?

Daniel Casper von Lohenstein (1635–1683)

17 Christus im Grab aus Aletshausen

Bayerisch Schwaben Ende 15. Jahrh.
Lindenholz, Rückseite abgeflacht
L. 94,5 cm, B. 28,5 cm
Inv. Nr. 13556

Der Leichnam Christi konnte in der Karwoche bequem bewegt werden, da er klein und leicht ist. Im Gegensatz zu den Christusfiguren monumentaler Hl. Gräber, die meist eine Vertiefung in der Brust zur Aufnahme der Hostie aufweisen, konnte diese Figur keine Rolle in der Karliturgie spielen. Wahrscheinlich diente sie als Andachtsbild und wurde in einem hölzernen Sarg am Karfreitag den Gläubigen gezeigt. Dazu war ein szenischer Zusammenhang – etwa der Leichnam, wie er von Josef von Arimathia und Nikodemus ins Grab gelegt wird, oder wie ihn am Ostermorgen die Frauen zu salben kommen – nicht notwendig. Auch der Verzicht auf eine komplette Farbfassung weist auf die jährlich nur eintägige Benutzung der Figur hin.

Ein Zusammenhang mit der Ulmer Plastik ist nicht unmittelbar festzustellen; eher ist an eine lokale, unter fränkischem Einfluß stehende Werkstatt zu denken.

Provenienz
1911 dem Museum geschenkt; aus Aletshausen Lkr. Krumbach stammend.

Literatur
Baum 1917, Nr. 136

Zustand

An beiden Füßen ist das vordere Drittel abgesägt und verloren. In den Haaren und am Lendentuch sind einige kleinere Holzbeschädigungen. Auf der Holzoberfläche stören einige Schwundrisse und leichter Anobienbefall. Drei Löcher im Haar deuten darauf hin, daß ursprünglich kreuzförmige Strahlen eingesetzt waren.

Das Corpus ist aus einer 12 cm starken Holzbohle geschnitten, so daß die heute fehlenden Fußhälften ursprünglich wahrscheinlich angedübelt waren. Zum Liegen im Grab ist die Rückseite ganz abgeflacht, Haare und Lendentuch sind jedoch bis ins Detail ausgearbeitet. Zum Aufhängen außerhalb der Karwoche konnte man die Eisenöse in Schulterhöhe benutzen.

Die Augen sind halboffen geschnitzt; die halbkreisförmig gemalte Iris ist schwarz, das Oberlid mit einer schwarzen, das Unterlid mit einer roten Kontur gemalt. Mund und Zähne sind ebenfalls rot angelegt. Beim Auftrag der Blutbahnen ging der Faßmaler von der Vorstellung des Gekreuzigten aus, als er das einfarbig rote Blut aus der Seitenwunde und den Handwunden den Körper entlang laufen ließ. Durch die Behandlung mit einem dünnen Leimüberzug erhielt die Holzoberfläche Tiefenlicht und Glätte. So geht die farbliche Wirkung hauptsächlich vom gleichmäßig gewachsenen, ungefaßten Lindenholz aus.

Restauriert von Astrid Bühlmann, Hans Westhoff

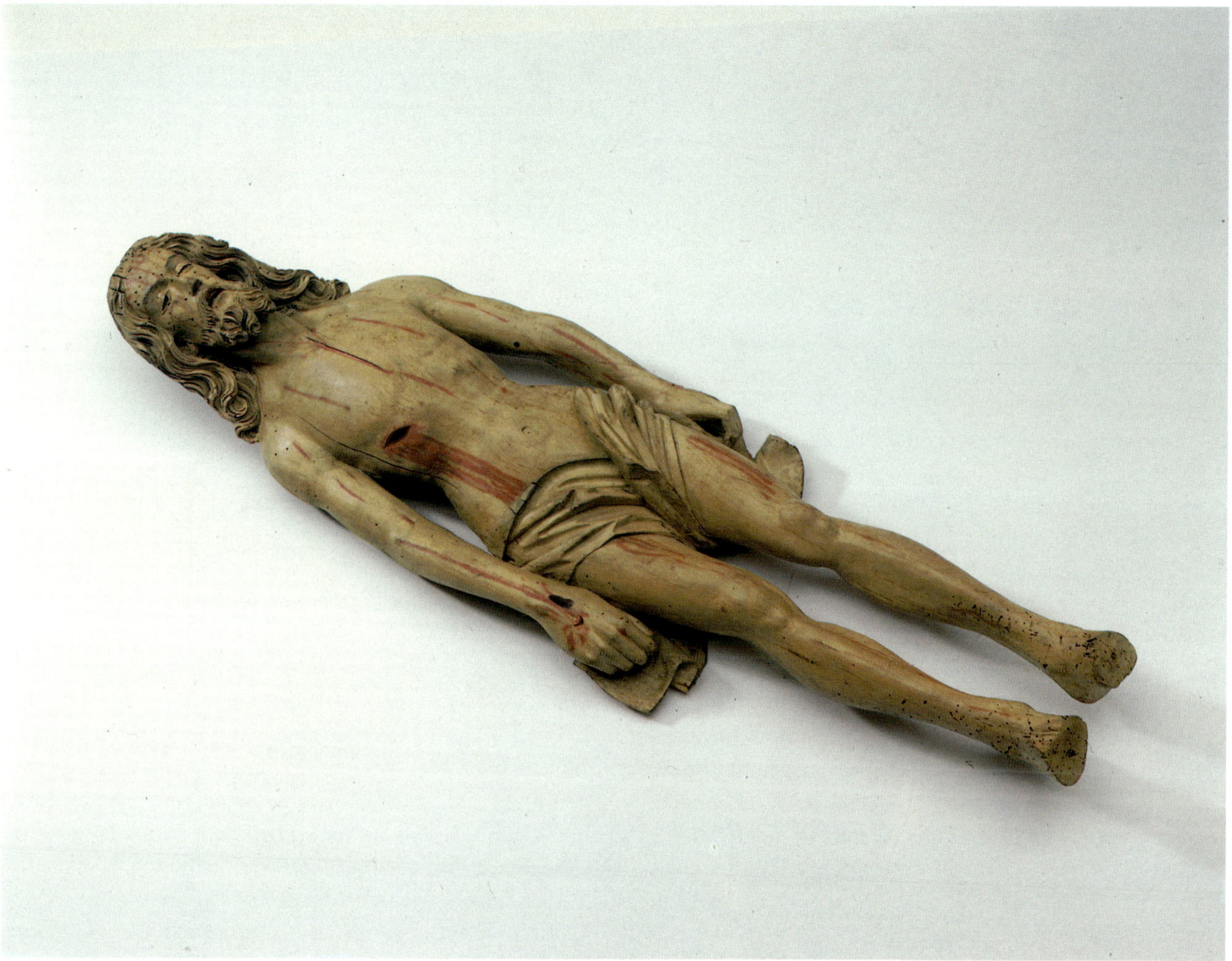

O Lamm Gottes, unschuldig
am Stamm des Kreuzes geschlachtet,
allzeit gefunden duldig,
wie wohl du wurdst verachtet:
All Sünd hast du getragen,
sonst müßten wir verzagen.
Erbarm dich unser, o Jesu!

Nicolaus Decius (1485–1546)

18 Kreuzigung Christi aus Zwiefalten

Ulm 1509–16, Jörg Syrlin d. J.,
Nikolaus Weckmann und Werkstatt
Fassung 1625, Caspar Strauß
Figuren: Lindenholz; Kreuz Christi: Nadelholz
H. 192 cm, B. 103 cm, T. 20 cm
Inv. Nr. 375 e

Die Kreuzigung umfaßt drei Gruppen zu drei Figuren, von denen jeweils eine den Blickkontakt zum Gekreuzigten aufnimmt: Maria Magdalena bei den Trauernden, der junge Soldat neben dem guten Hauptmann bei den Kriegern, der gute Schächer bei der Dreikreuzgruppe. So wird die vielfigurige Komposition durch ein Geflecht von Beziehungen geordnet. Von Anfang an wird das Relief die Gruppen eng miteinander verzahnt haben, auch wenn sie bei der Neufassung 1625 noch stärker zusammengedrängt wurden. Nur der Gekreuzigte erhebt sich frei sichtbar und nicht überschnitten über die anderen Figuren. Die weiche Modellierung des Körpers und die sanft duldende Miene zeugen von weniger Temperament als beim Schnitzer des pathetischen Blaubeurer Kruzifixes. Nikolaus Weckmanns Qualitäten liegen mehr im Erzählerischen, zum Beispiel in den porträthaften Köpfen und im Gefälligen des Faltenwurfs.
Die romanische Kirche des ehemaligen Benediktinerklosters Zwiefalten wurde unter dem Reformabt Georg Fischer (1474–1514) um die nördlichen Seitenschiffkapellen erweitert. Für die Kapellen bestellte man sieben Passionsaltäre, von denen nur die Schreinfüllungen erhalten sind, während die Flügelreliefs verlorengingen. Nach einer barocken Chronik sollen Jörg Syrlin d. J. und Christophorus Langeisen in Ulm 1509–1516 die Altäre geschaffen haben. Während aber Langeisen sonst unbekannt ist, wird Syrlin in den Quellen stets nur Schreiner genannt. Dem Stil nach sind die sieben Reliefs vielmehr der meistbeschäftigten Ulmer Werkstatt des Nikolaus Weckmann zuzuschreiben. Wahrscheinlich hat dieser die Bildhauerarbeit im Untervertrag geliefert, während Syrlin den Gesamtauftrag abwickelte, wie schon eine Generation vorher sein Vater bei Chorgestühl und Hochaltar in Ulm mit dem Bildhauer Michel Erhart zusammengearbeitet hatte. Auf der Rückseite des Reliefs der Gefangennahme liest man in Kohle die Signatur CHvR, wahrscheinlich Caspar Herr von Rasch, der in Ulm erst 1525–1542 erwähnt wird, hier aber bereits als (höchstens) 22jähriger Geselle mitgearbeitet haben könnte.
Die Reliefs waren ursprünglich ungefaßt; nur Augen und Lippen waren farblich angelegt. Als die Kirche unter der Leitung des Augsburger Stadtmalers Johann Mathias Kager renoviert wurde, ließ man 1625 die Passionsaltäre durch seinen Mitarbeiter Caspar Strauß fassen.
Die sieben Altarreliefs: Gefangennahme, Christus vor Pilatus, Geißelung, Kreuztragung, Kreuzigung, Kreuzabnahme und Grablegung stellen einen Passionszyklus dar, dessen Szenenauswahl von den frühen Kreuzwegstationen (zum Beispiel des Adam Kraft in Nürnberg) abweichen. Trotzdem könnten die Passionsaltäre in ihrer Abfolge im nördlichen Seitenschiff in der Karwochen-Liturgie eine Rolle gespielt haben. Das Kreuzigungsrelief ist höher als die übrigen; seine Sonderstellung zeigt sich auch in der Freistellung der Figuren bzw. Gruppen, während sie bei den übrigen Passionsszenen mehr mit dem Reliefgrund verbunden sind oder aus ihm herauswachsen. Kreuzigung, Kreuzabnahme und Grablegung scheinen konventioneller als die anderen Reliefs konzipiert; dies sind die Szenen mit heiligen Personen, welche die teilweise karikierende Gestaltung der anderen Passionsreliefs

INRI

nicht zulassen. An diesen drei Reliefs finden sich auch die – bisher unlesbaren – geschnitzten Buchstabenfolgen an den Gewandsäumen, ein typisches Merkmal der Weckmann-Werkstatt. Dem Kruzifix stilistisch am nächsten steht derjenige im Hagnauer Altar von 1518 aus der Weckmann-Werkstatt (Ulmer Museum).

Literatur

Schütte 1907, S. 122
Baum 1911, S. 50, 65
Kdm. Münsingen 1926, S. 803 ff., 873
Baum 1917, Nr. 179
Gröber 1922, S. 2 f.
Baum 1923, S. 7, 21, 36
Otto 1927, S. 175 ff.
Fleischhauer 1928, S. 329 ff.
Rott 1933, S. 186
Rott 1934, S. 63 f.
Wilm 1940, S. 74
Walzer 1958, S. 50 ff.
Müller 1966, S. 115
Walzer 1967, S. 6, 16
Deutsch 1979/80, S. 13–51

Zustand

Nach der Neufassung wurden die Figuren 1625 in einem engeren Rahmen neu zusammengefügt und eingepaßt. Ganz deutlich wird dies an den zurechtgestutzten Beinen und Lendentüchern der beiden Schächer, die erst nach ihrer Bemalung gekürzt wurden, um über den jeweiligen Figurengruppen Platz zu finden. Gleichzeitig wurde das Kreuz Christi durch einen Standsockel erhöht. Ein Falz an den beiden Enden des horizontalen Kreuzbalkens läßt eine ungefähre Rekonstruktion dieser neuen Umrahmung zu. Folgende Beschädigungen lassen sich feststellen: Christus fehlen sieben Finger und die drei Kreuzstrahlen. Bei den Kriegsknechten deuten Dübellöcher darauf hin, daß diese noch zusätzliche »Accessoires« (Lanze, Gürteltäschchen, Federn) besaßen. Kleinere Holzausbrüche sind in den lockigen Haaren und den Gewändern festzustellen, die linke Hand des reumütigen Schächers und sein Schwert wurden ergänzt. Mehrere Löcher im Relief könnten von früheren Befestigungen herrühren. Das Blau der Gewänder bei Maria und Magdalena ist nach 1625 nochmals übermalt worden. Fast alle in Silber gefaßten Partien sind korrodiert und erscheinen heute schwarz.

Dieses Altarrelief setzt sich aus sechs separat geschnitzten Lindenholzbohlen zusammen. Die einzelnen Teile waren ursprünglich auf eine Rückwand montiert. Das gleichmäßig gewachsene Holz ist auf seiner Oberfläche sehr fein und detailliert ausgearbeitet, so daß sich die verschiedenen Materialien (Stoffe, Brokat, Pelz, Metall, Kettenhemd) plastisch voneinander abheben. Sie sind nicht in der Grundierung angelegt, sondern jedes Detail wurde bereits bei den Schnitzarbeiten präzise und scharf herausgearbeitet. Besonders auffällig sind der Brokatstoff mit Granatapfelmuster und gepunzten Tiefen, die dazugehörige Borte bei Maria Magdalena sowie die Versalien in den Säumen. Diese Oberfläche wurde mit einem Leimüberzug (eine Pigmentierung konnte nicht festgestellt werden) versehen, wodurch das Holz einen warmen Ton und Tiefenlicht erhielt, was die Plastizität steigerte. In Fassungsausbrüchen konnte man erkennen, daß die Augen, Augenbrauen, Münder und Blutstropfen farblich hervorgehoben sind. Sogar am Kreuz laufen lange Blutsbahnen aus den Wunden Christi herunter. Die INRI-Tafel ist mit schwarzen Buchstaben angelegt (s. Abb.). Einen besonderen Farbeffekt bekam die Gruppe durch den ehemals kristallinblauen Hintergrund (Azurit). Die jetzt sichtbare Fassung von 1625 übernimmt die schnitzerischen Konturen weitgehend und betont sie noch durch eine farbliche Gestaltung, die überwiegend auf Metalleffekten basiert. Sämtliche Kleidungsstücke sind auf einem kräftig rotbraunen Grund (Bolus) in Blattgold und Blattsilber angelegt. Ausgenommen davon sind einige in satten Farben direkt auf der weißen Grundierung aufgemalte Details. Die schillernde Farbigkeit der Gruppe jedoch wird durch rote, grüne und blaue Lasuren (Lüster) auf fast allen versilberten Gewandpartien erreicht. Auffallend ist das rot gelüsterte Untergewand Mariens, deren besondere Stellung durch die einzige Lüsterfassung auf Gold betont wird. Kostbare Stoffe konnten außerdem durch Eingravierung mit einem Holzstäbchen in die noch nasse Farbe dargestellt werden. Zusammen mit der wieder zum Vorschein kommenden metallischen Unterlage wird ein mit Silber und Gold durchwirkter Stoff imitiert (Lahntechnik).
Der Faßmaler Caspar Strauß hat durch seine Bemalung den Ausdruck des Zwiefaltener Reliefs intensiviert: die verschiedenen Personen werden so durch individuelle Hauttöne charakterisiert.

Restauriert von Walter Dobberke, Barbara Haussmann, Alexandra v. Schwerin

INRI-Tafel mit »Fenster« zur Originalfassung

O hochheiliges Kreuze,
daran mein Herr gehangen
ganz kläglich ausgespannen!
Allda mit Näglen und Spießen
sein Gliedmaßen zerbrochen,
Händ, Füß und Seiten durchstochen!
Wer kann dich doch genug loben,
weil alls in dir beschlossen
was Guts vom Himmel flossen!
Du bist die grade Leiter,
daran man steigt fein eben
zum unsterblichen Leben.

Unbekannter Dichter (erstmals gedruckt um 1600)

19 Kreuzigungsgruppe

Süddeutschland Ende 16. Jahrh.
Elfenbein, vollrund
Bronzekreuz: 20. Jahrh.
Gekreuzigter: H. 14 cm, B. 12,7 cm
Maria: H. 13,4 cm
Johannes: H. 13,5 cm
Inv. Nr. 1980-115

Die Gruppe stammt wahrscheinlich von einem Hausaltärchen, das man sich aus schwarzem Holz gefertigt denken muß. Dort könnte sie in dem rückseitig offenen Mittelfeld oder obenauf gestanden haben, da die Rückseiten der Figuren voll ausgearbeitet sind.

Der Stil der Figuren leitet sich noch deutlich aus der Gotik ab: Schlanke, wenig bewegte Körper werden von weiten Gewändern in schwingenden Falten umspielt, die zum Ausdruck der Figur beitragen; der Kruzifixus ist nach einem strengen Schema gebaut, mehr gnädiger Sieger als sterbender Menschensohn. Diese mittelalterliche Sprache der Gotik ist angereichert mit vielen Einzelheiten der Renaissancekunst: Natürlich bewegte und fallende Stoff-Falten, ausdrucksvolle Gesichter, genau beobachtete Muskulatur, lockere Haartracht. So ist die Gruppe ein typisches Beispiel der südwestdeutschen Kunst der Spätrenaissance um 1600, in der sich mittelalterlich-sakrale Sprache mit neuem menschlich-natürlichem Ausdruck zu eindrucksvoller religiöser Aussage verbindet.

Die schnitzerische Feinheit, die künstlerische Qualität der Elfenbeinfiguren ist außerordentlich hoch. Dennoch ist es bisher nicht gelungen, sie einem Werkstattzusammenhang oder gar einem Künstler zuzuordnen. Auch ist die Frage offen, ob das Werk auf ein mittelalterliches Vorbild zurückgeht oder tradierte gotische Stilelemente noch enthält – oder bewußt wieder aufnimmt.

Im Katalog der Ausstellung »Dürers Verwandlung« in Frankfurt 1981 wird das etwas kleinere Corpus Christi aus Blei der Berliner Skulpturengalerie (Preuß. Kulturbesitz) mit unserem verglichen und u. a. auf Veit Stoß als Quelle hingewiesen. Das Berliner Corpus vertritt den gleichen Typus (Lendentuch), ist aber gotisch geschwungen, wohl noch um 1530. Mit Veit Stoß in Nürnberg haben beide Kruzifixe bis auf die gestreckten Beine, die er nicht erfand, wenig zu tun. Das anatomische Schema ist ganz anders, und vor allem haben die beiden kleinen Kruzifixe, insbesondere der elfenbeinerne, ein geneigtes Haupt, nicht die für Stoß typische abgeknickte Kopfhaltung.

Die Haltung und die Anatomie unseres Kruzifixes entsprechen indessen klar denen der Kruzifixe von Hans Backofen (Frankfurt, gest. 1519), die auf den Kruzifixtyp von Nikolaus Gerhaert (Baden-Baden, 1467) zurückgehen, auf den Beck im Frankfurter Katalog ebenfalls hinweist.

Er erwähnt auch die Ähnlichkeit des Faltenstils der Assistenzfiguren mit dem von Peter Flötner in Nürnberg (1493–1546), die in der Tat verblüffend ist (Weber 1975, Nr. 55–58). Mit der Statuarik Flötners haben unsere Figuren hingegen nicht das geringste zu tun. Sie sind in faszinierender Weise gotisierend-manieristisch überdehnt und gespannt, frei von jeder renaissancemäßigen Ausgewogenheit.

Auf Mittel- und Oberrhein weisen auch die Gesichter von Maria und besonders Johannes, deren expressiv

dramatischen Ausdruck wir in der Malerei bei Matthias Grünewald und Jörg Ratgeb finden.
Trotz der vielen Bezüge zur Kunst des frühen 16. Jahrh. ist wegen des manieristischen Stils wohl an der Datierung ins späte 16. Jahrh. festzuhalten. Bei der Lokalisierung überwiegen die Argumente für Mittel- und Oberrhein. Der Einfluß Peter Flötners aus Nürnberg ist mit der weiten Verbreitung seiner Plaketten wohl ausreichend erklärt.
Im Auktionshaus Christie's London wurde am 30. November 1983 unter Nr. 201 ein zweites Exemplar dieser Gruppe in einer Montierung des 19. Jahrh. verkauft. Nach dem Vergleich der Photos, die uns das Auktionshaus freundlicherweise überließ, handelt es sich dabei um eine etwas geschönte Kopie des 19. Jahrh., bei der die Hände und das Kopftuch der Maria ergänzt sind.

Literatur

Schnitzler / Volbach / Bloch 1964, Nr. S 135
Zoege v. Manteuffel, in: Jb. BW 18, 1981, S. 194 ff.
Beck und Decker, in: Kat. Frankfurt 1981, Nr. 140–142
Zoege v. Manteuffel, in: Kat. Stuttgart 1984/85, Nr. 81

Zustand

Die drei Elfenbeinskulpturen sind mit feinen Schwundrissen überzogen; der Kopftuchzipfel Mariens und die linke Hand, die ihn wohl hielt, sind abgebrochen. Die separat geschnittene rechte Hand, die früher eingeklebt war, ist verloren. Kopf und ein Teil des Kragens und des Untergewandes des Johannes sind ausgebrochen und (alt) eingeklebt. Die Arme Christi sind separat geschnitzt und angesetzt.

Ein transparenter bräunlicher Lack in den Faltentiefen des Lendentuches und rote Farbpartikel in den Haaren des Johannes könnten auf eine Vergoldung hinweisen. In der Kleinplastik dieser Zeit aus kostbaren Materialien wie Buchsbaum und Elfenbein waren oft auch die Wundmale farbig akzentuiert.

Soll dieses Herren Angst erlösen von Beschwerden,
so muß dein Herz vor zu einem Ölberg werden.

Angelus Silesius (1624–1677)

20 Christus im Gebet

Süd- oder Westdeutschland um 1600
Birnbaumholz, Flachrelief auf Nadelholzbrett
H. 40 cm, B. 29,5 cm
Inv. Nr. KK 116

Die Darstellung Christi im Gebet ist in dieser Form ungewöhnlich. Natürlich ist – der schmerzliche Gesichtsausdruck zeigt es – der betende Christus am Ölberg vor der Gefangennahme gemeint. Die Konzentration auf den Kopf mit knappem Schulterausschnitt und die Hände, die eigentümlich angeschnitten sind, diese Konzentration auf das Persönliche, Menschliche entspringt einer bestimmten Stimmungslage, die mit der Entstehungszeit zusammenhängt.
Der Stil der Schnitzerei erinnert auf den ersten Blick an süddeutsche Werke der Dürerzeit, insbesondere die Ausarbeitung der Haare und des Bartes. Die weiche Formung des Gesichts, die etwas unglückliche Kombination von Händen und Brustkorb und vor allem die »romantische« Stimmung machen deutlich, daß es sich hier um eines der Werke handelt, die in Süd- und Westdeutschland um 1600 in bewußter Nachahmung des Stils der Dürerzeit geschaffen wurden, teils offenbar aus Verehrung des Meisters, teils auch um einem Mangel an Originalen aus dieser Zeit abzuhelfen, d. h. als Fälschung. So wurde dieses Relief auch 1670 für die herzogliche Kunstkammer in Stuttgart unter folgender Bezeichnung (laut Inventar) erworben: »von Dürer der Salvator, in Holz künstlich geschnitten«. Man behauptete damals, Dürer habe auch bildhauerisch gearbeitet.
Das Relief hält sich nicht an ein bestimmtes malerisches Vorbild von Dürer. Lediglich die Hände könnten auf die berühmte Zeichnung des Meisters zurückgehen.
Für uns hat eine solche »Fälschung« aus dem 17. Jahrh., abgesehen davon, daß das Werk bravourös geschnitzt ist, ihren eigenen Wert als künstlerisches Zeugnis seiner Entstehungszeit. Aus ihm spricht nicht nur die besondere Verehrung eines früheren Künstlers, sondern in der Konzentration auf das Persönliche auch eine neue, gemütvolle Frömmigkeit, die eigene Empfindung ist, aber in die Zeit 100 Jahre früher projiziert wird. In der Malerei wird diese Richtung vor allem von Hans Hoffmann (gest. 1591/92) vertreten, der seine Bilder signierte, also nicht fälschte. In diesem Sinne ist auch unser Relief genausowenig eine Fälschung wie ein historistisches Werk des 19. Jahrh.

Literatur

Fleischhauer 1976, S. 74
Beck und Decker, in: Kat. Frankfurt 1981, Nr. 79

Zustand

Das Relief muß sein ursprüngliches Format besitzen. Am unteren Rand sind keine Spuren zu finden, die darauf hinweisen, daß es einmal verkürzt wurde. Das Nadelholzbrett wurde in späterer Zeit hinzugefügt. Schwundrisse und der fehlende Gewandzipfel sind die einzigen Beschädigungen. Ursprünglich war das Relief auf einer sehr dünnen Grundierung farbig gefaßt und erhielt vor Zeiten nach der Abnahme dieser Fassung einen bräunlich transparenten Überzug.

Die Oberflächenbehandlung des aus Birnbaum geschnitzten Reliefs wurde mit einer sehr feinen Raspel vorgenommen. Die hier zu beobachtende unsystematische Haarbehandlung steht im Gegensatz zu der spätgotischen Ulmer Plastik, bei der schematisch ein breiter Steg neben einen scharfen Grat gestellt wird.

Restaurierung von Barbara Haussmann

119

Im Kreuz ist Heil, im Kreuz ist Recht, im Kreuz ist Freiheit.
Im Kreuz ist Heil, im Kreuz ist Kraft, im Kreuz ist Beistand.
Im Kreuz ist Heil, im Kreuz ist Trost, im Kreuz ist Hoffnung.

Thomas von Kempen (1380–1471)

21 Corpus Christi

Martin Zürn, 1615/20
Birnbaumholz, vollrund
H. 42 cm, B. 29 cm
Landratsamt Biberach

Der anatomische Typus des Corpus Christi entspricht weitgehend dem Kruzifixus von Hans Zürn d. Ä. am Überlinger Hochaltar von 1613/16 (Zoege v. Manteuffel 1969, II, S. 320–327, GWl) und dem von Jörg Zürn in Orsingen von 1620/25 (Ders. S. 379, J 14), weniger den späteren kleinplastischen Kruzifixen von Martin Zürn in Karlsruhe und Freiburg, um 1631 und 1634 (Ders. S. 395–396, Ma8; S. 396, Ma9). Auch die für Martin Zürn gesicherten Figuren des Gekreuzigten und des Auferstandenen am Rosenkranzaltar in Pfullendorf, datiert 1615 (Ders. S. 390–391, Ma 1) sind anders, scheinen aber ähnlich. Offenbar benutzen die Zürn verschiedene anatomische Schemata (wohl nach Stichvorlagen), die in der Werkstatt bereitlagen. Da Martin Zürn 1615/20 nach der gemeinsamen Arbeit am Überlinger Hochaltar noch häufig bei seinem älteren Bruder Jörg in Überlingen gearbeitet haben dürfte, erstaunt die Benutzung eines Schemas aus dessen Werkstatt nicht.
Die Zuschreibung kann demnach nur stilkritisch erfolgen. Der Kruzifixus aus Biberach zeigt am Körper und am Kopf eine gleichsam metallische Härte der gespannten, aus konvexen Rundungen zusammengesetzten Oberfläche. Auch die Kopf- und Barthaare sind sehr streng und voneinander abgesetzt geschnitzt. Die Ohren wirken wie ein Ornament. Das Lendentuch ist im Detail steif, wie aus Blech geschmiedet. Das alles sind Kennzeichen des frühen Stils von Martin Zürn, wie er sich an seinen Figuren am Überlinger Hochaltar 1613/16 und am Rosenkranzaltar in Pfullendorf 1615 zeigt. Die außerordentlich feine Schnitzerei und die Behandlung wie ein Schmuckstück (eingesetzte Brustwarzen) erweisen, daß die Zürn nicht nur bravouröse Altarfiguren, sondern auch erlesene Kleinfiguren für den privaten Gebrauch zu schaffen imstande und bereit waren.
Das Fehlen der beiden Lendentuchzipfel rechts und links verändert den Umriß der Figur erheblich und läßt sie italienischen (nackten) Kruzifixen verwandt erscheinen. Das erinnert daran, daß der Typus dieses Kruzifixus in seiner Haltung aus Italien stammt (Giovanni Bologna).
Martin Zürn ist um 1590/95 wohl in Waldsee geboren, lernte dort bei seinem Vater und arbeitete oft zusammen mit seinem Bruder Michael zunächst am Bodensee und in Bayern, bis er sich 1642 in Braunau am Inn niederließ, wo er nach 1665 gestorben sein muß.

Zustand

Der linke Arm, alle Finger der rechten Hand, die große Zehe des linken sowie drei Zehen des rechten Fußes sind in Lindenholz ergänzt. Über die Stirn und rechte Körperhälfte ziehen sich mehrere starke Schwundrisse, die mit Lindenholz ausgespänt sind. Die Lendentuchzipfel links und rechts vom Körper fehlen. Auf dem Kopf war wahrscheinlich eine aus Zweigen geflochtene Dornenkrone befestigt.

Durch die feine Schnitzarbeit und die sorgfältige Glättung der Oberfläche erhält Birnbaum mit seinem rötlich-braunen Ton einen gleichsam metallischen Charakter. Daß durch einen transparenten Überzug dieser Effekt gesteigert wurde, ist wahrscheinlich, aber nicht mehr nachweisbar.
Farbige Akzente werden durch die mit dunklem Holz eingesetzten Brustwarzen, durch die schwarz angelegten Augensterne, roten Lippen und die roten Wundmale erreicht.
Restauriert von Hans Westhoff

121

O Traurigkeit, o Herzeleid!
Ist das denn nicht zu klagen:
Gott des Vaters einig Kind
wird zum Grab getragen.
O höchstes Gut, unschuldigs Blut!
Wer hätt dies mögen denken,
daß der Mensch sein' Schöpfer sollt
an das Kreuz aufhenken.

Friedrich Spee von Langenfeld (1591–1635)

22 Vesperbild

Martin Zürn, 1640/1650
Lindenholz, vollrund, Rückseite abgeflacht
H. 31 cm, Br. 22 cm, T. 11 cm
Privatbesitz

Der seit dem Mittelalter geläufige Typus der Pietà, bei dem der tote Christus im Schoß der Mutter liegt, spielt auf die Muttergottes mit dem Kind an. Martin Zürn hat dieses Motiv durch die Zuwendung Mariae zum Kopf des Leichnams auch inhaltlich deutlich gemacht.
Die kleinplastische Gruppe ist ausschließlich für die Vorderansicht gedacht und reliefmäßig konzipiert. Die Gesichter und der nackte Leib Christi sind von strenger kraftvoller Plastizität. Die Wölbungen der Oberfläche sind deutlich voneinander abgesetzt. Es gibt keine weichen Übergänge, nichts Fließendes. Dieser Stil ist für Martin Zürn charakteristisch, besonders auch die schweren »gotischen« Augendeckel.
Zeitlich ist die Pietà im Werk Martin Zürns nach dem Hochaltar von Braunau am Inn, um 1642 (Zoege v. Manteuffel 1969, II, S. 401–404, Ma 16), einzuordnen. Das anatomische Schema des Körpers Christi findet sich bei dem großen Kruzifixus in Burgkirchen bei Braunau, 1649/51 (Ders. S. 408 f., Ma 24), wieder. In dieser Zeit ist sein Stil auch im Detail weniger hart und starr als in den früheren Jahren, der Aufbau großzügig, sicher und bewegt. Besonders die Gesichter haben bei allem grundlegenden Schematismus einen lebendigen und ansprechenden Ausdruck; ein Beispiel dafür ist der Kruzifix in Eggelsberg in Oberösterreich, um 1645 (Ders. S. 406 f., Ma 22).

Zustand

Bei Maria sind die Nasenspitze, die beiden Daumen, die Fußspitze und einige Faltenstege ab- bzw. ausgebrochen; Christus fehlen der rechte Unterarm und der untere Teil des rechten Fußes, außerdem die Nasenspitze, der linke Daumen und die linke Zehe. Ursprünglich waren im Kopf Christi drei Holzstrahlen in Kreuzform eingesetzt, und Maria besaß im Kopftuchbereich eine geschnitzte Strahlenkranzscheibe. Bei einer früheren Abnahme der Fassung – deren kleine Reste auf das 18. und 19. Jahrh. hinweisen – wurde der natürliche Lindenholzton durch das ätzende Ablaugemittel verändert.

Die feingliedrige Formgebung dieser Skulptur ist bis ins kleinste Detail schnitzerisch ausgearbeitet. Die originale Oberfläche ist sorgfältig geschliffen und nur mit einem Leimüberzug versehen. Um die Gruppe zu beleben, wurden Augen, Nasenlöcher, Münder und Wunden farbig angelegt. Diese Tönung der ungefaßten Figuren findet man bei Groß- und Kleinplastik der Zürns häufig.

Restauriert von Hans Westhoff

123

Herzliebster Jesu, was hast du verbrochen,
daß man ein solch scharf Urteil hat gesprochen?
Was ist die Schuld, in was für Missetaten bist du geraten?

Du wirst gegeißelt und mit Dorn gekrönet,
ins Angesicht geschlagen und verhöhnet,
du wirst mit Essig und mit Gall getränket,
ans Kreuz gehenket.

Was ist doch wohl die Ursach solcher Plagen?
Ach, meine Sünden haben dich geschlagen.
Ich, mein Herr Jesu, habe dies verschuldet, was du erduldet.

Johannes Heermann (1585–1647)

23 Christus an der Geißelsäule

Ulm um 1640
Buchsbaumholz, vollrund
Standplatte und Säule: moderne Ergänzungen
H. 24,8 cm
Inv. Nr. 1975-108

Die Statuette vertritt einen seit der Renaissance üblichen Typus des Geißelchristus, der hier mehr zum kunstvollen Sammlungsobjekt als zur gläubigen Verkörperung des leidenden Christus weiterentwickelt ist.
Die künstlerische Quelle für diese fein ausgearbeiteten Statuetten aus Buchsbaum, Elfenbein oder auch Bronze, die offenbar bei Sammlern der Zeit sehr beliebt waren, ist die niederländische Bildhauerkunst um 1600, in der die sichere Statuarik der italienischen Renaissance zu gekonnter Körperdarstellung in freier Beweglichkeit gesteigert war. Die süddeutschen Bildhauer des frühen 16. Jahrh. im schwäbischen Raum von Augsburg bis Schwäbisch Hall kommen in der Kunst der Schnitzerei – sichere Wiedergabe der Anatomie, weiches Faltenwerk, fließendes Haar – den Niederländern gleich, doch behalten ihre Figuren in der Haltung oft eine gewisse Steife und zuweilen in den Proportionen Unausgewogenheit. Bei dieser Figur ist dafür charakteristisch das Verhältnis von Kopf und Körper und das sonderbar kleine Gesicht in dem Kopf.
Es ist noch nicht möglich, die relativ große Zahl von Buchsstatuetten aus dieser Zeit mit Sicherheit bestimmten Meistern oder Werkstätten zuzuschreiben. Der Geißelchristus ähnelt am meisten einer Gruppe von Werken, die Alfred Schädler in seinem Werk über Georg Petel (Berlin 1973) David Heschler in Ulm (1611–1667) zuwies. Christian Theuerkauff (Brief v. 21. 8. 75) sieht Verwandtschaft mit Werken von Melchior Barthel aus Dresden (1625–1672), der eine Zeitlang bei Heschler in Ulm arbeitete. Vom Stil her ist die Figur sicher süddeutsch, wahrscheinlich ulmisch, und vor der Mitte des 17. Jahrh. entstanden.

Zustand

An der Holzoberfläche stören Löcher vom Holzwurmbefall und kleine Fehlstellen. Standplatte (Plinthe) und Säule sind modern ergänzt.

Kleinere, originale Einstückungen sind an verschiedenen Stellen exakt eingepaßt. Um einen optisch gleichmäßigen Eindruck zu schaffen, wurde wohl zur Entstehungszeit ein rötlich-brauner transparenter Überzug aufgetragen.
Restauriert von Barbara Haussmann

Am Kreuz erkenne ich meinen Bruder. Sein Anblick am Kreuz erschreckt mich, denn sogleich wirft mir mein Gewissen meine Missetaten vor, die ihn den Feinden verraten und ihn ans Kreuz geschlagen: Und ungeachtet seiner äußerlichen Vernichtung sehe ich dennoch mit den Augen des Glaubens in ihm den starken, allmächtigen, den gerechten Gott, dessen rächendem Arm niemand widerstehen kann.

Sigismund von Storchenau (†1798)

24 Kreuzigung

Christoph Daniel Schenck, 1681
Buchsbaumholz (?), Flachrelief
H. 14,8 cm, Br. 9,2 cm
Inv. Nr. 1928-81

Das Relief von Schenck ist keine szenische Wiedergabe des Geschehens auf Golgatha, sondern dessen symbolhafte Zusammenstellung und daher ein rein mittelalterliches Symbolbild. Das Kreuz mit dem sehr schlanken Christus, der mit geschlossenen Augen tot dargestellt ist, nimmt die Mitte ein. Maria und Johannes, sehr groß, klagend und betend, besetzen die Flächen unter dem Kreuzbalken. Der Standort ist nur angedeutet. Knochen und ein Totenschädel bezeichnen die »Schädelstätte« Golgatha, der Schädel zusätzlich das legendäre Grab Adams, des Alten Menschen, dessen Gegenbild der Neue Mensch Christus ist, und der durch das herabfließende Blut vom Kreuz erlöst wird. Um den Kreuzstamm ringelt sich die Schlange der Versuchung aus dem Paradies wie um den Lebensbaum, jetzt aber kopfunter überwunden, die Sünde besiegt durch die Erlösung. Den Himmel verdunkeln Wolken, Gottes Gnade bricht als Lichtstrahl hinter dem Kreuz durch. Sonne und Mond vertreten das Weltganze und trauern mit.
Auch der Stil ist im Kern noch mittelalterlich-gotisch. Die Haltung der drei Figuren ist S-förmig geschwungen. Alle Bewegung geht von den Gewändern aus. Nur Johannes macht einen unmotivierten Schritt. Schenck übernahm ihn (so Brigitte Lohse) von einem Stich des Meisters E. S. (15. Jahrh.), der wiederum auf den Kreuzigungsaltar von Nicolaus Gerhaert (1465/67) in Konstanz zurückgeht.
Neu und barock ist der Ausdruck der inneren Bewegung durch die Sprache der Gewänder, die wirbelnd mit vielen Parallel-Falten – typisch für C. D. Schenck – die Figuren umkreisen. Die Bewegung wird aufgenommen von den Spiralen der Wolken, die sich – wiederum ganz mittelalterlich – an die Bildgrenzen halten. Innere Bewegung ist auch gemeint mit der seitlichen Verschiebung des Kreuzes und dem flatternden INRI-Schild. In dem Relief ist keine Hinrichtungsszene im Sturm dargestellt, sondern Ausdruck gegeben dem stürmischen Empfinden eines Gläubigen, der Christi Opfertod gedenkt.
Das Relief ist am Boden unter der Maria signiert und datiert: CDS 1681. Zur Biographie C. D. Schencks vgl. Kat. Nr. 25.

Literatur
Lohse 1960, S. 20, Kat. Nr. 48, Abb. 26

Zustand

Das kleine Flachrelief ist bis auf die leicht abgegriffene Oberfläche des Himmels und des Oberkörpers Christi in einem sehr guten Zustand.

Christoph Daniel Schenck schöpfte bei der Kreuzigungsgruppe alle Möglichkeiten der Oberflächenbehandlung in der Kleinplastik aus: »Raspeln« im Bereich der Wolken, »Wuggeln« mit einem Flacheisen im Grasnarbenbereich, »Sticheln«, um die Landschaft im Hintergrund darzustellen, »Punzen« zur Darstellung von Ornament auf den Gewandsäumen des Johannes. Er gab dem Relief einen pigmentierten (gefärbten), aber transparenten Überzug. Das steigert die Wirkung der beschnitzten Holzoberfläche und ihrer gleichsam farbigen Differenzierung durch den Bildhauer.

Restauriert von Alexandra v. Schwerin

Das Kreuz zu Golgotha kann dich nicht von dem Bösen,
wo es nicht auch in dir wird aufgericht, erlösen.

Angelus Silesius (1624–1677)

25 Kruzifix

Christoph Daniel Schenck, um 1685
Lindenholz, vollrund
H. 202 cm, B. 106 cm; Kreuz: H. 325 cm, B. 195 cm
Kreuz und Wolkenbrett: 19. Jahrh.
Mariaberg, Stadt Gammertingen, Lkr. Sigmaringen, ehem. Klosterkirche (Inv. Nr. OFD - Mbg 25)

Der Gekreuzigte hängt ruhig, das Haupt ist leicht zur Seite geneigt, die Augen halb geöffnet. Entgegen der Dramatik in gleichzeitigen kleinen Werken (Kat. Nr. 24) vermag Christoph Daniel Schenck bei dieser lebensgroßen Kreuzgruppe (die Assistenzfiguren sind nicht in der Ausstellung, s. u.) Schmerz, Trauer und Erbarmen in sehr stiller Weise auszudrücken. Der gestreckte Körper Christi, der leichte Schmerzenszug seiner Augenbrauen, die gebrochenen Augen, die dennoch erbarmend schauen, geben dem Erlösungstod einen sanften, vergeistigten Zug.

Künstlerisch zeigt das Werk den fünfzigjährigen Meister auf dem Gipfel seines reifen Könnens. Die für Schenk typischen Parallelfalten und -haarsträhnen sind differenziert. Die sehr naturalistische Körperbildung ist in eine zarte Körperschwingung eingebunden, die der Darstellung mehr innere als äußere Lebendigkeit gibt.

Über die Entstehung des Bildwerkes sind wir sehr gut unterrichtet. 1682–1687 wurden Kloster und Kirche Mariaberg von den Vorarlberger Baumeistern Michael Thumb und Franz Beer völlig neu gebaut und ausgestaltet. Eine Mariaberger Nonne hat darüber eine genaue Chronik verfaßt (Handschrift in der Württembergischen Landesbibliothek Stuttgart). Sie nennt als wichtigsten Stifter für die Ausstattung der Kirche den Konstanzer Canonicus Dr. theol. Franz Leopold Gessler, der auch »das grose cruzifix sambt den beystehenden 2 bilderen Maria undt Joannis« schenkte. Sie nennt auch den Künstler: Schenck zu Konstanz. Die Datierung ergibt sich aus den Baudaten: 1685 war die Kirche im Rohbau fertig; 1687 erfolgte die Endabrechnung.

Der Kruzifix hängt in der Kirche im Chorbogen. Die Assistenzfiguren, Maria und Johannes, standen seitlich in Nischen der Chorwand. Sie waren lange verschollen. Wahrscheinlich wurden sie zwischen 1837 und 1846, als das Kloster leerstand, entwendet. Anläßlich der Inventarisierung identifizierte Dr. Saskia Esser sie mit zwei Figuren, die 1962 von der Skulpturenabteilung der Staatlichen Museen Berlin (Preuß. Kulturbesitz) ohne Kenntnis der Herkunft und des Künstlers im bayerischen Kunsthandel erworben wurden (Inv. Nr. 16/62 a und b). Leider war es aus konservatorischen Gründen nicht möglich, die Gruppe für diese Ausstellung in Stuttgart zusammenzuführen.

Christoph Daniel Schenck vertritt am Bodensee die Generation zwischen den frühbarock-manieristischen Zürn und dem rokoko-hoch-spätbarocken J. A. Feuchtmayr. Er vermittelt die spätgotisch spiritualistische Tradition verbunden mit barocker Theatralik, also die Elemente, die das Wesen der überwältigenden und in der Welt einmaligen Ausdruckskunst des 18. Jahrh. in Süddeutschland ausmachen.

Christoph Daniel Schenck entstammt einer Bildhauerfamilie aus Mindelheim, wurde 1633 in Konstanz geboren, lernte bei seinem Vater Hans Christoph und seinem Onkel Hans Schenck und arbeitete in Konstanz, wo er 1691 starb.

Literatur
Burkarth 1972, Nr. 3, S. 33–39
Burkarth 1978
Metz 1966, Nr. 779–780
Lohse 1968, S. 122, 128
Freundliche Mitteilungen von Dr. Saskia Esser, Stuttgart

Zustand

Die Christusfigur ist mit vielen kleinen Schwundrissen überzogen, u. a. in den Nähten der originalen Anstückungen; ein besonders starker Riß zieht sich durch die linke Hälfte des gesamten Oberkörpers und des Lendentuches. Kleinere Holzausbrüche (Lendentuchbereich) und das Fehlen von drei Figuren sind als Beschädigungen noch zu erwähnen. Außerdem bestanden die drei Strahlenbündel in den Haaren ursprünglich aus jeweils fünf Strahlen. Die aus Rosenzweigen geflochtene Dornenkrone ist vermutlich eine spätere Hinzufügung. Viele Abplatzungen der originalen Fassung stören das Oberflächenbild.

Die mit Anstückungen versehene Skulptur ist zur Oberflächenglättung mit einem starken Kreidegrund überzogen und mit einer gelblich-transparenten Schicht abisoliert. In den noch feuchten Grundton (streifige Temperamalerei) des kühlen Inkarnats wurden blaue und rote Pigmente zur Steigerung der Höhen- und Tiefenmodellierung eingemischt. Der Leidensausdruck wird durch den Kontrast zwischen der Blässe seiner Haut und der starken Farbigkeit seiner schwarz-braunen Haare, seiner schwarzen Augen und den roten Blutstropfen gesteigert. Die Lendentuchaußenseite und die Strahlenbündel sind auf rotem Bolus blattvergoldet; dagegen ist die Innenseite mit einem stumpfen Blau (Smalte) abgesetzt. Dies entspricht der farbigen Gewandgestaltung aus der Spätgotik.

Maria und Johannes aus Mariaberg. Berlin, Skulpturengalerie

Wer hat Dich so geschlagen,
mein Heil, und Dich mit Plagen
so übel zugericht't?
Du bist ja nicht ein Sünder
wie wir und unsre Kinder,
von Übeltaten weißt Du nicht.

Ich bins, ich sollte büßen,
an Händen und an Füßen
gebunden in der Höll;
die Geißeln und die Banden
und was Du ausgestanden,
das hat verdienet meine Seel.

Paul Gerhardt (1607–1676)

26 Christus an der Geißelsäule

Alpengebiet, Meister IPS, 1697
Lindenholz, ausgehöhlt, mit Verschlußbrett
Plinthe und Säule: 18. Jahrh.
Fassung 18. Jahrh.
H. ohne Plinthe 162 cm
Inv. Nr. 1982-17

Dieser Geißelchristus vertritt einen Typus des Andachtsbildes, bei dem das Gefühl des Gläubigen extrem angesprochen wird. Nicht nur Mitleid soll erregt werden, der Betrachter soll erschrecken und den Schmerz der Peinigung selbst nachempfinden, ja noch mehr, er soll seine eigene Schuld spontan und tief spüren, denn auch für seine Sünden wurde Jesus so geschunden, hat er so gelitten. Dieser Eindruck wird dadurch erzeugt, daß die Wunden, die Christus bei der Geißelung zugefügt wurden, grausam realistisch in der Schnitzerei dargestellt sind. Die Haut ist vielfach so aufgerissen, daß das rohe Fleisch darunter sichtbar wird. Große plastische Blutstropfen (entfernt wohl im 19. Jahrh.) fließen heraus. Das Schlimmste aber ist der Blick des Gepeinigten. Die Augen sind aus Glas und täuschend naturnah. Solche »Erbärmdebilder« standen nicht auf dem Altar, sondern meist in vergitterten Nischen im hinteren Teil der Kirche zu ebener Erde: »Christus im Gefängnis«. Der Gläubige wurde unerwartet und unvermittelt auf gleicher Höhe mit dem leidenden Christus konfrontiert, der ihn auch noch mitleidheischend, vorwurfsvoll und dennoch sanft verzeihend ansah.

Die kunsthistorische Bestimmung der Figur ist noch nicht gelungen und auch durch die Auffindung der nach außen unsichtbaren Signatur 1697 IPS im Innern der Figur (s. Abb.) nicht gelöst. Der plastische Stil, der kraftvoll kompakte Aufbau des Körpers aus spannungsvollen Konvexformen, das anatomische Schema und Details wie das rautenförmige Adersystem, die Haarbehandlung und die ornamentalen Ohren erinnern stark an die süddeutsche Plastik des frühen 17. Jahrh. Haltung und Ausdruck passen gut zum Jahrhundertende. Das völlige Fehlen italienischer Stilelemente läßt Salzburg, an das man zunächst denken könnte, als Entstehungsort unwahrscheinlich erscheinen. Im übrigen Österreich und Bayern wurde noch nichts Vergleichbares gefunden.
Der extreme Realismus und die Glasaugen veranlassen zu prüfen, ob eine Entstehung in Spanien denkbar ist, dessen Holzplastik in dieser Zeit der süddeutschen oft frappierend ähnelt. Doch die Form der Signatur u. a. sprechen dagegen.
Die Signatur IPS könnte einen Namen mit zwei Vornamen (z. B. Johann Peter) abkürzen. Das S am Schluß kann aber auch einen Ortsnamen meinen oder „Skulptor" heißen. Ein Bildhauer in dieser Zeit, und es kann kein ganz unbedeutender sein, auf den diese Signatur paßt, wurde bisher nicht ermittelt.
Glasaugen sind in der süddeutschen Barockplastik extrem selten. Im 18. Jahrh. verwandte Ignaz Günter sie zuweilen.
Eine weitere einmalige Besonderheit sind die eingeschraubten Beine. Schnitztechnische Gründe, also daß der Künstler die Gliedmaßen einzeln schnitzte und

einfügte, wie dies bei Extremitäten, die quer zum Faserverlauf des Holzes stehen, die Regel ist, sind so gut wie auszuschließen. Selbst wenn die Größe des Holzblocks, den der Meister zur Verfügung hatte, nicht ausreichte, ist damit nicht erklärt, warum die Beine nicht eingedübelt und die Verbindung kaschiert wurde. Die originalen Schrauben sind deutlich sichtbar und leicht zu handhaben. Die Figur ist also zerlegbar. Es ergibt auch keinen Sinn, eine Parallele zu den Christusfiguren mit beweglichen Gliedern, die in verschiedene Szenen einzuordnen waren, oder zu den Kruzifixen mit beweglichen Armen zu suchen, die Karfreitag in ein Heiliges Grab gelegt wurden. Vermuten kann man lediglich, daß die Figur leicht transportabel sein sollte, womöglich zur Verwendung bei Prozessionen.

Literatur

Zoege v. Manteuffel, in: Jb. BW 20, 1983, S. 232 f.

Zustand

Extreme Klimaschwankungen führten zur Bildung von Schwundrissen an der Figur. Die drei kreuzförmigen Strahlen am Kopf sind nicht mehr vorhanden, mehrere Finger ergänzt. Bei einer mechanischen Freilegung im letzten Jahrhundert wurden die plastischen Blutsträhnen entfernt und die Wundmale ausgekittet. Hierbei entstanden an den verschiedenen Überfassungen großflächige Schäden; um dies optisch zu vertuschen, wurde eine grau-blaue Lasur aufgetragen.

Das Verschlußbrett der rückwärtigen Öffnung ist der vollplastischen Skulptur realistisch angepaßt worden. Auf dessen Innenseite ist das Monogramm des Künstlers (IPS) und die Jahreszahl 1697 eingeschnitten.

Die separat gearbeiteten Beine sind mit Dübel und Sechskantmutterschraube (original!) am Corpus befestigt. Der Bildhauer fertigte das Spielbein anfänglich zu kurz an und fügte dann zur Verlängerung eine Scheibe ein. Die Stellung des Standbeins korrigierte er ebenfalls, indem der vorgesehene Dübel abgesägt und durch einen neuen ersetzt wurde. Die Glasaugen sind in vorgeschnittene Aushöhlungen eingepaßt und die Ränder mit rotgefärbtem Wachs verschlossen worden.

Es fanden sich fünf Bemalungen aus verschiedenen Zeitepochen, die bei früheren Eingriffen weitgehend zerstört wurden. Da von der Originalfassung nur wenige Farbreste vorhanden waren, wurde auf die erste Überfassung des 18. Jahrh. freigelegt. Auf dem mit Grau ausgemischten rosa Inkarnat sind die Wundmale und Körpermodellierung durch graue und violette Schattierungen unterstrichen, die geschnitzten Adern jedoch farblich nicht betont. Die nicht mehr vorhandenen abgeschnittenen Blutstropfen waren rot bemalt. Das Lendentuch hebt sich farblich kaum von dem Corpus ab, allerdings tendiert es leicht ins Violette.

Die bei der Restaurierung festgestellten Reste der Originalfassung liegen auf einem kräftigen Leimüberzug, der als Isolierung zwischen Holz und Fassung diente. Das rosa Inkarnat ist darauf direkt hauchdünn aufgetragen. Das gelbliche Lendentuch ist ebenfalls sehr dünn aufgemalt und mit blutigen Flecken versehen. Die sonstige Farbgestaltung ähnelt sehr der beschriebenen ersten Überfassung.

In der Figur fällt das in regelmäßigen Rautenmustern geschnitzte Adernetz auf, das noch der Tradition der Gotik verhaftet ist.

Restauriert von Kilian Mutter, Hans Westhoff

Datum und Signatur, geschnitzt im Innern der Figur

Es ist vollbracht! Schweig, mein Gewissen;
ihr Sünder, schreit nicht allzusehr!
Habt ihr die Wolken oft durchrissen,
das Blut des Lammes schreit viel mehr.
Nun ist getilgt der Hölle Macht;
o süßes Wort: Es ist vollbracht!

Salomon Franck (1659–1725)

27 Corpus Christi

Süddeutschland Ende 17. Jahrh.
Buchsbaumholz, vollrund
H. 29,7 cm, B. 26 cm
Inv. Nr. 1979-211

Die leichte Schwingung des schlanken Körpers leitet zu den aufwärtsblickenden Augen des Gekreuzigten. Mit großer Kunst ist in Bewegung und Körperlichkeit das gläubige Vertrauen und die Vergeistigung dargestellt, die das Leiden überwinden.
Der in Italien seit Michelangelo verbreitete Typus des »Crocifisso vivo«, des lebenden, gekreuzigten, leidenden Christus, der mit brechenden Augen aufwärts blickt (im Gegensatz zu dem Rubens-Typus hat er weit ausgebreitete Arme), kommt in Deutschland hauptsächlich bei solchen Bildhauern vor, die in Italien waren, wie Georg Petel und Balthasar Permoser. Dieser Kruzifix stimmt auf den ersten Blick motivisch (nicht stilistisch) fast wörtlich mit Petels Crucifixus Pallavicino, seinem zweiten erhaltenen, signierten Werk überein, das er wohl um 1623 in Genua schuf. Der Körper des Kruzifixes in Stuttgart ist schlanker, Lendentuch und Gesicht etwas mehr schematisiert. Vor allem fehlt dem in ausgewogener S-Kurve komponierten Corpus der Versuch Petels, trotz des schematisierten Typus das Hängen darzustellen. Die Schlankheit und die fließende Eleganz weisen auf das 18. Jahrh. voraus, die Bildung der Haare und die äußerst scharfe Schnitzweise des Gesichts und der anderen Details gehören noch ins 17. Jahrh. Die hervorragende schnitzerische Qualität zeigt sich auch in der etwas schematischeren Darstellung des Rückens.

Literatur
Zoege v. Manteuffel, in: Jb. BW 17, 1980, S. 331 ff.

Zustand

Der Kruzifix ist bis auf einige Schwundrisse gut erhalten. Am Kopf weisen Farbreste und Dübel auf eine verlorengegangene Dornenkrone hin. Außerdem könnte in dem Dübelloch am Hinterkopf ein Nimbus befestigt gewesen sein.

Die Holzoberfläche wurde sehr sorgfältig ausmodelliert und geglättet. Ein bräunlicher, transparenter Überzug gibt dem Objekt einen einheitlichen Farbton und drängt gleichzeitig durch einen starken Eigenglanz den eigentlichen Holzcharakter zurück. Wundmale, Augen, Zähne und die Dornenkrone waren farbig gehöht, die Säume mit Gold betont.
Restauriert von Hans Westhoff

O heiße Zähr, fließ immer mehr!
Wen sollt dies nicht bewegen,
weil sich über Christi Tod
auch die Felsen regen.
Wie große Pein, Maria rein,
mußt leiden ohne Maßen;
denn du bist von jedermann
ganz und gar verlassen.

Friedrich Spee von Langenfeld (1591–1635)

28 Beweinung Christi

Augsburg (?) 17./18. Jahrh.
Pfaffenhütchenholz, Relief
H. 23,7 cm, B. 19,6 cm
Inv. Nr. E 1587

Das Relief diente wohl kaum direkt einem sakralen Zweck, sondern war entweder als Kunstkammerstück, d. h. Sammlerobjekt gedacht oder als Modell für Metallarbeiten. Komposition und Ausführung sind schematisch, eher dekorativ als ausdrucksvoll. Kompositionen dieser Art kommen aus der niederländischen Kunst des frühen 17. Jahrh. und sind meist durch Kupferstiche vermittelt. Auch die weiche Linienführung und der fließende Gewandstil kommen aus den Niederlanden. Diese Vorbilder hielten sich lange, weshalb eine genaue Datierung schwierig ist. Die unausgewogenen Proportionen (Körpergröße, Köpfe), die völlig unklare Sitzhaltung der Maria und die ungleiche Gestaltung der Gesichter mit eher zufälligem Ausdruck sprechen für einen ordentlichen, aber nicht hochrangigen Künstler im süddeutschen Raum, vielleicht in Augsburg, wo dieses Handwerk zu der Zeit blühte.

Zustand

Leichte Verwerfungen in dem Flachrelief.

Das Relief ist aus drei kleinen Brettchen zusammengeleimt. Die schnitzerische Oberfläche ist minutiös bis in die kleinsten Feinheiten ausgearbeitet und anschließend mit einem stark verdünnten, tierischen Leim eingelassen.
Der angedeutete Grashügel ist in Wuggelstich ornamental ausgeführt, was schon, wie in der Gotik, durch senkrechtes Führen des Flacheisens erzielt wird.

Restauriert von Hans Westhoff

Christi Mutter stand mit Schmerzen
bei dem Kreuz und weint' von Herzen,
als ihr lieber Sohn da hing.
Durch die Seele voller Trauer,
schneidend unter Todesschauer
jetzt das Schwert des Leidens ging.
Ach, für seiner Brüder Schulden
sah sie ihn die Marter dulden,
Geißeln, Dornen, Spott und Hohn,
sah ihn trostlos und verlassen
an dem blutgem Kreuz erblassen,
ihren lieben einzgen Sohn.

Stabat Mater (vor 1306) übertragen nach Heinrich Bohne (1847)

29 Kruzifix mit schmerzensreicher Muttergottes

Südwestdeutschland Anfang 18. Jahrh.
Lindenholz; Kreuz und Sockel: Nadelholz
H. 78 cm, B. 29 cm
Inv. Nr. 1979-202, 1979-147

Die schmerzensreiche Muttergottes unter dem Kreuz ist ein typisches Andachtsbild der Barockzeit, das bestimmte Bereiche der Frömmigkeit – Erlösung, Marienverehrung – symbolhaft verbildlicht und zugleich das Gefühl anspricht. Es ist keine szenische Darstellung der Kreuzigung. Ob die beiden Engelchen, die zusammen mit der Gruppe erworben wurden, dazugehören, ist nicht ganz sicher.
Der Typus der Maria und des Gekreuzigten gehört noch ganz ins 17. Jahrh. Der pathetische Blick der Maria und das bewegte Lendentuch Christi verweisen die Gruppe ebenso wie die Ornamentik des Sockels ins frühe 18. Jahrh. Auch die Engelchen, wenn sie dazugehören (die Lendentücher und die gleiche farbige Fassung sprechen dafür), sind eher spät zu datieren. Eine genaue Lokalisierung ist nicht möglich, da das stilistische Formgut in dieser Zeit im süddeutschen Raum vor allem durch die Künstlerwanderungen weit verbreitet ist. Eine Entstehung der Gruppe in Südwestdeutschland, vielleicht Oberschwaben oder Allgäu, ist aber gut vorstellbar. Den besonderen Reiz der Gruppe macht die originale lebhafte Farbigkeit aus.

Literatur
Zoege v. Manteuffel, in: Jb. BW 17, 1980, S. 330

Zustand

Es fehlen: eine Volute an der Schrifttafel, das Schwert in der Brust Mariens und Strahlen aus ihrem Kranz. In jüngerer Zeit wurden das rechte der kreuzförmigen Strahlenbündel, ein Flügelchen des rechten Engels und der Nagel in der linken Hand ergänzt.

Alle Gewänder sowie die architektonischen Verzierungen sind mit Blattgold und -silber ausgeführt. Ein ursprünglich roter Lack auf dem versilberten Kleid Mariens kontrastiert mit der blau gelüsterten Innenseite des Mantels. Das malerisch besonders schön ausgeführte Inkarnat Christi hebt sich von der schwarzen Marmor-Imitation des Kreuzes ab. Auffällig sind die goldenen Tupfen in der rot-schwarzen Marmorierung. Auf der versilberten Schrifttafel steht in schwarzer Schrift: »Mater dolorosa«. Diese Gruppe ist ein Beispiel für die leuchtende Farbigkeit, metallische Glanzlichter und die lebhaften Marmorierungen im Barock.

Restauriert von Hans Westhoff

Liebe, die für mich gelitten
und gestorben in der Zeit,
Liebe, die mir hat erstritten,
ewige Lust und Seligkeit:
Liebe, dir ergeb ich mich,
dein zu bleiben ewiglich.

Angelus Silesius (1624–1677)

30 Kruzifix

Dominikus Hermengild Herberger, 1725
Eichenholz, vollrund
H. ca. 200 cm; Kreuz: H. 276 cm, B. 130 cm
Dietenheim/Alb-Donau-Kreis, kath. Stadtpfarrkirche St. Martin

Das sehr kräftige Corpus Christi mit dem aufwärts gewandten Haupt und den stark nach oben gestreckten Armen steht als Typus in der Tradition von P. P. Rubens. In dem barocken Bildwerk ist Christus als Sieger aufgefaßt. Nur in dem schmerzhaften Gesicht wird das Leiden des Menschensohnes angesprochen.
Das Werk wurde von A. Schahl zurecht Dominikus Hermengild Herberger zugeschrieben aufgrund der großen Ähnlichkeit mit dem Kruzifix im Dietenheimer Rathaus, das für Herberger 1728/29 gesichert ist. Durch einen Zettel von 1852 (!) an der alten INRI-Tafel ist überliefert, daß der Obermüller Christoph Vogt das Kreuz nebst Johannes und Maria 1725 stiftete.
Dominikus Hermengild Herberger wurde 1694 in Legau im Allgäu geboren. Er war in Dietenheim, Ochsenhausen, Meersburg und Immenstaad ansässig, wo er 1760 starb. 1748 wurde er zum bischöflich konstanzischen Hofbildhauer ernannt.

Literatur
Schahl 1980, S. 61, Abb. 19, Farbtafel 4

Zustand

Dieses heute noch als Andachtsbild verehrte Kruzifix wurde im Gegensatz zu musealen Objekten bei einer Restaurierung wieder vollständig hergestellt. So wurden die drei fehlenden Finger der rechten Hand ergänzt. Durch frühere, unsachgemäße Eingriffe wurden die 3 Übermalungen des Inkarnats teilweise zerstört, so daß die Originalfassung freigelegt werden mußte. Bei dieser Maßnahme wurde die Vergoldung der letzten Überfassung des Lendentuchs belassen, da die originale Mattvergoldung stark reduziert und verändert war. Auch im Haarbereich wurde die Letztfassung beibehalten; die braune Farbigkeit entspricht der ursprünglichen. Ursprünglich besaß der originale Kreuzbalken Kleeblattenden, die später beschnitten wurden. Auch hier wurde bei der Restaurierung die letzte Überfassung belassen.

Herberger verwandte, wie im Barock oft zu beobachten ist, ein blockverleimtes Werkstück für das Corpus. Dieses wurde nach dem Schnitzen mit einer ölhaltigen roten Grundierung versehen (Funktion einer Imprimitur). Darauf wurde mit ölhaltiger ausgemischter Farbe der Grundton des Inkarnats vorgelegt, worauf der gleiche Ton nochmals naß in naß mit blauen und roten Schattierungen modellierend aufgetragen wurde. Vor allem in den Höhungen wirkt die rote Imprimitur bei der Farbwirkung mit. Die Blutstropfen sind anschließend mit hell- und dunkelroter Farbe für frisches und geronnenes Blut aufgemalt worden. Die Dornenkrone ist grün, Haare und Bart sind gleichmäßig braun gefaßt. Sowohl Lendentuch-Außenseite als auch -Innenseite sind auf gelb-braunem Grund ölvergoldet. Ein Firnisüberzug bildet den Abschluß der Fassung.
Die ursprüngliche Fassung des Kreuzbalkens ist eine mit Lasuren angelegte Holzimitation. Die Dreipaßenden waren mit goldenen, mit Licht und Schatten belegten Begleitbänderungen verziert (ein Detail wurde am rechten Querbalken freigelegt). Der Fassungsaufbau der INRI-Tafel entspricht dem des Inkarnats Christi; die Schrift ist schwarz.

Restauriert von Karin Raible, Landesdenkmalamt Baden-Württemberg

INRI

Wir danken dir, Herr Jesu Christ,
daß du für uns gestorben bist.
Und hast uns durch dein teures Blut
gemacht vor Gott gerecht und gut.
Wir bitten, wahrer Mensch und Gott:
Durch deine Wunden, Schmach und Spott
erlös uns von dem ewgen Tod
und tröst uns in der letzten Not.
Behüt uns auch vor Sünd und Schand
und reich uns dein allmächtig Hand,
daß wir im Kreuz geduldig sein,
getröstet durch dein schwere Pein.
und schöpfen draus die Zuversicht,
daß du uns wirst verlassen nicht,
sondern ganz treulich bei uns stehn,
daß wir durchs Kreuz ins Leben gehn.

Christoph Fischer (1518–1598)

31 Christus an der Geißelsäule

Bayern Mitte 18. Jahrh.
Lindenholz, vollrund; Messing
H. 51 cm (mit Nimbus)
Inv. Nr. 1964-23

Christus an der Geißelsäule wird in der Regel entweder mit gleichsam flehend erhobenem oder mit leidend gesenktem Haupt dargestellt. Daß er sich vorbeugt und die große Säule umfaßt (die Säule bei dieser Figur ist später und viel zu klein), ist ungewöhnlich. Das hat zu dem Schluß geführt, daß dieser Geißelchristus nach einem bestimmten Vorbild gearbeitet wurde und zwar dem Gnadenbild der Wieskirche bei Steingaden. Verkleinerte Wiederholungen von Gnadenbildern, die etwas von deren heilsamer Wirkung vermitteln, sind häufig. Ob diese Figur wirklich auf die in der Wies zurückgeht, ist schwer zu entscheiden, zumal das Gnadenbild eine ganz primitive bäuerliche Plastik, unsere Figur hingegen die Arbeit eines gelernten Bildschnitzers von einiger Qualität ist. Die Figur in der Wies entstand 1730. Nachdem sie am 14. Juli 1738 Tränen geweint hatte, entstand eine Wallfahrt, was zum Bau der Wieskirche 1746–1754 führt, in dessen Hochaltar sie heute steht.
Der Schnitzer unserer Christusfigur beherrscht handwerklich perfekt die Darstellung des Körpers (Muskulatur, Gesicht, Haare). Indessen vermochte er weder die Darstellung zu differenzieren (alle Muskeln sind gleichmäßig angespannt, das Haar ist schematisch angeordnet) noch ihr Ausdruck zu geben. Der Stil ist altertümlich, der barocke Schwung der gleichzeitigen bayerischen Bildhauerkunst (Ignaz Günther) fehlt gänzlich. Stilistisch läßt sich das Bildwerk am ehesten von Arbeiten wie den Hochaltarfiguren in Diessen am Ammersee (1732–1739) ableiten, weshalb seine Entstehung in Bayern am wahrscheinlichsten ist.

Zustand

Auf der Lendentuchrückseite sind einige Fassungsausbrüche zu erkennen. Im ganzen Inkarnat hat sich ein feines Craquelé gebildet, im Sockelbereich mehrere Schwundrisse.

Auf der weißen Grundierung ist der rötlich-weiße Grundton mit seinen dunkleren Schattierungen in Tempera angelegt, danach wurden Blutstropfen, Augen und Haare separat gefaßt. Das Lendentuch ist auf gelber und roter Unterlage glanzvergoldet. Auch der Strahlenkranz war einst vergoldet; er zeigt sich heute in einer Bronzefassung. Das ursprüngliche Kupfergrün des Sockels erscheint jetzt stark verbräunt.
Die nachgedunkelte Farbe des 19. Jahrh. an Sockel und Säule (Ergänzungen) ließ sich nicht aufhellen.
Restauriert von Monika List

Er ruhet nun!
Ich werde ruhen,
wie er, im kühlen Grabe!
Wenn ich, wenn ich lebt ich ach!
wie er,
ausgelebet habe.

Johann Gottfried Herder (1744–1803)

32 Leichnam Christi

Johann Georg Dirr, 1750/60
Lindenholz, vollrund
L. 29 cm, T. 17 cm
Inv. Nr. 10 414

Der tote Christus liegt da, wie wir es von Darstellungen der Grablegung kennen, doch fehlt das übliche Kastengrab. Vielleicht gehört die kleine Figur dennoch zu einer Grablegung oder einer Beweinung oder Kreuzabnahme. Der Hintergrund ist angesetzt. Vielleicht war die Komposition ursprünglich anders gedacht. Das Werk ist aber auch als spezielles Andachtsbild denkbar. Der Leichnam ist mit seiner schlaffen Muskulatur, Verzerrungen in der Bauchpartie, den von der Kreuzigung hochgezogenen Schultern und dem nach hinten abgesunkenen Kopf sehr realistisch dargestellt, strahlt aber Frieden und Hingebung aus.

Der Christus im Grab in der 14. Kreuzwegstation in der Klosterkirche Birnau am Bodensee von Joseph Anton Feuchtmayr liegt fast genauso (Boeck 1948, Abb. S. 13). Er ist muskulöser, die Spuren der Folter sind drastischer wiedergegeben, der Kopf ist stärker zurückgebogen. Sogar das Bild des Toten ist dramatisiert, wie es Feuchtmayr immer tat. Johann Georg Dirr arbeitete 1749–57 als Geselle bei seinem Vetter in Birnau mit. Möglicherweise entstand unser kleines Andachtsbild in dieser Zeit. Dirr hat später, 1775, für den Verena-Altar im Salemer Münster einen großen Leichnam Christi geschnitzt, der schwer vergleichbar ist. Die Auffassung der Anatomie und der Stil des Faltenwerks sind aber sehr ähnlich.

An der Figur fällt die hohe Qualität und Individualität der Darstellung des Körperlichen auf. Man beachte die Verschiebung der Wadenmuskeln an dem aufliegenden Bein. Ohne Dramatisierung ist die Qual der Hängung in Bauch, Schultern und Hals dargestellt. Im Gesicht ist Leiden zart ausgedrückt. Der ganze Körper ist als organische Einheit aufgefaßt. Seine Darstellung vermittelt ohne jede Übertreibung eine tief beseelte Stimmung. Das alles paßt gut zum Stil von J. G. Dirr, wie auch die Formung des Tuches und des Untergrunds. Wir wagen daher, die Figur erstmals diesem Meister zuzuschreiben.

Johann Georg Dirr wurde am 2. 4. 1723 in Weilheim in Oberbayern geboren und lernte dort bei seinem Vater und F. X. Schädl. Seit 1749 arbeitete er nachweislich bei J. A. Feuchtmayr (Mimmenhausen bei Salem am Bodensee). 1753 wurde er Meister und übernahm 1770 nach Feuchtmayrs Tod die Leitung der Werkstatt. 1779 starb er.

Literatur
Baum 1917, Nr. 467

Zustand

Die Fassung, insbesondere das Inkarnat, ist stark abgeblättert. Die zur Bereicherung des Hintergrundes aufgeklebten Glassplitter (Glimmer) fehlen.

Die sehr sorgfältige Schnitzerei ist mit Steinkreide grundiert worden. Das jetzt grau wirkende Leichentuch war ursprünglich mit Blattsilber belegt, das Lendentuch mit Blattgold. Das Inkarnat und der stilisierte natürliche Untergrund sind in Ölfarbe ausgeführt. Die verlorengegangenen Glassplitter ließen zusätzliche Lichtreflexe entstehen.

Restauriert von Hans Westhoff

Was ich wollte, liegt zerschlagen,
Herr, ich lasse je das Klagen,
und das Herz ist still.
Nun aber gib auch Kraft zu tragen,
was ich nicht will!

Joseph von Eichendorff (1788–1857)

33 Vesperbild

Oberschwaben, Umkreis Konrad Hegenauer
letztes Drittel 18. Jahrh.
Alabaster
H. 24,5 cm, B. 28,5 cm
Inv. Nr. 1983-128

Die Komposition der Gruppe, bei der Christus vornüber in die Knie und in den Schoß Mariae gesunken scheint und Maria sich schmerzvoll abwendet, dürfte mehr dem Bedürfnis der Variation als einer besonderen theologischen oder individuellen Aussage zu verdanken sein. Engel, die Christi Hände halten und beweinen, kommen beim Vesperbild häufig vor.
Immer neue Variationen des Vesperbildes fallen im Werk der Bildhauerfamilie Hegenauer in Oberschwaben auf, wohin auch der Stil der Alabastergruppe weist. Die recht phantasiereiche Komposition ist im Detail ziemlich schematisch ausgeführt. Charakteristisch sind die die Körperformen begleitenden Faltenstege und die Anatomie des nackten Körpers. Auch die Engel sind denen bei Hegenauer ähnlich. Die weicheren Formen der Gewandfalten und der stark reliefmäßige Aufbau mögen auf das Material Alabaster zurückzuführen sein, das im bekannten Werk der Hegenauer nicht vorkommt. Die Unterschiede erlauben jedenfalls nicht, das Werk Konrad Hegenauer, dem es am nächsten steht, oder einem anderen Familienmitglied zuzuschreiben.
Konrad Hegenauer wurde 1734 in Pfullendorf geboren und lernte in der Familienwerkstatt in Wolfegg. 1756 ließ er sich in Friesenhofen bei Leutkirch nieder, wo er 1807 starb (Schwager 1963).

Zustand

Die ehemals sorgfältig geschliffene Oberfläche der Alabastergruppe ist durch unsachgemäße Reinigung rauh geworden. Es fehlen die rechte Hand Christi und die Flügel der Engel, wovon der rechte des linken Engels mit Dübel eingesetzt war, sowie der Vorderteil des Fußes der Maria.

Ein Bohrloch im Hinterkopf der Maria könnte zur Aufnahme eines metallenen Nimbus gedient haben, in einem zweiten auf der Vorderseite war wohl ein Schwert befestigt. Ein drittes Loch im Tuch Mariens konnte nicht gedeutet werden. Farbspuren wurden nicht gefunden.

Wie schwer ist doch der Sünden Joch,
weil es tut unterdrücken Gottes Sohn,
als er das Kreuz trug auf seinem Rücken.

O großer Schmerz! O steinern Herz,
steh ab von deinen Sünden,
wenn du willst nach deinem Tod
Gottes Gnad empfinden.

Friedrich Spee von Langenfeld (1591–1635)

34 Vesperbild

Ignaz Günter, 1774
Lindenholz, vollrund
H. 25 cm, B. 25,5 cm
Inv. Nr. 1983-199

Der im Barock beliebte Typus der Beweinung Christi durch seine Mutter, bei dem der Oberkörper des Toten im Schoß Mariae liegt, ermöglicht schon durch die Komposition der Körper, Pathos und Innigkeit zu verbinden. Ignaz Günthers bildhauerische Meisterschaft zeigt sich zudem in dem Verhältnis von bekleideter und unbekleideter Gestalt, seine Kunst der Erfassung des Seelischen in der Darstellung des Leids und der Trauer in den Gesichtern.

Ignaz Günthers letztes Werk war die lebensgroße Pietà für die Friedhofskapelle in Nenningen (Württemberg), eine Stiftung des Freiherrn Max Emanuel von Rechberg, signiert und 1774 datiert. Für diese Gruppe sind zwei einander sehr ähnliche Holzmodelli, das heißt plastische Entwürfe, erhalten. Der eine wurde 1973 vom Bayerischen Nationalmuseum in München, der andere 1983 vom Württembergischen Landesmuseum Stuttgart erworben. Gegenüber der monumentalen Form und dem heroischen Pathos der großen Pietà in Nenningen sind die beiden Modelli lebensnäher, unmittelbarer in der Realitätswiedergabe und im Ausdruck. Besonders die Gesichter sprechen eine sehr menschliche Sprache.

Der Münchener Modello ist etwas sorgfältiger und differenzierter geschnitzt, besonders in den Gewandpartien. Die Gesichter sind etwas distanzierter im Ausdruck. In der Haltung scheint das Münchener Stück der ausgeführten monumentalen Fassung in Nenningen um Nuancen näher zu sein. Der Stuttgarter Modello ist in den Gewandpartien flüchtiger geschnitzt. Die Gesichter sind spontaner im Ausdruck. Bei beiden Gruppen sind Teile der Arme und Beine offenbar aus arbeitstechnischem Grund einzeln geschnitzt und angefügt. Beim Stuttgarter Modello ist auch das Vorderteil des Gesichts Christi und ein Stück der Schulter angestückt. Diese beiden Anstückungen liegen genau in einer Flucht. Das heißt, daß der vom Künstler gewählte Holzklotz offenbar an dieser Stelle nicht reichte, weshalb er ein Stück Holz anklebte und dann beschnitzte. Beim Münchener Modello nahm er gleich einen genügend großen Holzblock. Dies spricht zusammen mit den anderen Beobachtungen dafür, daß das Stuttgarter Stück die erste Fassung ist. Beide Modelle haben im Boden gleiche Löcher von Eisen, mit denen sie eingespannt waren. Sie wurden also nacheinander auf der gleichen Werkbank geschnitzt. Die hohe Qualität beider Werke, die Feinheit und Sicherheit der Schnitzerei bis ins letzte Detail beweisen, daß beide ohne Zweifel eigenhändig von Ignaz Günther sind.

Warum der Künstler zwei nahezu gleiche Modelle schnitzte, läßt sich nur vermuten. Im Entwurfsvorgang findet sich keine Erklärung. Wahrscheinlich hatte er dem Auftraggeber oder einem anderen Interessenten einen Modello zu liefern und wollte einen für sich bzw. als Muster in der Werkstatt behalten.

Ignaz Günther wurde 1725 in Allmannsweiler in der Oberpfalz geboren. Er war in München 1743–1750 Schüler von Johann Baptist Straub aus Wiesensteig, heute Württemberg, dann von Paul Egell in Mannheim und schließlich an der Wiener Akademie. Seine Werkstatt hatte er in München, wo er 1775 ein halbes Jahr nach der Ablieferung der Nenninger Pietà starb.

Literatur
Zoege v. Manteuffel, in: Jb. BW 21, 1984, S. 222 f.
Zoege v. Manteuffel, in: Kat. Stuttgart 1985, Nr. 85
Dobrzecki, in: Kat. München 1985, Nr. 245

Zustand

Der fehlende Daumen der linken Hand Christi und die ausgebrochene hintere Sockelfläche sowie einige Wurmgänge an der Oberfläche sind die Beschädigungen im Holz. Außerdem ist der natürliche Lindenholzton weitgehend durch ein ätzendes Abbeizmittel beim Entfernen der Bemalung verlorengegangen. Nach dieser Prozedur hat man versucht, durch Öl den ausgelaugten Holzton wieder zu intensivieren. Diese Tränkung konnte weitgehend entfernt und die aufgerauhte Oberfläche wieder geglättet werden.

Die Unterarme und der linke Unterschenkel Christi sowie die linke Hand Mariens wurden aus arbeitstechnischen Gründen erst geschnitzt und dann angeleimt (nicht gedübelt). Für das Gesicht und die Schulterkugel Christi reichte der Block nicht. Sie wurden deshalb in Lindenholz angestückt. Fast alle Anstückungen sind aus sehr viel hellerem Lindenholz z. T. in wechselnd verlaufender Maserung gearbeitet. Der Künstler dachte also bei der ziemlich sorglosen Bearbeitung des Stücks im Entwurfsvorgang daran, ihn später farbig zu fassen. Die Anstückungen auch bei dem Münchener Modello (s. o.) lassen annehmen, daß dieser von vornherein für eine Fassung konzipiert war. Andererseits ist die Holzoberfläche so differenziert behandelt, als sei keine Fassung beabsichtigt. Vielleicht war dies auch eine handwerklich-künstlerische Selbstverständlichkeit für den Schnitzer. Die Oberfläche der Haut wurde mit einer Holzraspel modelliert, die der Gewänder mit dem Schnitzmesser. Dadurch wurde ein starker Kontrast zwischen der scharfkantigen Faltigkeit des Stoffes und der weichen Modellierung der Haut erreicht.

Nur noch wenige Farbpartikel sind in den Gewandtiefen vorhanden, die zumindest zwei Fassungen vermuten lassen. Bei der ersten bildet eine dünne weiße Grundierung mit Lösche den Untergrund für den zweischichtigen Fassungsaufbau. Der Mantel Mariae ist graublau unterlegt, worauf ein grobkörniges Dunkelblau liegt. Erstaunlicherweise ist die Bemalung von Hell auf Dunkel aufgebaut, wobei beide Schichten gleichmäßig stark sind. Bei dem Kleid Mariens ist der Farbaufbau umgekehrt, also von Dunkel auf Hell, indem ein warmes Rosa unter dem sehr dünnen hellen Rosa liegt. Die Gewänder sind mit einem Goldsaum abgesetzt. Die Farbreste am Halstuch der Maria lassen eine hellbraune Tönung erkennen, das Lendentuch Christi war weiß gefaßt. Bis auf die Goldsäume entspricht der Farbkanon also dem der Ausführung in Nenningen. Die darauf liegende Übermalung hatte den gleichen, aber intensiveren Farbkanon.

Restauriert von Hans Westhoff

Gott ist erfinderisch, uns Kreuze zu bereiten. Er fertigt Kreuze aus Eisen und aus Blei, die zum Erdrücken schwer sind; und er weiß Kreuze aus Stroh zu bereiten, die nicht weniger schwer zu tragen sind.
Er macht auch andere aus Gold und edlen Steinen, welche die Zuschauer blenden und den Neid des Volkes reizen, die aber darum nicht weniger beschwerlich sind als die verachtetsten Kreuze. Er macht Kreuze aus allen Dingen, die man am meisten liebt, indem er sie in Bitterkeit verwandelt.

François Fénelon (1651–1715)

35 Kreuzigungsgruppe im Schrein

Süddeutschland Mitte 18. Jahrh.
Fichten- und Lindenholz, Glas
H. 21,5 cm, B. 14,5 cm
Inv. Nr. VK 1972/75

An diesem kleinen Werk lassen sich einige typische Merkmale von Zeugnissen der Individualfrömmigkeit beispielhaft ablesen.
Bei aller Verehrung der Heiligen und der vielfachen Möglichkeiten, sich ihres Schutzes und ihrer Hilfe zu versichern, bei aller Zuflucht zur Muttergottes in den Nöten des beschwerlichen Alltags, war der gekreuzigte Jesus auch für den gläubigen Katholiken das Zentrum seines Glaubens und seiner Heilserwartung. Vor allem im Barock, im Gefolge der Gegenreformation, war das ganze Leben, Werktag, Sonn- und Feiertag, die Arbeit und der Feierabend von dieser christlichen Bindung geprägt und Haus und Hof samt seinem Inventar, Dorf und Stadt, Feld und Wald mit einer fast unübersehbaren Fülle von Zeugnissen dieser Frömmigkeit durchdrungen.
Wenn sich der einfache Mann etwas über den notwendigen täglichen Bedarf hinaus leistete, dann nicht zuletzt den Erwerb von Devotionalien, die häufig dem Schmuck des Hauses, von Wohnstube und Schlafkammer dienten oder als Unheil abwehrend und Segen bringend betrachtet wurden.
Das kleine Format des Schreins weist auch ihn in den Bereich der privaten, individuellen Andacht. Wahrscheinlich stand er im Herrgottswinkel oder – bedenkt man die Qualität dieser Arbeit – in der »Oberen Kammer«, der »Guten Stube« eines wohlhabenden Bauern in Bayern z. B. (Kriss-Rettenbeck 1963, S. 15); vielleicht kommt er aber auch aus einem katholischen Pfarrhaus oder einem Kloster.
Eine klare soziale Zuweisung oder Abgrenzung, vom Thema oder der Funktion solcher Objekte her, fällt oft schwer. Der Besitz von Devotionalien und die Grundzüge frommer Übung gingen früher durch alle Schichten hindurch; man denke nur an die Stiftung von Votivbildern als sichtbarem Zeichen eines Verlöbnisses in großer Not und der dadurch erlangten Hilfe. Sie ist uns von wohlhabenden Bürgern und Adeligen genauso überliefert wie von armen Kleinbauern und Taglöhnern.
Die Erlösungstat Jesu wird im legendär-apokryphen Rückbezug auf den Schädel Adams, der auf Golgatha begraben liegen soll, mit der Andeutung des Lebensbaumes (unterer Teil des Kreuzes) und durch die Verkörperung des reuigen Sünders in der Gestalt der Maria Magdalena bildhaft verstärkt und erklärt.

Zustand

Teile des geschnitzten Gehäuseschmucks sind weggebrochen, die Fassung ist weitgehend abgeblättert.

Die Schreinaußenseite ist glanzvergoldet. Die kleine, feinteilige Kreuzigungsgruppe ist erstaunlicherweise mit einer Raspel bearbeitet. Die so geglättete Oberfläche wurde naturbelassen, mit Ausnahme der farblich hervorgehobenen Münder, Augen und Wundmale. Die für den Barock typische prächtige Farbigkeit der Darstellung bewirkt hier nicht eine Farbfassung der Figuren, sondern der kräftig rot gehaltene Hintergrund.
Restauriert von Matthias Brune

155

Dein Wille, Herr, geschehe!
Verdunkelt schweigt das Land!
Im Zug der Wetter sehe
ich schaudernd deine Hand.

O mit uns Sündern geh
erbarmend ins Gericht!
Ich beug in tiefstem Wehe
zum Staub mein Angesicht,
dein Wille, Herr, geschehe!

Joseph von Eichendorff (1788–1857)

36 »Ölberg-Christus«

Oberbayern/Bayerisch Schwaben 2. Hälfte 18. Jahrh.
Lindenholz, ausgehöhlt, teilgefaßt; Kleid neu
H. 178 cm, B. 65 cm
Inv. Nr. 1962/32 a-c

Es kommt nicht von ungefähr, daß diese Figur in Oberschwaben angekauft worden ist und nun – aufgrund der Forschungslage – als eine bayerische Arbeit angesprochen werden muß. Zumindest Oberschwaben und Bayerisch Schwaben sowie das Allgäu, z. T. aber auch Oberbayern und andere voralpenländische und alpenländische Regionen haben im Bereich der katholischen Volksfrömmigkeit vieles gemeinsam. Zahlreiche Bilder und Zeichen, religiöse Brauchrequisiten und Devotionalien können seit dem Barock wegen ihrer weitgespannten, vielfach sogar weltweiten Verbreitung durch den Handel heute gar nicht mehr einer bestimmten Region oder gar einem Herkunftsort zugeordnet werden, es sei nur an die Andachtsgraphik, an die Hinterglasbilder und an die Arbeiten aus Oberammergau und aus dem Südtiroler Grödner Tal erinnert.

Der »Ölberg-Christus« ist allerdings nicht aus stilistischen Gründen dem bayerischen Raum zuzuweisen, sondern aus liturgischen, brauchgeschichtlichen: dem Verfasser sind bisher keine württembergischen Belege für szenische Ölbergandachten bekannt. Die dem Württembergischen zunächst liegenden Belegorte sind Konstanz und Mindelheim.

Szenische Ölbergandachten sind erstmals im 17. Jahrh. belegt; die Wurzeln dürften allerdings in die Frühzeit der gegenreformatorischen Ordenstätigkeit (zweite Hälfte des 16. Jahrh.) zurückreichen. Sie sind aus den im 14. Jahrh. aufgekommenen nachmittäglichen oder abendlichen Fastenpredigten herausgewachsen, die sich häufig mit dem Passionsgeschehen befaßten. Die szenische Darstellung der »Angst« (volkstümliche Bezeichnung der Agonia Domini) durch Personen oder bewegliche Figuren wurden durch die als Fastenprediger in den Pfarrkirchen auftretenden Kapuziner und Franziskaner inspiriert und verbreitet. Für den szenischen Charakter muß auf die Praxis der Passionsspiele verwiesen werden und auch auf alle die anderen z. T. schon seit dem hohen Mittelalter bekannten liturgischen gottesdienstlichen Spielhandlungen an Weihnachten (Kindleinwiegen), an Christi Himmelfahrt (eine Christus-Figur wird im Kirchenraum hochgezogen und verschwindet in einer Deckenöffnung, aus der an Pfingsten eine hölzerne geschnitzte und gefaßte Taube herunterschwebt). Der bühnenartige Aufbau, die Dramatisierung des Geschehens verraten den Einfluß des zeitgenössischen Theaters: Die Ölberg-Szenerie konnte bei den sog. Wandel-Altären an die Stelle des Altarblattes gesetzt werden oder es wurde vor dem Altar ein Szenarium aufgebaut, das manchenorts am Karfreitag für die Darstellung des Heiligen Grabes mitverwendet wurde. Die schlafenden Jünger wurden zumeist als hölzerne, bemalte Silhouettenfiguren eingesetzt; nur die Christus-Figur und der in der Schlußphase herabschwebende Engel waren vollplastisch ausgebildet (Harvolk 1976/77, S. 69–75).

Über den Ablauf der liturgischen Spielhandlung (vgl. Matth. 26, 36–48, Mark. 14, 32–44 und Luk. 22, 39–47) und über die mechanische Konstruktion einer Ölberg-Christus-Figur unterrichtet ausführlich ein bebilderter Aufsatz von Alois Stockner (Stockner 1976). Das dreimalige Niederfallen Jesu auf sein Angesicht wurde bei diesem Beispiel durch einen rela-

tiv aufwendigen Mechanismus zuwege gebracht, der unter dem Gewand verborgen war. Die Konstruktion bei der hier ausgestellten Gewandfigur war sicher einfacher.

Das Geschehen in Gethsemane hat neben der szenischen Ölbergandacht als einer typischen Erscheinung barocker Frömmigkeit, als einem wirksamen Medium gegenreformatorischer Intentionen, als einem Beispiel für die Versinnlichung von Glaubensinhalten in der kirchlichen Praxis und in der Kunst natürlich auch statische Ausformungen erfahren, sei es in den Karfreitagsprozessionen, in den Kupferstichen von Martin Schongauer, in den Passionszyklen von Albrecht Dürer oder in den barocken Passionskrippen. Konfessionsgeschichtlich von Bedeutung sind aber auch die spätgotischen plastischen Ölberge an der Außenwand von evangelischen Kirchen und in Friedhöfen, weil sie vielfach nicht dem reformatorischen Bildersturm zum Opfer gefallen sind (Merkle 1967, S. 19). Ein gewichtiger Grund mag gewesen sein, daß eine Szene aus der Passion Christi ja nicht zu den von der Reformation bekämpften »Götzen« gezählt werden konnte (Scharfe 1968, S. 8–15).

Das Mißtrauen gegenüber einer allzu stark versinnlichten Glaubenspraxis war übrigens nicht nur ein Signum der evangelischen Glaubenslehre – wobei man die gravierenden Unterschiede zwischen Luther und Calvin nicht vergessen darf! –, sondern läßt sich auch – mit schwerwiegenden Folgen! – in der katholischen Kirchengeschichte finden. Zwei Stichwörter mögen genügen: Spätaufklärung und Wessenbergianismus (Scharfe 1968, S. 44–51 u. a. a. O.). Die szenischen Ölbergandachten mit all ihren literarischen und aktionistischen Übertreibungen und Entgleisungen haben vielfach im späten 18. Jahrh. ein Ende gefunden – sicher häufig gegen den Willen vor allem der Landbevölkerung, die diese ja nun wahrhaft harmlose Belebung ihres (kirchlichen) Alltags offensichtlich sehr geschätzt hat. Als Argument der weltlichen und geist-

Beweglicher Ölberg-Christus in der Pfarrkirche zu Reischach Lkr. Altötting

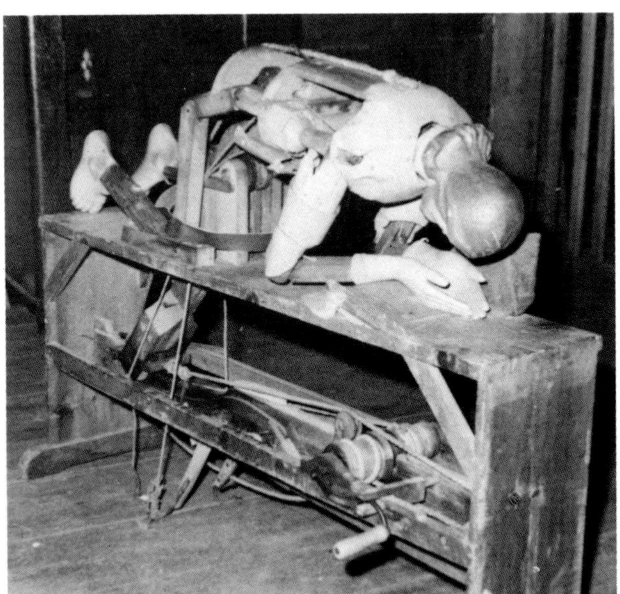

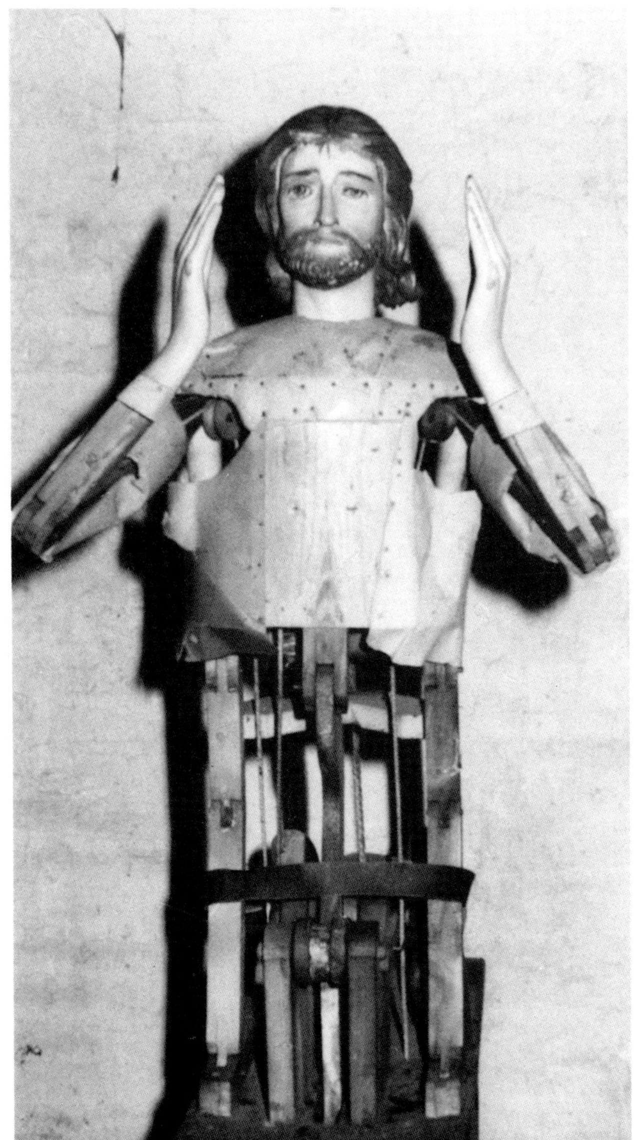

lichen Obrigkeit gegen diese Andachten wurde interessanterweise auch ihre Abhaltung an Donnerstagen, also an Arbeitstagen, ins Feld geführt (Harvolk 1976/77, S. 74).

Dabei war es sicher nicht nur die Anschaulichkeit und der »spektakuläre« Charakter der szenischen Ölbergandacht, die den katholischen Christen fasziniert haben, sondern das Identifikationsangebot, das von diesem Geschehen ausging: der Sohn Gottes in zutiefst menschlicher Todesnot und -angst – »Blut, Schweiß und Tränen«, bis heute der sprachliche Ausdruck für das menschliche Leben angesichts von Schrecken, Not, Krankheit und Tod. Daß die Darstellung des Kampfes Jesu im Garten Gethsemane, sein Ringen mit Gott, in der Geschichte Hiobs präfiguriert, im 20. Jahrh. zum nazarenisch-süßlichen Schlafzimmerbild verkommen konnte, gehört auf den ersten Blick zu den Unbegreiflichkeiten des volkstümlichen Wandschmucks. Man muß schon näher hinschauen, der Verquickung und gegenseitigen Beeinflussung von Kitsch, Massenproduktion und gesellschaftlichen Bedürfnissen nachgehen, um dies aufhellen und erklären zu können (vgl. dazu: Die Bilderfabrik 1973; Brückner 1974).

Zustand

Das Gewand des ursprünglich bekleideten Christus ist verlorengegangen und deshalb neu gefertigt worden. Es fehlen die drei in Kreuzform angeordneten Strahlen des Nimbus, mehrere Finger und die Fußspitzen. In jüngerer Zeit wurden die Unterarme beschnitten. Die gesamte Oberfläche zeigt starke Schwundrisse und ist mit Wurmlöchern übersät. Die Fassung blätterte im Bereich der Haare, insbesondere jedoch an den Unterschenkeln und Füßen ab.

An dem aus einem Stück geschnittenen Corpus wurden die unbeweglichen Oberarme mit Holzdübeln befestigt. Tellerscharniere in den Ellbogen ermöglichen Unterarmbewegungen in horizontaler und vertikaler Richtung. Durch die in die Unterschenkel eingelassenen Kniescharniere konnte die Figur sowohl eine stehende als auch kniende Position einnehmen. Zwischen den Hüft- und Kniegelenken war möglicherweise ein kastenförmiges Gestell eingebaut. Da aber eindeutige Anzeichen für das Vorhandensein einer solchen Konstruktion fehlen, haben wir uns zur Ergänzung der Oberschenkel entschlossen.

Auf einer starken Kreidegrundierung liegt die kräftig rosarote Inkarnatsfassung, die durch dunklere Schattierungen zur Steigerung der bildhauerischen Arbeit beiträgt. Haare, Bart, Augenbrauen und Wimpern sind braun, Lippen und Zunge in einem kräftigen Rot gehalten. Der nach oben gerichtete Blick der braunen Augen wird durch einen aufgemalten Lichtreflex unterhalb der schwarzen Pupille verstärkt. Die gleichmäßig angeordneten Blutstropfen fließen über Gesicht, Hals, Hände und Füße. Zusätzlich zu diesen Merkmalen der Fassung fallen die Abreibungen an den Zehen auf. Sie weisen die Figur mit größter Wahrscheinlichkeit als »Ölberg-Christus« aus.

Restauriert von Matthias Brune
Kleid von Szidonia Pákozdy

37 Wegekreuz

Süddeutschland 17./18. Jahrh.
Corpus: Lindenholz, Rückseite abgeflacht
Arme und Gehäuse: Nadelholz
Dornenkrone: Schlehenzweige
Corpus: H. 97 cm, B. 83 cm
Gehäuse: H. 130 cm, B. 92 cm
Inv. Nr. 12474

Die Markierung, Rhythmisierung und Durchdringung der Landschaft von katholischen Regionen mit Kapellen, Kreuzen und Bildstöcken hat zum Begriff der Sakrallandschaft geführt. Wallfahrtskirchen und -kapellen (Wallfahrten zum Thema der Ausstellung vgl. Weiser 1949) beherrschen dabei oft aufgrund ihrer erhöhten Lage das Bild einer Landschaft. Kruzifixe, zuweilen von den Kreuzen der beiden Schächer gerahmt, sowie Kalvarienberge stehen ebenfalls häufig auf Anhöhen und Bergen (Kriss-Rettenbeck 1963, S. 59). Wegekreuze, Feldkreuze sind manchmal als Marterln oder als Sühnekreuze ausgewiesen, wurden sicher häufig auch aufgestellt zum Schutz und Segen der Fluren. Gipfelkreuze jedoch sind heute weitgehend nur mehr profane Markierungen der höchsten Stelle eines Berges.

Für den Protestanten ist C. D. Friedrichs »Das Kreuz im Gebirge« (1807/08) zum Inbegriff der Durchdringung von Natur und Religion geworden. Generationen von Konfirmanden kennen das Bild als Schmuck ihrer Konfirmationsurkunde.

Die hier vorliegende, das Antlitz und den Körper stark stilisierend wiedergebende Arbeit, deren karger Charakter durch die fehlende Fassung unterstrichen wird, läßt – denkt man an den Hochkunststil der Zeit – an einen wenig geübten, ländlichen Künstler als Verfertiger denken (Vergleichsbeispiele bei Seidl 1982, S. 16–20).

Zustand

Beschädigungen entstanden durch Witterungseinflüsse, Anobienbefall und ätzende Abbeizmittel. Die Beize veränderte den natürlichen Holzton und führte zur Bildung von Rissen und Verwerfungen im Holz. Es fehlen das Kreuz, die drei Strahlen im Kopf Christi, die INRI-Tafel, der rechte Lendentuchzipfel und die eingesetzten Brustwarzen.

Das Dach und die inneren Seitenwände sind rot, die Profilkanten des Daches ockerfarben bemalt (Reste erhalten). Die innere Rückwand und die Außenseiten des Gehäuses waren in Ocker und Rot marmoriert. Das Inkarnat war gelblich, Mund und Seitenwunde waren rot. Auf dem Kopf Christi sitzt eine aus Schlehenzweigen geflochtene Dornenkrone. Aufgrund der ursprünglichen lebhaften Marmorierung läßt sich das Wegekreuz ins 18. Jahrh. datieren. Um eine Aufstellung im Freien zu ermöglichen, wurde die Malerei in Ölfarben ausgeführt.

Restauriert von Hans Westhoff

Oft muß ich bitter weinen,
daß du gestorben bist
und mancher von den Deinen
dich lebenslang vergißt.

Von Liebe nur durchdrungen
hast du so viel getan,
und doch bist du verklungen
und keiner denkt daran.

Novalis (1772–1801)

38 Corpus Christi

Süddeutschland 18. Jahrh.
Lindenholz, Rückseite abgeflacht
H. 79 cm, B. 64 cm
Inv. Nr. 1964/13

Was schon bei der Beschreibung des »Ölberg-Christus« (Kat. Nr. 36) angemerkt wurde – die Nähe der gläubigen katholischen Christen zu all' den Passionsdarstellungen, die das Leiden des Herrn besonders deutlich betonen –, gibt diesem Bildwerk in seiner krassen, ungeschminkten Darstellung des geschundenen Heilands sein besonderes Gewicht als barockes Andachtsbild. Nicht der Jesus, der Wunder tat, der Auferstandene, Pantokrator oder Weltenrichter, sondern Jesus, der sich für das Heil der Menschen zu Tode martern ließ, war gerade für die Gläubigen aus dem breiten Volk offensichtlich der überzeugendste Beweis für die Gnade Gottes.
Andachtsbilder wie Christus an der Geißelsäule, Christus, seine Kleider suchend, Christus im Elend (vgl. Brauneck 1978, Farbabb. 14), Christus in der Rast, die Kreuzwegstationen in den Kirchen und am Aufgang zu Wallfahrtskirchen und -kapellen, die auf Hügeln und Bergen liegen, machen deutlich, daß »im Barock Jesusverehrung gleichbedeutend mit Passionsfrömmigkeit« war (Kriss-Rettenbeck 1963, S. 17).
Darstellungen des Gekreuzigten mit solch' großflächigen Wundmalen gehen – wenn sie einen bewußten literarischen Hintergrund haben – nicht auf die Geißelung zurück, sondern gehören zu den »Kerkerleiden Christi«, die ein Teil der »Fünfzehn geheimen Leiden« sind. Deren Schilderungen sollen auf Schriften der Freiburger Klarissin Magdalena Beutler (gest. 1458) zurückgehen, die sich ihrerseits wieder auf Offenbarungen der mittelalterlichen Mystik beziehen (Kriss-Rettenbeck 1963, S. 61–64).

Diese Gleichsetzung von Jesusverehrung und Passionsfrömmigkeit gilt in fast noch höherem Maße auch für den protestantischen Bereich, für den Pietismus und die Erweckungsbewegung des 19. Jahrh., wenn auch die bildlichen Ausprägungen in ihrer Aussagekraft vor den zumeist viel drastischeren verbalen Betrachtungen und Auslassungen weit in den Hintergrund treten (vgl. Spamer 1930, S. 159–162; Scharfe 1968, S. 109–125, 118–123; ders. 1980, S. 73 f.).
Ein Bild aus dem Emporenzyklus der Ballendorfer Kirche (Alb-Donau-Kreis) illustriert diesen engeren Bildhorizont und die Ausrichtung der evangelischen Kirche auf das schlichte Kruzifix (Scharfe 1968, Abb. 130) sehr anschaulich: im schmucklosen Chor einer Kirche fällt ein Lichtstrahl auf ein schlichtes Altarkreuz. Kruzifixe dieser Art finden sich auch auf Epitaphien, Lehr- und Konfessionsbildern, Ofenwandplättchen, kleinen Andachtsbildern, Taufbriefen und Hinterglasbildern.

Zustand

Das Kreuz fehlt, der Strahlennimbus ist unvollständig; an beiden Händen sind Finger abgebrochen. Abblätterungen, Brandspuren und Schwundrisse sind auf der gefaßten Oberfläche zu beobachten.

Geißelwunden, Adern und Blutstropfen sind sehr detailliert geschnitzt. Sie wurden in der Originalfassung mit blau-grünen Lasuren effektvoll betont, später jedoch durch zwei darüberliegende Lasuren abgeschwächt, obwohl der Farbkanon ansonsten übernommen wurde. Die heute sichtbare zweite Überfassung mit ihrem warmen Inkarnat und den hellroten Wundmalen wird durch das weiß-gelbe, saumlose Lendentuch unterbrochen. In die braune Dornenkrone sind drei ölvergoldete Strahlen gesteckt.
Restauriert von Matthias Brune

39 Reliquienkreuz

Oberammergau Ende 18./1. Hälfte 19. Jahrh.
Birnbaumholz, Bein, Glas, Knochen, Stoff, Silberdraht
H. 32 cm, B. 13 cm
Inv. Nr. VK 1972/90

Unter den zahllosen Kruzifixen, die in Oberammergau seit dem 16. Jahrh. geschnitzt worden sind, nehmen die Reliquienkreuze eine Sonderstellung ein: Sie sind – bei aller auf große Stückzahl hin angelegter Stilisierung – doch reicher in der Gestaltung als die übrigen Kruzifixe, die Verwendung von Beinschnitzerei hebt den ästhetischen Wert, Vorder- und Rückseite sind geschmückt, das ikonographische Programm ist vielfältiger als sonst (Trinität, Schmerzhafte Muttergottes, Arma Christi; vgl. Kat. Nr. 41), eingelegte Reliquien, durch die Vierpaßdurchbrüche teilweise sichtbar, steigern die segenvermittelnde Wirkkraft dieser Kreuze in ihrer Funktion als Sterbekreuze. Man nimmt an, daß sie auf spätmittelalterliche Kreuze zurückgehen, wie sie von Mönchen der Bettelorden im Gürtel oder an den Kuttenstricken baumelnd getragen wurden (vgl. Gröber 1930, S. 36 f. und Abb. 6; Apold 1978, S. 203; Metken 1984, S. 62 f.). Sterbekreuze, auf oder unter das Kopfkissen gelegt, gehörten häufig zu den wenigen Habseligkeiten der Dienstboten, vor allem der weiblichen. Dieser Aufbewahrungsort kennzeichnet die Armseligkeit der Wohnsituation von Knechten und Mägden, deren Betten enggedrängt in den Schlafkammern standen oder die gar nur Schlafplätze auf dem Dachboden oder im Stallbereich hatten. Sterbekreuze im Bett sind auch Ausdruck der steten Allgegenwärtigkeit des Todes im Bewußtsein der Menschen früher. Für die vielen Versuche, sich durch Bilder und Zeichen, durch Gebet, Handlungen und Leistungen gegen einen jähen Tod zu schützen, haben wir zahlreiche Beispiele. Arma Christi kommen häufig vor und werden vielfältig verwendet. Man findet sie nicht nur auf Sterbekreuzen, sondern auch auf dem Schaft von Passionssäulen, auf kleinen Andachtsbildern, in Betrachtungs- und Andachtsbüchern, auf Medaillen und Gefäßen, vor allem aber in Verbindung mit Kruzifixen: als Feldkreuze, als Schutzkreuze an Haus- und Scheunenwänden, als Herrgottswinkelkruzifixe, als Versehkreuze. (Krummer-Schroth 1976, S. 49 und Abb. 52; Apold 1978, S. 202 f.; Beitl 1978, Nr. 41; Haller 1981, S. 149–151, 154 f.; Hähnel 1983, S. 186).

Zustand

Das Kreuz stand ursprünglich auf einem Sockel. Klebereste sprechen dafür, daß auch unterhalb des Kreuzstammes eine Beinverzierung aufgeklebt war.

Zur Aufnahme von Reliquien wurde das Kreuz von der Rückseite her ausgehöhlt. Den Verschluß bilden zwei eingegratete Schiebeleisten. Die drei Kreuzbalkenenden sind durch aufgeklebte Beinverzierungen betont. Außer den üblichen Schnitzwerkzeugen wurden kreuzförmige Punzeisen und ein Stichel zur Gestaltung der Holzoberfläche verwendet, die mit verdünntem tierischem Leim eingelassen wurde. Spiralförmige Silberdrähtchen umgeben die Reliquienknochen, auf einen violetten Stoff mit Pappverstärkung genäht. Zur Identifizierung der einzelnen Knochenpartikel dienen beschriftete Papierstreifen.

Restauriert von Matthias Brune

IN
RI

40 Kruzifix mit Gottvater, Maria, Tod, Adam und Eva

Süddeutschland um 1800
Lindenholz
H. 93,5 cm, B. 40 cm
Inv. Nr. 1962/36 a – c

Unter dem Titel »Die Erlösung der Welt« wurde ein fast identisches Pendant zu diesem gleichermaßen reizvollen wie inhaltlich vielfältigen Werk in der Ausstellung des Münchener Stadtmuseums »Die letzte Reise« gezeigt (Metken 1984, S. 342). Sechs Themen und als einzelne Bilder bekannte Darstellungen sind hier in einem Bildwerk zusammengefaßt: Die Versuchung Adam und Evas durch die Schlange (der Sündenfall), der dadurch auf dem ganzen Menschengeschlecht lastende Fluch (der Tod als Folge der Sünde), aus dieser Verstrickung von Versuchung, Sünde und Tod emporwachsend das Kreuz mit dem Gekreuzigten als dem Erlöser der Welt, als Abschluß, auf einer Wolkenbank sitzend, Gottvater mit Maria, die Taube des Heiligen Geistes haltend, ikonographisch eine Verquickung von Trinitätsdarstellung, Gnadenstuhl und Marienkrönung. Was sonst bei Kruzifixen nur verkürzt – symbolisch mit dem Schädel Adams am Fuße des Kreuzes – angedeutet wird, erfährt hier eine erzählerisch-dramatische Ausweitung von eindringlicher Kraft: die Dominanz des Todes, der als drohendes memento mori, den Blick auf den Beschauer gerichtet, das verzweifelt die Hände ringende erste Menschenpaar an die Ränder des Sockels drängt, wobei aber Adam als Verkörperung des auf Erlösung hoffenden Menschen den Blick zum Gekreuzigten erhebt, ganz oben dann das ungewöhnliche, innige Nebeneinander von Gottvater und Maria. Drei Sphären also prägen dieses Werk: unten voller Düsternis die Welt, nach christlichem Glauben der Sünde verfallen und der Erlösung bedürftig, oben, im Licht, Gottvater, mit Maria an seiner Seite schon die Vollendung seines Heilsplanes verdeutlichend, dazwischen Jesus, Mittler zwischen Gott und den Menschen.

Zustand

Die linke Hand Gottvaters, die linke Volute des oberen Sockelabschlusses, mehrere Äpfel und Blätter im Geäst, der Strahlenkranz Christi und der Pfeil in der Hand des Todes fehlen. Der Sockelbereich weist einige Holzausbrüche, starken Anobienbefall und vereinzelt Schwundrisse auf.

Das Astwerk am Fuße des Kreuzes besteht aus Schlehenzweigen und wird durch aufgesteckte, geschnitzte Blätter und Äpfel bereichert. Die einzelnen Knochenteile des Skeletts sind mit Draht untereinander verbunden. Die jetzt sichtbare zweite Überfassung (in Ölfarbe) und die darunterliegende erste zeigen weitgehend den gleichen Farbkanon. Die originale Temperafassung ist durch eine detailtreue, naturalistische Farbigkeit gekennzeichnet und auf einer dünnen weißen Grundierung aufgebaut. Aufgrund des guten Erhaltungszustandes wurde auf eine Freilegung verzichtet. Die klassizistische Weißbemalung der Figuren mit nur wenigen goldbetonten Details ist typisch für die erste Hälfte des 19. Jahrh.

Restauriert von Hans Westhoff

41 Arma-Christi-Kruzifix

Oberschwaben 1. Hälfte 19. Jahrh.
Fichtenholz, Zinn
H. 33,6 cm, B. 14,3 cm
Inv. Nr. VK 1970/182

Daß bei dieser Ausstellung auf vier der 16 aus der Volkskundlichen Sammlung kommenden Objekte Arma Christi dargestellt sind, weist auf deren Beliebtheit im Bereich der katholischen Volksfrömmigkeit hin. Evangelische Zeugnisse gibt es nur wenige (vgl. Lieske 1973, S. 207 f.; Roller 1981, S. 729, L 448). Arma Christi kommen als Gruppe seit dem 13. Jahrh. vor; einzelne, »wahre« Leidenswerkzeuge werden aber schon seit 326 n. Chr., als beim Bau der Grabeskirche in Jerusalem das »wahre heilige Grab Jesu« entdeckt wurde, als sacra verehrt (Apold 1978, S. 198). Als wahre Arma gelten z. B. die Geißelsäule, das Kreuz samt Nägeln und INRI-Tafel und die Longinus-Lanze, als »Heilige Lanze« Teil der Reichsheiltümer, also Gegenstände, die in den Passionsberichten des Neuen Testaments ausdrücklich erwähnt und von zentraler Bedeutung sind. Zu diesen Gegenständen traten dann im Laufe der Zeit weitere hinzu aus dem Bereich der apokryphen Überlieferungen und dem sogenannten unbekannten oder geheimen Leiden des Herrn. Dazu gehören Objekte wie die Leiter der Kreuzabnahme, Hammer, Zange, Bohrer und Säge bis hin zum Stein mit dem Abdruck des Knies Jesu vom Gebet am Ölberg (vgl. Kriss-Rettenbeck 1963, S. 74 f.; Brauneck 1978, S. 293; Apold 1978, S. 196–202). Volksfromme Phantasie drängt auf Konkretisierung des Heilsgeschehens, auf seine Verdinglichung und Ausschmückung. Man muß aber vorsichtig sein mit der alleinigen Zuweisung der Versinnlichung von Glaubensinhalten an das »einfache Volk«. Mystik und Pietismus, um nur zwei Erscheinungen der katholischen und evangelischen Frömmigkeitsgeschichte herauszugreifen, machen deutlich, daß solche Bedürfnisse in allen sozialen Schichten zu Hause sind, daß die Gesamtheit des Lebensgefühls einer Epoche auch auf die Ausformung der Frömmigkeit einwirkt und daß wohl alle Religionen ein mehr oder minder stark ausgeprägtes Spannungsfeld zwischen Orthodoxie und einer undogmatischen, frei schweifenden, individuellen und kollektiven Frömmigkeitspraxis entwikkeln, die aus der Sicht der Glaubenslehrer den »Aberglauben« streift oder ihn gar zum Inhalt hat.

Unser Beispiel, mittelalterlichen Gittergüssen aus Zinn verwandt, (vgl. Kriss-Rettenbeck 1963, S. 47) kommt aus Oberschwaben bzw. Bayrisch Schwaben (Apold 1978, S. 203; Gröber 1925, Abb. 102). Es bezieht seinen ästhetischen Reiz aus dem Filigran der Zinnauflagen vor dunklem Grund, gleichwie die Arma-Christi-Feldkreuze, deren Silhouette sich scherenschnittartig vor dem Hintergrund des Himmels abhebt.

Zustand

Der Längsbalken des Kreuzes wurde in jüngerer Zeit am unteren Ende beschnitten. Die Befestigung der Zinnauflage durch Nagelung stammt aus späterer Zeit. Die Zinnauflage ist in mehreren Teilen gegossen und war ursprünglich mit angelöteten Stiften auf dem Fichtenholzkreuz befestigt.

Im Originalzustand waren die Auflagen auf einer gelben Grundierung ölvergoldet. Der Hintergrund innerhalb der Zinnumrandung war schwarz, die Flächen außerhalb zinnoberrot abgesetzt. Bei einer späteren Überfassung wurde das Kreuz schwarz übermalt, der Hintergrund innerhalb der Zinnauflage rot angelegt und die Ölvergoldung abgenommen. Es entspricht der Auffassung der Jahrhundertwende (19./20. Jahrh.), das verwendete Material in seiner spezifischen Wirkung zu zeigen.

Restauriert von Matthias Brune

INRI

42 Gehäuse mit Herrgottsruhbild: »Der ruhende Hailand«

Süddeutschland 19. Jahrh.
Nadelholz, Glas, Wachs, Leinen, Papier, verschiedene Folien, Glimmer, Haar, Seide, Moos, Schneckenhäuser, Käfer
H. 56 cm, B. 48 cm, T. 26 cm
Inv. Nr. VK 1971/85

Die gefühlsintensive Glaubenswelt der Mystik hat zur Entstehung des Andachtsbildes im 14. Jahrh. geführt. Es sind Bildwerke, die zur betrachtenden, mitleidenden, nachfühlenden Versenkung in einen wichtigen Vorgang des Heilsgeschehens anregen wollen. Das Herrgottsruhbild ist aus der szenischen Darstellung der Dornenkrönung heraus entstanden, enthält formal und inhaltlich aber auch Elemente der Ruhe auf dem Kreuzweg und der Verspottung unter dem Kreuz.
Vom Christus im Elend, der stets nur mit einem Lendentuch bekleidet ist, unterscheidet sich der ruhende Heiland durch die »Krönungsinsignien« Mantel und Krone, was in der Praxis allerdings oft weder so eindeutig gesehen noch von der Bezeichnung her entsprechend gehandhabt wird. Manche so benannte Herrgottsruhkapelle birgt in Wirklichkeit ein Christus-im-Elend-Bild. Vier Wallfahrten in Württemberg (bei Rottweil, Schwäbisch Gmünd, Haigerloch und Trochtelfingen) haben ein Herrgottsruhbild zum Ziel und Inhalt (RDK 3, 1954, Sp. 655).
Die Freude des Barocks an formaler, stofflicher und farblicher Vielfalt, die im volkstümlichen Bereich bis weit ins 19. Jahrh. hineinreicht, zeichnet solche Arbeiten, vielfach unter dem Namen »Klosterarbeiten« bekannt, häufig aus (vgl. Kat. Nr. 47). Sie steht bei diesem Werk in einem seltsamen Gegensatz zum Ernst des Themas. Man kann schwer entscheiden, ob sich hier das Schmuckbedürfnis von Herstellern und Käufern themenunabhängig verselbständigt hat, ob der Kontrast bewußt inszeniert ist, um die Traurigkeit des Geschehens zu unterstreichen, oder ob gar ein heute unbekannter theologischer Bezug dahintersteckt. Die Fels und Wald simulierenden Grotten von Einsiedler-Darstellungen, die ihre Wurzeln in den Park- und Gartengrotten der Renaissance und des Barock haben, sind hier inhaltlich ohne Sinn.

Zustand

Der Hintergrund der Grotte mit stilisierten Pflanzen ist partiell beschädigt.

Die Figuren in dem Nadelholzgehäuse sind aus Wachs modelliert; Christus mit natürlichen Haaren und Dornenkrone trägt ein rotes Leinengewand. Der sehr farbenfrohe Grottenhintergrund besteht aus gepreßtem Papier, gestärkter Seide, Moos, Schneckenhäusern, Käfern und verschiedenfarbigem Glimmer. Der abgestufte Sockel ist mit geprägter, vergoldeter Kupfer- und Messingfolie und marmoriertem Papier beklebt.

Restauriert von Barbara Haussmann

Der ruhende Heiland

43 Kruzifix mit Maria

wohl Oberammergau 19. Jahrh.
Fichtenholz
H. 82 cm, B. 34,5 cm
Inv. Nr. 1969/664

Herrgottschnitzer nannte man im 19. Jahrh. die Oberammergauer Schnitzer, weil die Herstellung von Kruzifixen den Großteil ihrer Arbeit und ihres Verdienstes ausmachte.
Die sozialen, wirtschaftlichen und arbeitstechnischen Bedingungen, unter denen diese Arbeiten in den zahlreichen Schnitzerfamilien entstanden sind, prägen auch ihren Stil. Er ist auf Effektivität angelegt, anders, unverhohlener ausgedrückt: es mußte schnell gehen beim Schnitzen und Fassen. Nicht die Qualität war vorrangig gefragt, sondern die große Stückzahl. Trotzdem wirken diese Kruzifixe nicht plump und unbeholfen, weil die langjährige Praxis und die Sicherheit der geübten Hand den Stücken eine gewisse Leichtigkeit gibt.
Ihre Verbreitung erfolgte zunächst vor allem über die Schnitzer selbst, aber auch über Wanderhändler, die mit ihren Kraxen schon einen die Ländergrenzen überschreitenden Vertriebsradius hatten, später immer mehr über sog. Verleger, die Ende des 18. Jahrh. sogar ein weltweites Netz von Handelshäusern aufgebaut hatten.
Der Bedarf an Kruzifixen im katholischen Haus wuchs im Laufe des 18. und 19. Jahrh. immer mehr, da es üblich wurde, nicht mehr nur in der Wohnstube, im Herrgottswinkel, Kruzifixe und Kreuze aufzuhängen, sondern in allen Räumen des Hauses, selbst im Stall. »Stallherr« nannte man die zumeist kleinen Kruzifixe, die man in den Ställen zum Schutze des Viehs gegen böse Geister, Krankheit und Seuchen aufhängte (Gröber 1930, S. 35 f.).
Im evangelischen Haus gab es und gibt es bis heute gemeinhin keine Kruzifixe. Für Protestanten waren sie quasi ein katholisches Konfessionssymbol (Köhle-Hezinger 1976, S. 114). Das gilt vor allem für die niederen sozialen Schichten, weniger für sozial Höherstehende und kaum für evangelische Geistliche. Luther wird oft mit dem Gekreuzigten dargestellt (Scharfe 1968, S. 112 und Abb. 90, 92, 101).
Aber das Leben in der Nachfolge Jesu, als Kreuzweg, ist jedoch ein zentrales Thema evangelischer Frömmigkeit und auch Inhalt eines Lehrbildes in der Talheimer Kirche (Lkr. Tübingen): Auf einem schmalen Bildstreifen ist das sündige Weltleben dargestellt, darunter ist die Hölle in fast noch mittelalterlicher Weise gemalt, die oberen Zweidrittel nimmt der Kreuzberg ein, der vom Kreuztragenden erstiegen wird, oben von Gottvater empfangen (Scharfe 1968, Abb. 153; Roller 1981, S. 732; Kat. Stuttgart 1984, S. 383 Farbabb.).

Zustand

Durch frühere Eingriffe ist das Inkarnat Christi so weit zerstört, daß heute nur noch der Kreidegrund erhalten ist. Der originale rechte Kreuzbalkenabschluß und die in Kranzform angeordneten Strahlen sind nicht mehr vorhanden.

Die Oberflächenmodellierung ist an beiden Skulpturen nur flüchtig angelegt; eine derart blockhafte und kantige Ausarbeitung spricht für eine Oberammergauer Schnitzerei aus der zweiten Hälfte des 19. Jahrh. Typisch für die Zeit ist auch die leuchtend farbige und deckende Temperamalerei, außerdem das versilberte Lendentuch, bei dem durch einen gelben Lacküberzug Gold imitiert wird.
Restauriert von Hans Westhoff

INRI

44 Arma-Christi-Kreuz

Schwarzwald (?) 19. Jahrh.
Fichtenholz, Stroh, Asphalt
H. 56 cm, B. 22,1 cm
Inv. Nr. VK 1974/137

Die Reihe der Hersteller von Zeugnissen der Volksfrömmigkeit ging von Leuten, die sich spontan und naiv als Schnitzer, Maler und Zeichner betätigten, über das Hausgewerbe und die Hausindustrie (oft Familienbetriebe) bis hin zum Handwerker und zu Manufakturen, später Industriebetrieben, diese vor allem im Bereich der Wandschmuckproduktion.
Vornehmlich in den ärmeren Mittelgebirgsgegenden mit ihren spezifischen klimatischen und geologischen Voraussetzungen und Bedingungen (auf der einen Seite die langen Winter, die schlechten Verkehrsverbindungen, karge Böden, andererseits aber ausreichende Rohstoffvorkommen) entstanden zahlreiche Hausgewerbe und Hausindustrien, im Schwarzwald u. a. die Strohflechterei. Stroh wurde aber nicht nur geflochten, es wurden auch »Trögle«, Nähkästen, Etuis und anderes damit beklebt. »Mit unendlicher Sorgfalt und Geduld haben sie die Halme zu Mustern: Sternen, Schachbrettern, Würfeln, Zöpfen zugeschnitten und nebeneinander geklebt« (Krummer-Schroth 1976, S. 103, vgl. auch Schwedt/Schwedt 1981, S. 40 f.). Diese Beschreibung könnte angesichts der vorliegenden Arbeit abgefaßt worden sein. Die Zuschreibung erhält von daher ihre Berechtigung.

Zustand

Drei Löcher in den Kreuzbalken weisen darauf hin, daß ursprünglich ein nicht mehr vorhandenes Corpus auf dem Kreuz befestigt war. Auf der gesamten Oberfläche befindet sich ein spröder schwarzer Asphalt-Hintergrund. Außerdem sind im Sockelbereich leichte Schwundrisse zu beobachten.

Das Fichtenholzkreuz ist in den dreistufigen Sockel eingezapft. Die aus Stroh geschnittenen Intarsien wurden in den bis zu einem Millimeter starken, noch flüssigen Asphalt eingelegt. Zum Schutz der Stroheinlegearbeit wurde das Kreuz mit einem nicht bestimmbaren Überzug versehen. Auch in Grundierungsschichten von Gemälden des 19. Jahrh. kann häufig Asphalt nachgewiesen werden.

Restauriert von Matthias Brune

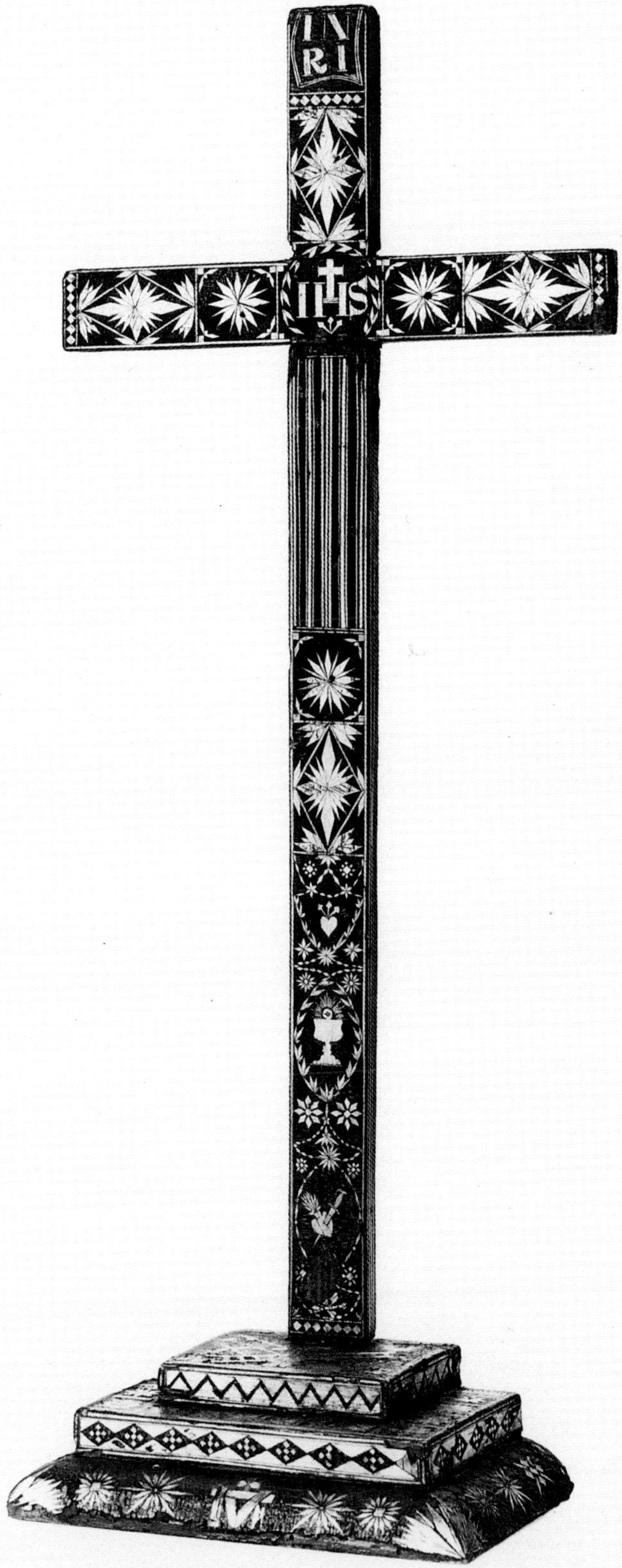
INRI
IHS

45 Kruzifix

Süddeutschland 19. Jahrh.
Zinnguß, Fichtenholz
H. 59 cm, B. 33 cm
Inv. Nr. VK 1973/157

Kruzifixe, bei denen der Gekreuzigte, die INRI-Tafel und der Schädel Adams in Zinn gegossen sind, gibt es sicher nicht häufig. Von der optischen Wirkung her könnte bei der Wahl des Materials die Silberähnlichkeit von feinem Zinn eine Rolle gespielt haben. Aber wenn auch ein gewisser Surrogatcharakter im Spiele wäre – als Eigentum eines einfachen Bürgers dürfte der Wert dieses Kruzifixes nicht unterschätzt werden. Im Bereich der unteren Sozialschichten signalisierte der Besitz von zinnernem Gerät immer einen gewissen Wohlstand.
Beim kirchlich-liturgischen Gerät, den vasa sacra, findet man Zinn fast ausschließlich in evangelischen, häufig ländlichen Kirchen, sei es, weil sich diese Gemeinden keine Abendmahlsgeräte – um solche handelt es sich hier ja durchweg – aus Silber oder gar vergoldetem Silber leisten konnten, sei es, weil man sich im Protestantismus in allen Äußerlichkeiten, auch bei der Ausstattung der Kirchen, weitgehend große Zurückhaltung auferlegt hat.

Provenienz
Vermutlich aus Wiesensteig oder Umgebung.

Zustand

Die Kreuzbalken sind beschnitten. Auf dem Sockel befinden sich neben dem Totenkopf abgebrochene Metallstifte. Das Corpus weist an den Schweißnähten Risse auf, Ellenbogen und INRI-Tafel sind beschädigt.

Das Corpus setzt sich aus zwei in Formen gegossenen Teilen zusammen. Die Arme wurden separat gegossen und die Ansatznähte am ganzen Leib anschließend verlötet und geglättet. Das Corpus aus hellem blanken Zinn hebt sich optisch vom schwarzen Kreuz ab.
Restauriert von Matthias Brune

INRI

46 Kreuzigungsgruppe

Oberschwaben 19. Jahrh.
Pappmaché, Vorder- und Rückseite modelliert
H. 14,7 cm, B. 6,3 cm
Inv. Nr. VK 1978/19

Die Vielfalt der Materialien, aus denen die Bildwerke der Volkskundlichen Sammlung in dieser Ausstellung bestehen, verweist auf ihren »inoffiziellen« Charakter, auf ihre private Nutzung in breiten Volksschichten. Der Markt für Devotionalien mußte sich nicht zuletzt auch nach dem Geldbeutel der potentiellen Käufer richten, also preiswerte Artikel anbieten.
Pappmaché war leicht herzustellen und billig, die Ausformung mit Modeln ging schnell und problemlos – von daher konnten z. B. auch Kinder in den Produktionsprozeß miteinbezogen werden. Diese Kreuzigungsgruppe dürfte mit einer gewissen Wahrscheinlichkeit in Heimarbeit angefertigt worden sein.
Daß dabei von diesem kleinen Bildwerk so viel heiter-kindliche Freundlichkeit ausgeht, war sicher nicht beabsichtigt, sondern entsprang wohl eher der Unbeholfenheit des Modelschnitzers und des durch und durch laienhaften »Faßmalers«.

Zustand

Unterhalb der Knie ist das Corpus durchgebrochen.

Pappmaché besteht aus Cellulosefasern, Leim und Kreide. Diese weiche Masse wird in zwei Modelhälften gedrückt, die dann mit noch feuchter Pappmachémasse zusammengefügt werden (die umlaufende Naht weist darauf hin). Die Gruppe wurde nach der Durchtrocknung des Pappmachés dünn grundiert und mit einer kräftigen Temperamalerei farbig angelegt.
Restauriert von Matthias Brune

47 Heiliggrab im Glasgehäuse

Süddeutschland 2. Hälfte 19. Jahrh.
Glas, Tapete, marmoriertes Papier, Seide, Spitze, Messingdraht, Wachs, Folie, Pappe, Holz
H. 23,4 cm, B. 24 cm, T. 13,3 cm
Inv. Nr. VK 1971/80

Von den Nachbildungen des Heiligen Grabes in der Grabeskirche zu Jerusalem in unseren Kirchen (vgl. Lexikon der Kunst II, S. 242 f.) über die Inszenierung des Heiligen Grabes im Chor katholischer Gotteshäuser am Karfreitag und den zugehörigen Andachten (Scharfe/Schenda/Schwedt 1967, S. 17; Kriss-Rettenbeck 1963, S. 68) führt ein langer Weg bis hin zu solchen kleinen Gehäusen mit dem Leichnam Jesu. Ihre Vorbilder haben sie in den plastischen und malerischen Ausformungen des Grabchristus und der Beweinung Jesu in den Seitenschiffen von Kirchen und auf den Flügeln und Predellen von Altarretabeln; dazu kommen natürlich auch die direkten Anregungen durch die inszenierten Heiligen Gräber am Karfreitag.
Solche Gehäuse wurden zumeist im Herrgottswinkel, der nicht statisch eingerichtet war, sondern auch Widerspiegelung kirchlichen Jahreslaufbrauchtums en miniature sein konnte, am Karfreitag aufgestellt.
Viel häufiger als der Leichnam Jesu liegt in diesen – im Schwarzwald »Känsterle« genannten – Schaukästen das Jesuskind in Form von Wickelkindern (Fatschenkindern, Pfetschenkindern). Die Dominanz dieses freundlich-anrührenden Themas hat die Ausschmükkung dieser verglasten Gehäuse offensichtlich geprägt. Wenn man an die neutestamentliche Beschreibung der Wächterengel vor dem Grab Jesu oder an die oben angesprochenen spätgotischen Tafelbilder bzw. plastischen Bildwerke denkt, dann empfindet man diese puppigen Kinderengel und den fast elegant auf seinem mit Spitzen besetzten Lager ruhenden toten Jesus fast als deplaciert.
Kleine Formate laufen immer Gefahr, verniedlichend zu wirken. Hier – wie auch bei dem nächstfolgenden »Eingericht« – kommt noch der biedermeierlich-verharmlosende Zeitstil hinzu, der auch solche ernsten Themen an den Rand des Trivialen drängt.
Bildkästen und Schreine mit frommer Thematik, wie übrigens auch viele Weihnachtskrippen, wurden im 18. Jahrh. vielfach in Frauenklöstern hergestellt (vgl. Kat. Nr. 42); die häufig darin enthaltenen Wachsarbeiten stammen wohl weitgehend aus den Werkstätten von Wachsziehern, Lebküchnern und Wachsbossierern. Neben Randgebieten wie z. B. Bildniswachsbossierungen oder anatomischen Modellen (vgl. Angeletti 1980) ist die Geschichte der Wachswarenherstellung vor allem durch den Bedarf an Devotionalien (Kerzen, Wachsstöcke, gemodelte Votivgaben) geprägt; im 19. Jahrh. nimmt die Zahl profaner Arbeiten, häufig durch einen Glassturz vor Staub geschützt, ständig zu (vgl. Lit. zu Wachsarbeiten, vor allem Pfistermeister 1982, S. 154–177).

Zustand

Das brüchige Marmorpapier am Außengehäuse ist ebenso verblaßt wie die Blüten, Glaskugeln und Wachsfiguren im Innern.

Auf dem mit Tapete beklebten Sarkophag liegt, auf Spitzen gebettet, der aus Wachs modellierte Leichnam Christi. Blumen aus Seide und Papier, Säulen aus goldfarbener, geprägter Folie, hölzerne Kerzen mit Glasständern und Messinglahn sowie das in der Mitte stehende Kreuz, umgeben das Totenbett. Links und rechts davon stehende Engel, die Ysopstab und Lanze halten.

Restauriert von Barbara Haussmann

INRI

48 Eingericht: »Bei der Meßfeier«

Allgäu 2. Hälfte 19./Anfang 20. Jahrh.
Mundgeblasenes Glas, Wachs, Papier, Goldfolie, Holz, Flitter, Leinen
H. 17,5 cm, B. 9,3 cm
Inv. Nr. VK 1971/81

Was schon bei den beiden Gehäusen mit dem Herrgottsruhbild und dem aufgebahrten Leichnam Jesu kritisch angemerkt wurde – die Diskrepanz zwischen Thema und Gestaltung –, wird mit den Eingerichten noch um eine Variante erweitert. Kriss-Rettenbeck (1963, S. 20) spricht bei diesen Arbeiten von einer »Zone des Naiven«, von einer »Bildproduktion, die ganz das Gepräge des Spielerischen, ja der kindlichen Verspieltheit trägt . . . Ihnen kommt der Andachtsbildcharakter mehr oder weniger zufällig zu«.
Solche Eingerichte – profane Gegenstücke sind die »Buddelschiffe« – leben in der Tat wohl hauptsächlich von der Freude und dem Stolz (des Herstellers und des späteren Besitzers) an der handwerklich-geduldigen Geschicklichkeit, die zu ihrer Herstellung notwendig ist: alle Einzelteile müssen durch den engen Hals der Flasche und werden innen zusammengesetzt. Die Dominanz des Artifiziellen verdrängt die Andacht oder läßt sie erst gar nicht aufkommen.
Vielleicht gehen diese aufklärerisch-strengen Urteile aber auch zu weit, wohl nicht bei den Arma-Christi-Kruzifixen (vgl. Schleich/Schleich 1973, S. 92; Krummer-Schroth 1976, S. 58, Abb. 64; Pfistermeister 1982, S. 174; Seidl 1982, S. 45, Abb. 56), aber doch wohl bei den Meßfeier-Eingerichten, denn diese sind ja – wenn auch in verspielt-kleinteiliger Ausprägung – ein Abbild des barocken Kirchenraumes, Ausdruck der ecclesia triumphans, thematisch also nicht mit solch großem Ernst befrachtet. Eingerichte kommen weitgehend aus den Kerngebieten der Glasherstellung: Böhmerwald, Bayerischer Wald, Schwarzwald – Feierabendarbeit von Glasbläsern oder Hauptbeschäftigung von Heimarbeitern, wie Pfistermeister 1982, S. 174, meint? (Vergleichsbeispiele bei Schleich/Schleich 1973, S. 93 und Pfistermeister 1982, S. 175)

Zustand

Durch Lichteinwirkung sind die natürlichen Materialien z. T. verblichen und das Marmorpapier ist brüchig geworden.

Den zweistufigen Altaraufbau aus Holz und Papier flankieren marmorierte Papiersäulen und aus Holz geschnitzte Kerzen. Alle Figuren sind aus Papier geformt, mit Ausnahme der aus Wachs gebildeten Köpfe von Christus und der »Schmerzhaften Muttergottes«.

49 Arma-Christi-Kruzifix unter Glassturz

Süddeutschland Anfang 20. Jahrh.
Lindenholz, gedrechselt, schwarz bemalt, Glas, Gelatine
H. 52 cm, B. 22 cm
Inv. Nr. VK 1971/83

Auch diese Arbeit lebt – wie die vorhergehende – zunächst einmal vom Reiz des Ungewöhnlichen, von der Neugierde des Betrachters. Man ist fasziniert vom Bizarren der gerollten Holzspanverzierung, macht sich Gedanken über die Schnitztechnik; das Thema tritt in den Hintergrund.
Um eine Hobbyarbeit handelt es sich sicher nicht – dagegen sprechen Sockel und Glassturz –, eher um eine auf Verkauf zielende Feierabendarbeit eines Holzschnitzers oder – was am wahrscheinlichsten ist – um professionell betriebene Heimarbeit. Von den Klosterarbeiten des 18. Jahrh. kennen wir eine ähnliche Dekorform: Papier roulé, zu deutsch Krüllarbeit. Einige ganz ähnliche Stücke – die Zutaten sind allerdings aus Glas – kommen aus dem Bayerischen Wald. Sie sind vor 1900 entstanden (Pfistermeister 1982, S. 176 f., 2 Abb.).

Die beiden Sockelklötze sind mit Lindenholz furniert, das Corpus und die Marterwerkzeuge geschnitzt, Gefäße, Kelch und Säule gedrechselt. Auf schmalen Holzstegen entstanden durch die Führung des Schnitzmessers kleine Spanröllchen, die auf Kreuz und Leuchter geklebt wurden. Der Querbalken ergibt sich aus dem aufgespaltenen Längsbalken, der in feuchtem Zustand geknickt und zu Röllchen aufgefächert wurde. Für die Laterne wurden Gelatineblättchen verwendet.

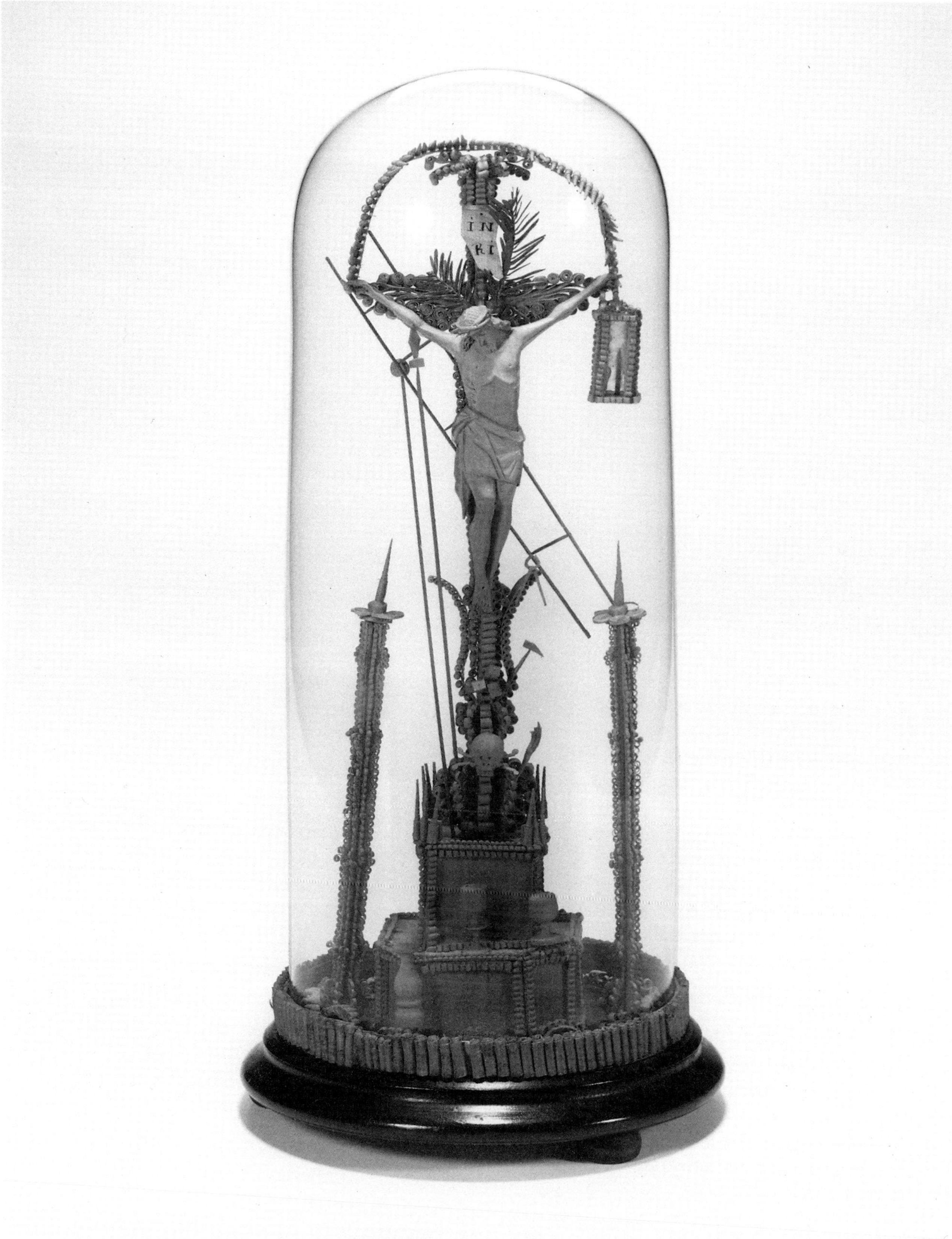
I N
R I

50 Eingericht: Kalvarienberg mit Arma Christi

Süddeutschland 1931
Glas, Holz, Papier, Bindfaden
H. 28 cm, B. 9 cm
Inv. Nr. VK 1971/218

Den Abschluß der Werke aus der Volkskundlichen Sammlung bildet eine Arbeit, an der sich nochmals eine ganze Reihe von traditionellen, aber auch neuen volkskundlich-kulturgeschichtlichen Merkmalen aufzeigen läßt. Die ikonographische Vielfalt (Kreuzigung, Assistenzfiguren, Arma Christi) entspricht der materialen (Glas, Holz, Papier, Schwarz-, Weiß- und Farb-Drucke, Edelmetallimitation mit Gold- und Silberbronze). Zumindest für den Bereich der traditionellen Devotionalienproduktion interessant und ungewöhnlich ist die Verwendung von ausgeschnittenen und aufgeklebten Drucken als Ersatz für geschnitzte Figuren. Bei volkstümlichen Möbeln kennt man das dagegen aus der Früh- und Spätzeit: Nürnberger Holzschnitte auf fränkischen Truhen des 17. Jahrh.; Tapetenstücke und Lithos auf hohenlohischen und bayerischen Schränken der Zeit zwischen 1845 und 1870/80 (vgl. u. a. Bemalte Möbel aus Hohenlohe 1985, Abb. 15, 88 und 89).

Bildliche Druckerzeugnisse sind aufgrund ihrer massenhaften Herstellung seit dem 19. Jahrh. auch für ärmere Schichten erschwinglich geworden: Kleine Andachtsbilder, Bilderbogen zum Ausschneiden und Modellieren (u. a. Spielzeug und Krippenfiguren) und Wandschmuck sind selbst in Elendsquartieren zu finden (vgl. Plath 1972, Abb. S. 65–80).

Weil der schnitztechnisch schwierigste Teil einer Kreuzigungsgruppe, die Körper, durch Papierbilder ersetzt ist, der Aufwand beim »Einrichten» – deshalb ja die Bezeichnung »Eingericht« – aber andererseits aufgrund der Viel- und Kleinteiligkeit doch recht groß war, könnte es sich hier um eine Bastlerarbeit handeln – individuelle Kreativität in der bildlichen und geistig-geistlichen Tradition einer jahrhundertealten Frömmigkeitsgeschichte.

Zustand

Die Farben sind insgesamt verblaßt, insbesondere die der Lithographie.

Auf die Kreuzbalken sind ausgeschnittene Schwarz-Weiß-Lithographien geklebt, die an der Flascheninnenseite sind koloriert. Die geschnitzten Marterwerkzeuge werden durch Silber- und Goldbronze betont. Um die Standfläche des Aufbaus zu kaschieren, wurde der Untergrund mit Seidenpapierschnipseln ausgelegt.

Erläuterung der Fachausdrücke

abbeizen
Entfernung eines Anstrichs mit ätzenden oder lösenden Mitteln.

ablaugen
s. abbeizen

Alabaster
Feinkörnige, durchscheinende Art des Minerals Gips. In feuchtem Zustand leicht zu bearbeiten und politurfähig, aber wetterunbeständig. Ab 1400 bevorzugtes Material für kleine Bildwerke.

Anobien
Nage-, Poch- oder Klopfkäfer. Zur Gruppe der Anobien gehören Käfer, deren Larven sich durch Holz fressen (»Holzwürmer«) und es dabei zerstören.

Apokryphen
Schriften oft legendären Inhalts, die nicht zu den von früheren Konzilien anerkannten kanonischen Büchern des Alten und Neuen Testaments gehören.

Asphalt
(griech. Erdpech) Natürliches oder künstliches Gemenge von Bitumen und Gestein.

Azurit
Bergblau. Basisches Kupfercarbonat. In wäßrigen Bindemitteln weist Azurit eine leuchtend blaue Farbe auf.

Balleisen
Bildhauerwerkzeug mit geradem Schnitt, das eine glatte Schnittfläche hinterläßt.

Bein
Entfettete und gebleichte Tierknochen, die sich als Ersatz für Elfenbein zum Schnitzen von Kleinplastik eignen.

beizen
Einfärben einer Holzoberfläche mit Säure- oder Salzlösungen, die die Holzmaserung sichtbar lassen oder verstärken.

Blattgold, Blattsilber
Hauchdünn ausgeschlagene Gold- bzw. Silberblättchen.

Bleiweiß
Basisches Bleicarbonat, das seit der Antike künstlich hergestellt wird.

Bohrereisen
Werkzeug des Bildschnitzers, das einen halbkreisförmigen Schnitt hinterläßt.

Bolus
Meist rote oder gelbe »fette« Tonerden, die gemahlen und in Leimwasser gebunden als Poliment bei der Blattvergoldung verwendet werden.

Bozzetto
Kleinplastischer Entwurf für monumentale plastische Werke.

Brevier
Liturgisches Buch für die kirchlichen Stundengebete mit Psalm- und Bibeltexten. Enthält Texte aus Heiligenlegenden, den Schriften der Kirchenväter und Hymnen.

Colobium
Ärmellose Tunika der Spätantike, bei römischen Senatoren mit goldenen Zierstreifen (Clavi) besetzt.

Craquelé
Feine Risse und Sprünge in einer Farbschicht, die durch Schrumpfung der Bindemittel verursacht werden.

Dechsel
Querbeil mit quer zum Stiel stehendem Blatt.

Devotionalien
Kleine Gegenstände (z. B. Kruzifixe, Medaillen, Bildchen), die der Andacht dienen; oft Erinnerungsstücke an Wallfahrtsstätten.

Dendrochronologie
Methode, die aufgrund der Jahrringbildung von Bäumen deren Fällungsdatum bestimmen läßt. Durch Vergleich von Jahrringfolgen mit datiertem Holz kann eine Skulptur exakt datiert werden, wenn Splintholz (jüngste Jahrringe) vorhanden ist. Für Südwestdeutschland existieren gesicherte Jahrringkurven von Eiche und Tanne.

Eingericht
Geduldflasche. Eine kleinteilige Bastelarbeit in Glasflaschen. Religiöse oder profane Holzschnitzereien werden durch den Hals einer Flasche in deren Bauch in Einzelbau oder als zusammengelegte Gesamtkonstruktion eingerichtet.

Epitaph
Gedächtnistafel für einen Verstorbenen mit einer auf ihn bezogenen Inschrift, gelegentlich auch mit seinem Porträt.

Fassung
Polychrome oder monochrome Bemalung einer Figur, s. gesonderten Aufsatz S. 48.

Firnis
Harzhaltiger, durchsichtiger Überzug eines Gemäldes oder einer Skulptur zum Schutz vor Schmutz und Feuchtigkeit und zur Steigerung der Farbintensität.

Fluoreszenz
Eigenschaft bestimmter Stoffe, bei Bestrahlung durch Licht, Röntgen- oder Kathodenstrahlen selbst aufzuleuchten.

Gegenreformation
Versuch der deutschen katholischen Fürsten, mit propagandistischen und kämpferischen Mitteln zwischen dem Augsburger Religionsfrieden (1555) und dem Westfälischen Frieden (1648) protestantisch gewordene Gebiete zurückzugewinnen. Sie ging einher mit einer inneren Reform der katholischen Kirche, die sich vor allem in den Beschlüssen des Konzils von Trient (1545–63) niederschlug.

Geißfuß
Stechwerkzeug mit winkliger Schneide zum Ausarbeiten innerer Ecken und scharfkantiger Furchen (Faltentiefen und Bartrillen).

Gnadenstuhl
Eine im 12. Jahrh. aufkommende Darstellung der Heiligen Dreifaltigkeit (Trinität) in Verbindung mit dem Gekreuzigten: Gottvater thronend hält mit beiden Händen das Kreuz, darüber schwebt die Taube des Heiligen Geistes.

Granatapfelmuster
In vielen Variationen verwendetes Muster mit einem stilisierten Granatapfel, für Preßbrokate bevorzugt.

Grundierung
Meist weiße, unterste Schicht einer Fassung, die zwischen Bildträger und Farbe vermittelt, eine einheitliche Oberfläche und wichtige Voraussetzungen für die Intensität der Fassung schafft.

Herrgottswinkel
Die Tischecke in der Wohnstube des bäuerlichen Hauses, die den Mittelpunkt des Familienlebens bildet und entsprechend ausgestattet (z. B. mit Kreuz, Andachtsbildchen, Kerzen) als Andachtsecke dient.

Hinterglasbild
Deckend gemalte Malerei auf der Rückseite einer Glastafel, durch die hindurch sie gesehen wird. Wirkt nur im auffallenden (nicht durchscheinenden) Licht.

Hohleisen
Werkzeug des Bildschnitzers, das einen sichelförmigen Schnitt hinterläßt.

Jahrringkurve
s. Dendrochronologie

Infrarote Strahlen
Die unterschiedliche Reaktion verschiedener Materialien auf infrarote Strahlen werden zur Sichtbarmachung einer Untermalung (Vorzeichnung) auf dem Kreidegrund benutzt.

Inkarnat
Bezeichnung für die Farbe der menschlichen Haut in der Malerei und bei bemalten Skulpturen.

Intarsien
Einlegearbeiten

Kaschierung
Stabilisierung einer Fläche durch Hinterkleben mit anderen Materialien, oft Leinwand.

Kraxen
Rückentragegeräte

Kupfergrün
Grüne Pigmente, die als färbende Bestandteile Kupfer enthalten.

Lahnfaden
Faden, bei dem um einen textilen Grundfaden ein durch Auswalzen von Metalldrähten erzeugter bandförmiger Faden spiralförmig gewickelt wird.

Lasur
Dünner, transparenter Farbauftrag, der darunterliegende Materialien oder Farben durchscheinen läßt.

Lithographie
Flachdruckverfahren, bei dem ein Kalkstein als Druckform dient.

Löffelbohrer
Werkzeug des Bildschnitzers, hinterläßt einen U-förmigen Schnitt.

Lösche
Isolierender Anstrich, der vor dem Auftragen weiterer Farbschichten die Saugkraft der darunterliegenden vermindern soll.

Lüster
Durchscheinender Farbüberzug auf Metallfolien (meist Blattsilber), der dadurch metallisch schimmert.

memento mori
Mahnruf: »Gedenke des Todes!«

Mennige
Orangerotes Bleioxyd

Model
Formmodell, in dem mehrfach gegossen oder getrieben werden kann.

Modello
Kleinplastisches Vorbild für die maßstabgerechte Ausführung einer Skulptur im größeren Format.

Monophysiten
Anhänger des Monophysitismus, der Lehre, daß in Christus nicht zwei Naturen (göttlich und menschlich) verbunden seien, sondern nur die eine Natur des fleischgewordenen Wortes Gottes sei.

Nimbus
Das Haupt göttlicher, heiliger oder kaiserlicher Personen umgebender Heiligenschein in Form einer Rundscheibe, eines Strahlenkranzes oder eines Rechtecks (bei noch Lebenden).

Ocker
Natürlich vorkommende Farberden, bestehend aus Ton, Quarz und Eisenoxyden, die eine blaßgelbe bis rotbraune Farbe erzeugen.

Ölfarben
Mit Öl (Lein-, Mohn-, Nußöl) gebundene Farben.

Ölvergoldung
Vergoldungstechnik, bei der Blattgold auf einen dünnen, schnell trocknenden Ölanstrich (Anlegeöl) geklebt wird, sich aber nicht polieren läßt und dadurch matt bleibt.

Pantokrator
Griechische Bezeichnung der Allmacht Gottes. In der Kunst Darstellung Christi mit segnender rechter und mit dem Evangelienbuch in der linken Hand.

Pfaffenhütchen
Spindelbaumgewächs mit rosaroten Früchten, die wie das Barett katholischer Geistlicher geformt sind.

Pflanzenschwarz
Durch Verkohlen von Holz oder anderen pflanzlichen Materialien gewonnene Farbe.

Pigment
Künstlich hergestelltes oder aus natürlichen Rohstoffen (Mineralien, Erden, Pflanzen, Tiere) gewonnenes, gemahlenes und gereinigtes Farbpulver, das mit Bindemittel flüssig aufgetragen werden kann und eine deckende Farbe bildet.

Plinthe
Fußplatte einer Säule, eines Pfeilers, eines Postaments oder einer Statue.

Polimentvergoldung
Vergoldungstechnik, bei der Blattgold auf einen aus Grundierung und Bolus bestehenden Untergrund gebracht wird. Durch das Poliment wird die Goldauflage polierbar (mit Achat oder Tierzahn) und imitiert so Massivgold.

Preßbrokat
Mittelalterliche Methode zur Imitation von Brokatstoffen.

Preußisch- oder Berlinerblau
Künstlich hergestellte komplexe Verbindung aus Eisen, Stickstoff und Kohlenstoff. 1704 entdeckt.

Proskynese
In Byzanz verbreiteter Ausdruck der Verehrung einer Person durch sich Niederwerfen und Berühren des Bodens mit der Stirn.

Punze
Stahlstift oder -stempel, mit dem Formen in Metall, Leder oder Holz getrieben werden.

Retabel
Altaraufsatz auf oder hinter dem Altartisch (mensa), mit Bildern oder Skulpturen geschmückt, aus Holz, Metall oder Stein.

Retusche
Farbliche Angleichung von Kitt- und Fehlstellen, um diese gegenüber originalen Partien zurückzudrängen.

Rohling
Vom Bildhauer im groben Entwurf angelegte Figur.

Röntgenstrahlen
Elektromagnetische, unsichtbare Strahlen, die auf einer Fotoplatte das Innere eines Körpers (einer Skulptur) aufgrund des unterschiedlichen Durchdringungsvermögens der verschiedenen Stoffe sichtbar machen.

Smalte
(von schmelzen) Ein durch Kobaltoxydulsilicat tiefblau gefärbtes Kaliglas (Kobaltblau), das mehlfein naß gemahlen als Pigment benutzt wurde.

Suppedaneum
Fußstütze des Gekreuzigten am unteren Kreuzbalken.

Synoptiker
Die drei Evangelisten Matthäus, Markus und Lukas, deren Evangelien voneinander abhängig sind.

Schlangenbohrer
Werkzeug des Bildschnitzers, ermöglicht das Bohren eines spiralförmigen Loches.

Schwundrisse
Risse, die durch Schrumpfen des Holzes beim Austrocknen entstehen.

Steinguß
Das Gießen eines Bildwerks mit einer aus pulverisierten Steinbrocken (meist Kalkstein) angerührten Masse.

Steinkreide
Grundiermaterial für Skulpturen aus gemahlenem, meist gräulichem Kalkstein.

Stichel
Drehstahl, -meißel

Technoskop
Eine Art Mikroskop mit 6- bis 40facher Vergrößerung und größerem Arbeitsabstand.

Temperafarben
Im Gegensatz zu Ölfarben solche Farben, deren Bindemittel wäßrige und ölige oder harzige Bindestoffe enthalten. Sie trocknen sehr schnell.

Thermolumineszenz
Beim Erwärmen bestimmter Stoffe erzeugtes Aufleuchten in einer charakteristischen Farbe.

Tremolierstich
Verzierungstechnik der Spätgotik, wobei mit einem drehend vorwärts bewegten Flach- oder Hohleisen ein Zickzackband aus der Fläche herausgehoben wird; ursprünglich eine Goldschmiedetechnik.

Triumphkreuz
Seit dem 12. Jahrh. verwendete Bezeichnung für ein monumentales Kruzifix im Eingangsbogen (Triumphbogen) des Chors. Das Kreuz wird an einer Kette aufgehängt oder sitzt auf einem Querbalken auf und steht oft in Verbindung zu einem Kreuzaltar bzw. Lettner.

Tunika
Aus der Tunika der römischen Antike entwickeltes langes, ungegürtetes Gewand mit langen Ärmeln.

Typologie
Lehre von der Entsprechung zwischen Altem und Neuem Testament. Als Antitypus deutet das alttestamentarische Ereignis den Typus des neutestamentarischen voraus. Typologische Bilderzyklen bauen auf dieser Vorstellung auf.

Überfassung
Übermalung einer Skulptur, die auf der Originalfassung oder einer bereits erfolgten Überfassung liegt.

Ultraviolette Strahlen
Unter den Strahlen einer Quarzlampe werden aufgrund der verschiedenartigen Fluoreszenz jüngere Retuschen, Ergänzungen und Übermalungen sichtbar.

Votivbild
Ein aufgrund eines Gelübdes gestiftetes Bild.

Warmleim
Mit Wärme in Wasser gelöster tierischer Haut- oder Knochenleim.

Werkbank
Arbeitsbank des Bildhauers

Wessenbergianismus
Nach dem katholischen Theologen und Kirchenpolitiker Ignaz Karl Freiherr von Wessenberg (1774–1860) benannte Theorie. Wessenberg entwickelte weitreichende kirchenpolitische und seelsorgerische Reformpläne, die auf Ablehnung des Heiligen Stuhls stießen. Sie umfaßten neben klerikalen, seelsorgerischen und liturgischen Neuordnungsgedanken im Sinne der Aufklärung auch die Idee einer deutschen Nationalkirche sowie einer Rücknahme des päpstlichen Zentralismus zugunsten größerer Verselbständigung der einzelnen Diözesen.

Wuggelstich
s. Tremolierstich

Zinnober
Rotes Quecksilbersulfid. In der Natur als Mineral vorkommendes leuchtend rotes Pigment.

Literatur

Angeletti 1980
Charlotte Angeletti, Geformtes Wachs. Kerzen, Votive, Wachsfiguren, München 1980

Apold 1978
Andrea-Maria Apold, Das Arma-Christi-Motiv, in: Volkskunst 1. Jg., 3, 1978, S. 196–203

Baum 1911
Julius Baum, Die Ulmer Plastik um 1500, Stuttgart 1911

Baum, Holzplastik 1911
Julius Baum, Die Holzplastik in der Ausstellung Kirchlicher Kunst Schwabens, in: Cicerone 3, 1911, S. 693–698

Baum 1917
Julius Baum, Deutsche Bildwerke des 10. bis 18. Jahrhunderts, Stuttgart – Berlin 1917 (Kataloge der Kgl. Altertümersammlung in Stuttgart III)

Baum 1921
Julius Baum, Gotische Bildwerke Schwabens, Augsburg – Stuttgart 1921

Baum, Schnitzaltar 1921
Julius Baum, Vom ältesten schwäbischen Schnitzaltar, in: Berliner Museen. Berichte aus den Preuszischen Kunstsammlungen 42. Jg., 5/6, 1920/1921, S. 59–62

Baum 1923
Julius Baum, Deutsche Bildwerke des Mittelalters, Stuttgart – Berlin 1923 (Bücher der Kunstsammlungen des württembergischen Staates 2)

Beitl 1978
Klaus Beitl, Volksglaube. Zeugnisse religiöser Volkskunst, Salzburg – Wien 1978

Bemalte Möbel aus Hohenlohe 1985
Bemalte Möbel aus Hohenlohe. Die Schreinerfamilie Rößler und ihr Umkreis. Hrsg. vom Verein Hohenloher Freilandmuseum in Verbindung mit dem Württembergischen Landesmuseum Stuttgart, Stuttgart 1985

Bericht II, 1919
Museum Vaterländischer Altertümer in Stuttgart, Bericht II über die Jahre 1914–1918, Stuttgart 1919

Die Bilderfabrik 1983
Die Bilderfabrik: Dokumentation zur Kunst- und Sozialgeschichte der industriellen Wandschmuckherstellung zwischen 1845 und 1973 am Beispiel eines Großunternehmens. Hrsg. vom Historischen Museum Frankfurt/M., 1973

Boeck 1948
Wilhelm Boeck, Joseph Anton Feuchtmayer, Tübingen 1948

Brauneck 1978
Manfred Brauneck, Religiöse Volkskunst, Köln 1978

Broschek 1973
Anja Broschek, Michel Erhart. Ein Beitrag zur schwäbischen Plastik der Spätgotik, Berlin – New York 1973 (Beiträge zur Kunstgeschichte 8)

Brückner 1974
Wolfgang Brückner, Elfenreigen – Hochzeitstraum. Die Öldruckfabrikation 1880–1940, Köln 1974

Wolfgang Brückner, Hanswernfried Muth und Hans-Peter Trenschel, Hinterglasbilder aus Unterfränkischen Sammlungen. Zur Sonderausstellung des Mainfränkischen Museums Würzburg, 1983 (Mainfränkische Hefte 79)

Buddensieg 1970
Tilmann Buddensieg, Ein unbekannter ottonischer Kruzifix in Schloß Lichtenstein, in: Kunstchronik 23, 1970, S. 62–66

Burkarth 1972
Herbert Burkarth, Die Baugeschichte von Mariaberg, in: Hohenzollerische Heimat 22. Jg., 3, 1972, S. 33–39

Burkarth 1978
Herbert Burkarth, Klosterkirche in Mariaberg, Mariaberg – Gammertingen 1978

Deutsch 1979/80
Wolfgang Deutsch, Der Altar in der Adelberger Ulrichskapelle, in: Heilige Kunst 1979–1980, S. 13–51

Fleischhauer 1928
Werner Fleischhauer, Christof Langeisen, in: Thieme – Becker, Allgemeines Lexikon der bildenden Künstler 22, 1928, S. 329f.

Fleischhauer 1976
Werner Fleischhauer, Die Geschichte der Kunstkammer der Herzöge von Württemberg, Stuttgart 1976

Führer 1959
Führer durch das Württembergische Landesmuseum Stuttgart, Kunstgeschichtliche Sammlungen, 1959

Futterer 1928
Ilse Futterer, Die seeschwäbische Holzbildnerei im frühen 14. Jahrhundert, in: Das Schwäbische Museum 1928, S. 1–24

Futterer 1930
Ilse Futterer, Gotische Bildwerke der deutschen Schweiz 1220–1440, Augsburg 1930

Geformtes Wachs (Ausstellung 1980/81), Führer durch das Museum für Völkerkunde und Schweizerische Museum für Volkskunde Basel. Hrsg. vom Schweizerischen Museum für Völkerkunde Basel, 1980

Gröber 1922
Karl Gröber, Schwäbische Skulptur der Spätgotik, München 1922

Gröber
Karl Gröber, Deutsche Volkskunst Bd. V: Schwaben. Hrsg. vom Reichskunstwart Edwin Redslob, München o.J. (1925)

Gröber 1930
Karl Gröber, Alte Oberammergauer Hauskunst, Augsburg 1930

Hähnel 1983
Joachim Hähnel, Museumsführer Rheinisches Freilichtmuseum Kommern. Hrsg. vom Rheinischen Freilichtmuseum und Landesmuseum für Volkskunde in Kommern, Köln 1983

Haller 1981
Reinhard Haller, Volkstümliche Schnitzerei. Profane Kleinplastik aus Holz, München 1981

Harvolk 1976/77
Edgar Harvolk, Szenische Ölbergandachten in Altbayern, in: Bayerisches Jahrbuch für Volkskunde 1976/77, S. 69–87

Edgar Harvolk, Szenische Ölbergandachten in Altbayern, Nachtrag zum Jahrbuch 1976/77, in: Bayerisches Jahrbuch für Volkskunde 1983/84, S. 181 f.

Manfred Herrmann, Volkskunst auf dem Hochberg bei Neufra. Zeugnisse der Volksfrömmigkeit auf der Zollernalb, Sigmaringen 1974

Hans Hipp, Lebzelter – Wachsstöcke – Votivgaben. Handwerk und Brauch, Pfaffenhofen 1982

Jb. BW
Jahrbuch der Staatlichen Kunstsammlungen in Baden-Württemberg 1 ff., 1964 ff.

KAD Blaubeuren 1911
Die Kunst- und Altertums-Denkmale im Königreich Württemberg, Donaukreis, Oberamt Blaubeuren, bearbeitet von Julius Baum, Esslingen 1911

KAD Münsingen 1926
Die Kunst- und Altertums-Denkmale im ehemaligen Donaukreis, Oberamt Münsingen, bearbeitet von Ernst Fiechter und Julius Baum, Esslingen 1926

Kat. Brüssel 1977
Les sculptures Médiévales allemandes dans les collections belges (Europalia 77), bearbeitet von Robert Didier und Hartmut Krohm, Brüssel 1977

Kat. Frankfurt 1981
Ausstellungskatalog: Dürers Verwandlung in der Skulptur zwischen Renaissance und Barock, Liebieghaus Museum alter Plastik Frankfurt/M. 1981

Kat. Freiburg 1978
Ausstellungskatalog: Mystik am Oberrhein und in benachbarten Gebieten, Augustinermuseum Freiburg i. Br. 1978

Kat. Köln 1978
Ausstellungskatalog: Die Parler und der Schöne Stil 1350–1400. Europäische Kunst unter den Luxemburgern. Handbuch zur Ausstellung des Schnütgen-Museums in der Kunsthalle Köln, hrsg. von Anton Legner, Köln 1978

Kat. Maulbronn 1978
Ausstellungskatalog: Kloster Maulbronn 1178–1978. Hrsg. vom Seminarephorat Maulbronn und dem Landesdenkmalamt Baden-Württemberg, Maulbronn 1978

Kat. München 1985
Ausstellungskatalog: Bayerische Rokokoplastik. Vom Entwurf zur Ausführung, Bayerisches Nationalmuseum München 1985

Kat. Stuttgart 1984
Ausstellungskatalog: Glaube, Welt und Kirche im evangelischen Württemberg. Ausstellung zur 450-Jahr-Feier der Evangelischen Landeskirche. Hrsg. vom Landeskirchlichen Archiv Stuttgart, Stuttgart 1984

Kat. Stuttgart 1984/85
Ausstellungskatalog: 250 Meisterwerke. 25 Jahre Toto-Lotto-Erwerbungen für die Kunstmuseen in Baden-Württemberg, Staatsgalerie Stuttgart 1984

Kdm. Sigmaringen 1948
Die Kunstdenkmäler Hohenzollerns: Kreis Sigmaringen, Stuttgart 1948

Keppler 1888
Paul Keppler, Württembergs Kirchliche Kunstalterthümer, Rottenburg 1888

Kletzl 1933/34
Otto Kletzl, Zur Parler-Plastik, in: Wallraf-Richartz-Jahrbuch N.F. 2/3, 1933/34, S. 100–154

Klunzinger 1849
Karl Klunzinger, Artistische Beschreibung der ehemaligen Cisterzienser-Abtei Maulbronn, Stuttgart 1849

Knoepfli 1961
Albert Knoepfli, Kunstgeschichte des Bodenseeraumes Bd. 1, Konstanz – Lindau 1961

Köhle-Hezinger 1976
Christel Köhle-Hezinger, Evangelisch-Katholisch. Untersuchungen zu konfessionellem Vorurteil und Konflikt im 19. und 20. Jahrhundert vornehmlich am Beispiel Württembergs, Tübingen 1976 (Band 40 der Untersuchungen des Ludwig-Uhland-Instituts der Universität Tübingen)

Kriss-Rettenbeck 1963
Lenz Kriss-Rettenbeck, Bilder und Zeichen religiösen Volksglaubens, München 1963

Krummer-Schroth 1976
Ingeborg Krummer-Schroth, Alte Handwerkskunst und Gewerbe im Schwarzwald, Freiburg i. Br. 1976

Landkreis Tübingen II (1972)
Die Stadt- und Landkreise in Baden-Württemberg: Der Landkreis Tübingen. Amtliche Kreisbeschreibung, Bd. II, Stuttgart 1972

LCI
Lexikon der christlichen Ikonographie, Bd. 1–8, Rom – Freiburg – Basel – Wien 1968–1976

Lexikon der Kunst II
Lexikon der Kunst. Architektur, bildende Kunst, angewandte Kunst, Industrieformgestaltung, Kunsttheorie, Bd. 2, Leipzig 1971

Lieske 1973
Reinhard Lieske, Protestantische Frömmigkeit im Spiegel der kirchlichen Kunst des Herzogtums Württemberg, München 1973 (Forschungen und Berichte der Bau- und Kunstdenkmalpflege in Baden-Württemberg Bd. 2)

Lohse 1960
Brigitte Lohse, Christoph Daniel Schenck, Konstanz 1960

Lohse 1968
Brigitte Lohse, Nachträge zum Werk des Christoph Daniel Schenck, in: Das Münster 21, 1968, S. 121–128

Metz 1966
Peter Metz, Bildwerke der christlichen Epochen von der Spätantike bis zum Klassizismus. Aus den Beständen der Skulpturenabteilung der Staatlichen Museen Preußischer Kulturbesitz Berlin-Dahlem, München 1966

Merkle 1967
Gottlieb Merkle, Ölberge unserer Heimat, in: Schwäbische Heimat 18. Jg., 1, 1967, S. 15–28

Metken 1984
Ausstellungskatalog: Die letzte Reise. Sterben, Tod und Trauersitten in Oberbayern. Hrsg. von Sigrid Metken, Münchener Stadtmuseum, München 1984

Meurer/Westhoff 1983
Heribert Meurer und Hans Westhoff (unter Mitwirkung von Heide Härlin und Ernst-Ludwig Richter), Farbige Holzbildwerke des 14. Jahrhunderts, Württembergisches Landesmuseum Stuttgart 1983

Miller 1981
Albrecht Miller, Ein Schmerzensmann von Michel Erhart, in: Weltkunst 13, 1981, S. 1956–1958

Müller 1966
Theodor Müller, Sculpture in the Netherlands, Germany, France, and Spain 1400 to 1500, Harmondsworth 1966

OAB Maulbronn 1870
Beschreibung des Oberamts Maulbronn, Stuttgart 1870

OAB Reutlingen 1893
Beschreibung des Oberamts Reutlingen, Stuttgart 1893

Otto 1927
Gertrud Otto, Die Ulmer Plastik der Spätgotik, Reutlingen 1927 (Tübinger Forschungen zur Archäologie und Kunstgeschichte, Bd. VII)

Panofsky 1927
Erwin Panofsky, »Imago Pietatis«. Ein Beitrag zur Typengeschichte des »Schmerzensmanns« und der »Maria Mediatrix«, in: Festschrift für Max. J. Friedländer zum 60. Geburtstag, Leipzig 1927, S. 261–308

Passarge 1924
Walter Passarge, Das deutsche Vesperbild im Mittelalter, Köln 1924 (Deutsche Beiträge zur Kunstwissenschaft 1. Bd.)

Paulus 1889
Eduard Paulus, Die Cisterzienserabtei Maulbronn, 3. Aufl. Stuttgart 1889

Pfeiffer 1938
Johanna Pfeiffer, Studien zum romanischen Kruzifix der deutschen Plastik, Dissertation Gießen 1938

Pfistermeister 1982
Ursula Pfistermeister, Wachs, Nürnberg 1982 (Volkskunst und Brauch Bd. 1)

Pinder 1929
Wilhelm Pinder, Die deutsche Plastik vom ausgehenden Mittelalter bis zum Ende der Renaissance, Teil II, Wildpark-Potsdam 1929

Plath 1972
Helmut Plath, Elendswohnungen in der Altstadt Hannover um 1933, in: Zeitschrift für Volkskunde 68. Jg., 1, 1972, S. 61–89

RDK
Reallexikon zur deutschen Kunstgeschichte, Bd. 1ff., 1937ff.

Roller 1981
Hans-Ulrich Roller, Bildwelt protestantischer (Volks-)Frömmigkeit, in: Ausstellungskatalog Barock in Baden-Württemberg. Vom Ende des Dreißigjährigen Krieges bis zur Französischen Revolution. Ausstellung des Landes Baden-Württemberg, Katalog Bd. 1, Karlsruhe 1981, S. 725–744

B. Rothemund, Barocke Klosterarbeiten, Autenried 1982

Rott 1933
Hans Rott, Quellen und Forschungen zur südwestdeutschen und schweizerischen Kunstgeschichte im 15. und 16. Jahrhundert, Bd. I: Bodenseegebiet, Stuttgart 1933

Rott 1934
Hans Rott, Quellen und Forschungen zur südwestdeutschen Kunstgeschichte im 15. und 16. Jahrhundert, Bd. II: Alt-Schwaben und die Reichsstädte, Stuttgart 1934

Sammarthanus 1731
Sammarthanus, Gallia christiana in provincias ecclesiasticas distributa, Tom. 5, Paris 1731

Seidl 1982
Siegfried Seidl, Bäuerliche Volkskunst zwischen Isar und Bayerischem Wald, München 1982

Spamer 1930
Adolf Spamer, Das kleine Andachtsbild vom 14. bis 20. Jahrhundert, München 1930

Swarzenski 1921
Georg Swarzenski, Deutsche Alabasterplastik des 15. Jahrhunderts, in: Städel-Jahrbuch 1, 1921, S. 167–213

Schädler 1973
Alfred Schädler/Karl Feuchtmayr, Georg Petel 1601/2–1634, Berlin 1973

Schahl 1963
Adolf Schahl, Michel Erhart – der Meister des Haller Kruzifixus, in: Württembergisch Franken 47 N. F. 37, 1963, S. 37–58

Schahl 1980
Adolf Schahl, Dominikus Hermengild Herberger 1694–1760. Ein Bildhauer des Rokoko in Oberschwaben und am Bodensee, Weißenhorn 1980

Scharfe 1968
Martin Scharfe, Evangelische Andachtsbilder. Studien zur Intention und Funktion des Bildes in der Frömmigkeitsgeschichte vornehmlich des schwäbischen Raumes, Stuttgart 1968 (Veröffentlichungen des staatlichen Amtes für Denkmalpflege Stuttgart, Reihe C: Volkskunde Bd. 5)

Scharfe 1980
Martin Scharfe, Religion des Volkes. Kleine Kultur- und Sozialgeschichte des Pietismus, Gütersloh 1980

Scharfe/Schenda/Schwedt 1967
Martin Scharfe, Rudolf Schenda und Herbert Schwedt, Volksfrömmigkeit. Bildzeugnisse aus Vergangenheit und Gegenwart, Stuttgart 1967

Schleich/Schleich 1973
Elisabeth Schleich und Erwin Schleich, Frommer Sinn

und Lieblichkeit. Vom Zauber der »Schönen Arbeiten« in Altbayern, Passau 1973

Schnitzler/Volbach/Bloch 1964
Hermann Schnitzler, Wolfgang F. Volbach und Peter Bloch, Skulpturen der Sammlung Kofler-Truninger (Luzern), Luzern 1964

Schuette 1907
Marie Schuette, Der Schwäbische Schnitzaltar, Straßburg 1907

Schwager 1963
Klaus Schwager, Bildhauerwerkstätten des 18. Jahrhunderts im schwäbischen Voralpengebiet, Tübingen 1963

Schwedt/Schwedt 1981
Elke Schwedt und Herbert Schwedt, Schwäbische Volkskunst, Stuttgart 1981

Stockner 1976
Alois Stockner, Das mechanische Ölbergspiel in der Pfarrkirche Reischach, in: Heimat an Rott und Inn 1976, S. 97–105

Voegelen 1921
Mina Voegelen, Der Altar von Maulbronn, in: Kunstchronik und Kunstmarkt 1921, S. 423 ff.

Köstliches altes Wachsgebilde II, Sonderschau des Dorfmuseums zu Salzburg 1977. Hrsg. von Johannes Neuhardt, Salzburg 1977

Walzer 1958
Albert Walzer, Schwäbische Plastik im Württembergischen Landesmuseum Stuttgart, Stuttgart 1958

Walzer 1967
Albert Walzer, Bildwerke aus dem Württembergischen Landesmuseum, Stuttgart 1967

Weber 1975
Ingrid Weber, Deutsche, Niederländische und Französische Renaissanceplaketten 1500–1600. Modelle für Reliefs an Kult-, Prunk- und Gebrauchsgegenstand, München 1975

Weiser 1949
Benedikt Weiser, Wallfahrtsstätten im Schwabenland, Ehingen/Donau 1949

Wentzel 1952
Hans Wentzel, Miscellanea, in: Neue Beiträge zur Archäologie und Kunstgeschichte Schwabens, hrsg. von der Gesellschaft zur Förderung des Württembergischen Landesmuseums, Julius Baum zum 70. Geburtstag am 9. April 1952 gewidmet, Stuttgart 1952, S. 40–47

Wentzel 1960
Hans Wentzel, Die Marienklage aus Alabaster in Mergentheim, in: Jahrbuch der Berliner Museen 2, 1960, S. 55–74

». . . . das werk der fleissigen Bienen.« Geformtes Wachs aus einer alten Lebzelterei, Diözesanmuseum Regensburg 1984/85, München – Zürich 1984

Westhoff/Richter/Becker/Meurer 1979
Hans Westhoff, Ernst-Ludwig Richter, Bernd Becker und Heribert Meurer, Der Kruzifix von Schloß Lichtenstein, in: Jahrbuch der Staatlichen Kunstsammlungen in Baden-Württemberg 16, 1979, S. 7–38

Wildenhof 1974
Hilka Wildenhof, Der Wandel des Schnitzaltares vom letzten Drittel des 14. Jahrhunderts bis zum Ende des weichen Stils, Dissertation Frankfurt/M. 1974

Wilm 1940
Hubert Wilm, Die gotische Holzfigur, 2. Aufl. Stuttgart 1940

Zoege v. Manteuffel 1969, I/II
Claus Zoege von Manteuffel, Die Bildhauerfamilie Zürn 1606–1666, 2 Bde., Weißenhorn 1969

Die Literaturangaben im Beitrag von Josef Anselm Adelmann v. A. wurden im Literarturverzeichnis bis auf wenige Ausnahmen nicht berücksichtigt.

Abbildungsnachweis

Berlin, Jörg P. Anders: S. 73 oben links
Berlin, Skulpturengalerie SMPK: S. 130
Brüssel, ACL: S. 73 unten rechts
Frankfurt/M., U. Edelmann: S. 73 unten links
Karlsruhe, Landesdenkmalamt Baden-Württemberg: S. 88 unten links, S. 89
Köln, Rheinisches Bildarchiv: Abb. 4
London, British Museum: Abb. 9
Paris, Photographie Giraudon: S. 73 oben rechts
Perach, Alois Stockner: S. 158
Stuttgart, Landesdenkmalamt Baden-Württemberg: S. 143
Alle übrigen Württembergisches Landesmuseum Stuttgart